国家社科基金项目

国家社科基金丛书
GUOJIA SHEKE JIJIN CONGSHU

# 近代东北城市与乡村：
## 城市化进程中城乡关系研究（1860—1945）

Cities and Villages in Urbanization：
the Reaction between the Urban and the Rural in Modern History of Northeast China (1860–1945)

荆蕙兰　著

人民出版社

丛书策划：蒋茂凝

责任编辑：陈寒节

封面设计：石笑梦

版式设计：胡欣欣

图书在版编目（CIP）数据

近代东北城市与乡村：城市化进程中城乡关系研究：1860—1945/
荆蕙兰著.—北京：人民出版社，2020.12

ISBN 978-7-01-022212-7

Ⅰ.①近… Ⅱ.①荆… Ⅲ.①城乡差别-研究-东北地区-
近代-1860—1945 Ⅳ.①F299.273

中国版本图书馆 CIP 数据核字（2020）第 099334 号

近代东北城市与乡村

JINDAI DONGBEI CHENGSHI YU XIANGCUN

——城市化进程中城乡关系研究（1860—1945）

荆蕙兰 著

人 民 出 版 社 出版发行

（100706 北京市东城区隆福寺街 99 号）

北京盛通印刷股份有限公司印刷 新华书店经销

2020 年 12 月第 1 版 2020 年 12 月北京第 1 次印刷
开本：710 毫米×1000 毫米 1/16 印张：18.75
字数：287 千字

ISBN 978-7-01-022212-7 定价：58.00 元

邮购地址：100706 北京市东城区隆福寺街 99 号
人民东方图书销售中心 电话：（010）65250042 65289539

# 目　　录

# 前　言

　　中国近代是一个大变动的时代，这个大变动是由于外国资本主义入侵而引起的。随着外国资本入侵和半殖民地半封建社会经济结构的形成，以男耕女织为特点的传统自然经济逐步瓦解，城市近代化趋势逐步加强，中国社会开始经历近代化痛苦的蜕变过程。由此，城乡关系的传统格局轰然坍塌，慢慢地趋向近代化。在近代中国社会大变迁的背景下，城乡关系呈现出新旧交替、由传统趋向近代化复杂的过渡形态特征。城乡关系变迁是近代中国社会的一个显著变化，也是认识近代中国社会的焦点问题。从城市化进程所引出的城乡关系这一独特视角来进行历史探究，对于探索中国社会特别是东北地区的变迁轨迹，对于东北乃至全国整体历史规律把握具有重要启迪，并对国情的认识和理解具有积极意义。

　　东北地区地域辽阔，资源丰富，然而在近代以前，东北地区开发较晚，由于诸多原因，长期以来它的发展却远远落后于内地，社会经济比较落后，城市发展相当缓慢。历史的车轮进入近代，东北城市的形成、发展及演变，是外力冲击和内部应变相结合的错综复杂的历史过程。这一过程既是从古代城市向近代化城市的过渡，又表现为封建城市向半殖民地半封建城市的演变。在城市化进程中，相对于国内其他地区，近代东北地区城市化水平虽然很高，但其殖民地化和对农村、农民的盘剥也是最严重最突出的。城市越发展，对乡村的剥削就越重，其城乡关系也带有鲜明的区域特点：城乡之间对立统一为特征的二重性关系更加凸现，即联系性加强与对抗性加剧同时并存的关系，城乡对立矛盾更加深刻，且封建与半殖民地和殖民地色彩更明显。这种不对称的城乡关系滞缓了近代东北地区的早期现代化进程。这种非良性循环成为该区域发展严重滞后的主要原因。

本书从城乡关系的研究为切入点，在缕析近代东北城市的畸形发展和农村的残破这一社会现象的基础上，探寻东北城乡关系特点，为东北史的研究提供一个较独特的视角，也有利于探索和重新整理近现代东北城市研究的新路向和新角度。此外，近代东北地区曾是全国城市化、城市近代化发展速度最快的地区，东北城市演进特点在全国具有典型意义，推进本区域城乡关系研究，可以为开展跨地区的比较研究以及整个中国城市史和城乡关系研究提供素材，再者，在东北城市化推进过程中，有许多历史经验和教训值得认真梳理和反思，为今天中国社会的发展提供借鉴，避免走一些弯路。特别是在打造振兴东北战略计划的实施进程中，注重新型城乡关系的构建，吸取历史上的经验与教训，使城乡关系在良性互动下，为整个东北经济的再度崛起创造良好的发展条件。本书研究对当今社会发展无疑具有重要现实意义。

本书研究所涉及内容较为广泛，根据不同研究对象，采用不同的研究方法。本书以马克思主义理论和方法为指导，为了更准确和全面地反映近代东北城市化进程中的城乡关系，本书在系统研究东北城市化演进中城市变迁轨迹、城乡原有关系的瓦解、城乡关系巨变的表现以及对东北社会影响等方面内容的同时，从社会学的角度大量地介绍了城乡人口的流动及社会生活等方面的内容，还借用了社会学的互助理论和经济学的集聚效应理论等分析方法。本书采用了城市学、社会学、经济学、政治学、地理学、人口学等多学科的研究方法和理论来研究近代东北城市化进程中城乡关系与社会变迁。

本书共分七章，内容涉及东北城市化进程中城乡关系之间的方方面面。本书在国内外已有研究成果的基础上，汇总大量资料，挖掘了东北城市文化多元碰撞交汇的特征。分层剖析和诠释了区域城市化兴起的原因、城市演变的不同类型、城市近代化的演进路径、城市化带给乡村经济、社会生活、文化的冲击、乡村变迁和城乡关系反过来对城市发展带来的桎梏等，也深刻剖析了半殖民地化和殖民化的危害和结果、城乡关系的特点、东北城市文化特征及人文精神的内涵等。

　　科学研究是一项艰苦而有意义的工作，学无止境。有关近现代东北城乡关系研究还有很多问题需要进一步挖掘和探讨，尤其是建国初期随着东北城市的发展和社会转型，给城乡关系带来的新变化新特点等都需要进一步研究，也是自己今后努力的方向。希望本书能为该领域研究做一点贡献，抛砖引玉，也真诚希望广大朋友批评指正。

作　者

2020 年 4 月

18世纪中叶以后，工业革命促使西方国家尤其是英、法两国获得了工业上的大发展。经过第一次技术革命之后，到19世纪中期，英国迅速成为资本主义头号经济强国，法国次之。英法等国在积极对外掠夺殖民地与海外市场的过程中，对中国觊觎已久。19世纪中叶，古老中国的大门被帝国主义大炮强行打开，从此，中国社会在政治、经济、文化、军事、社会等各个方面发生变化，被迫纳入世界资本主义体系当中。在近代中国社会大变迁的背景下，城市化运动蓬勃兴起。在其后的十几年里，沉寂的东北大地，也被西方的商船叩响，约开商埠、自开商埠等让东北成为20世纪中国城市化发展最快的地区之一。在此背景下，东北的城乡关系发生了剧烈变化，呈现出新旧交替、由传统向近代化过渡的形态特征。一方面近代意义日趋增强，表现在城乡社会分工扩大，城乡相互联系与依存加深；另一方面又因袭了浓厚的传统色彩，城市经济辐射力和带动作用弱，农村商品经济不发达，城乡经济联系依然相当隔绝等。

在东北城市形成时期，外国资本主义控制中国东北的经济命脉，中国封建经济解体以至崩溃。在这个时期，东北城镇形成开始受到内外两方面因素的综合影响。从内因角度考察，东北封建的自然经济束缚地区经济发展，表现为城乡手工业衰落，城镇发展处于休眠状态。从外国资本主义势力对东北经济影响角度来考察，它一方面表现为外国资本主义商品控制东北市场，在民族工业无发展的情况下，商业畸形繁荣及口岸城市畸形发展。另一方面东北城市开始从古老单一的政治职能向以经济为主的多职能过渡。

# 第一章　近代东北城市化的勃兴与
# 城乡关系的巨幅重塑

城市是人类最重要的生存载体，是人类文明的物化和象征，是人类文化的综合结晶。"城市本身就是一件杰出的文化产品，是文化的最高表现。"①城乡关系是社会生产力发展和社会大分工的产物，自城市产生后，城乡关系便随之而产生。城乡关系是广泛存在于城市和乡村之间的相互影响、相互作用、相互制约的普遍联系与互动关系，是一定社会条件下政治、经济、阶级等多种因素关系在两者之间的集中反映。近代东北城市的兴起以及随着后来的区域城市化、城市近代化是与19世纪晚期辽河流域的开发和中东铁路的修建同步演进的。城市的兴起使东北历史开始脱离其传统的自我发展轨道，被卷入到资本主义世界市场，城市近代化色彩日益浓厚，农村自然经济开始逐步瓦解，城乡社会的演变由此发生，最终引起原有的城乡关系发生巨变。

## 一、近代东北城市化的兴起

近代东北城市的形成、发展及演变，是外力冲击和内部应变相结合的错综复杂的历史过程。这一过程既是从古代城市向近代化城市过渡，又表现为封建城市向半殖民地半封建城市的演变。在某种意义上说，帝国主义的侵略

---

① 朱铁臻：《认识城市本质 建设魅力城市》，《经济时报》2005年2月27日，第5版。

对东北城市的近代化起到了刺激和抑制的双重作用，使城市整体畸形发展、区域分布不平衡。马克思曾指出："资本主义的发展，把一切民族甚至最野蛮的民族都卷入到了各民族文明的旋涡里了，过去那种地方的、闭关自守的和自给自足的自然状态已经消逝，现在代之而起的已经是各个民族各方面互相往来、各方面互相依赖了。"① 马克思的这段话很经典地诠释出了世界资本主义贪婪的本质和中国古老的民族，在鸦片战争后，中国社会原有的占统治地位的自然经济形态发生了急剧的变化：一方面，虽然在偏远地区自然经济仍然顽强地抵御着商品经济的冲击，但是另一方面，自然经济在许多地区已经为商品经济所取代，尤其是中国破天荒地出现了资本主义近代工业。东北地区也是如此，在侵略者侵逼下被迫开关，使东北"卷入到了……文明的旋涡里了"，所以在客观上它又是一个进步改造落后的过程，给东北区域社会变革带来了机遇。而这一变革当时则最先反映在城市的发展和演进上。

第二次鸦片战争以后，随着帝国主义的入侵和中国民族资本主义的发展，从总体上看，首先，经历了漫长历史过程的东北城堡开始向近代或半殖民地性质城市过渡，且城市职能向多元化发展。一些新兴城市明显地受到当时西方城市规划理论及建设实践的影响，如哈尔滨、大连等城市即是此间套用西方城市建设模式的典例。其次，城市发展的不平衡性更加突出，这既是长期以来东北区域内经济发展的结果，更是帝国主义侵略的产物。明、清东北边墙的修筑使东北边墙内外地区经济发展不平衡，帝国主义入侵加剧了这一不平衡状态，它们为加紧掠夺东北资源及倾销国内过剩商品，在东北进行开辟口岸、开矿设厂、移民等举措使地区经济发展，不可避免地导致东北城市的畸形发展。最后，随着人口的增加，近代工业及民主政治的发展，城市结构和社会生活日益复杂。

---

① 《马克思恩格斯全集》第 4 卷，人民出版社 1958 年版，第 470 页。

## （一）东北开埠与早期区域城市化

东北，古称辽东、关东、关外、满洲，是中国东北方向国土的统称。包括辽宁省、吉林省、黑龙江省和内蒙古东部。土地面积为 145 万平方公里，约占全国国土面积的 13%，是我国东北边疆地区自然资源丰富、开发历史近似、经济联系密切的大经济区域，在全国经济发展中占有重要地位。明代以来，东北地区有"关东"之称，清代始有"东三省"之称。1907 年奉天、吉林、黑龙江设省之前，虽然是将军辖地，但"东三省"就已经是清朝对这一片区域的通称。

东北地区自然条件复杂多样，资源丰富。这里平原辽阔，土壤肥美，且水系众多，为发展农业、航运、水电和渔业提供了条件；而丰富的矿藏和森林资源为工矿业发展开辟了前景，这一切都为东北城市发展奠定了良好基础。然而在进入近代以前，由于历史原因，东北地区开发较晚，社会经济比较落后，城市发展相当缓慢，城市的数量不多，规模不大，结构简单，功能单一，其中多数城市为军事重镇和行政中心。

### 1. 营口开埠与辽河流域航运业的兴起

东北是清王朝的"龙兴之地"，自康熙、雍正以后，因对东北地区实行"封禁政策"，从而延缓了东北地区的经济开发。第二次鸦片战争后，英国强迫中国开放牛庄（后改为营口）为商埠，随着沙俄又陆续割走中国 100 万平方公里领土，紧闭的东北大门被强行打开。在外力的压迫下，清政府不得不弛禁，于 1860 年开放局部地区，并于 1897 年全部开禁。到 19 世纪末 20 世纪中叶，在内外多种因素综合作用下，东北城市出现了较快发展，逐步成为国内城市化水平最高、城市体系初步形成的地区。

营口港的开放是第二次鸦片战争期间英法联军逼迫清政府签订的《天津条约》和《北京条约》不平等条约中规定的。清政府是在 1861 年的 6 月份宣布开放营口。原本，根据 1858 年《天津条约》的规定，作为辽河入海口

的牛庄是第一个东北地区开放口岸。① 营口被迫开埠后，英国率先于 1861 年
6 月 11 日在营口设立领事馆。继英国之后，法国、德国、瑞典、荷兰，再后
是日本、美国、俄国等均先后挤入营口设领事馆，接着各国洋行也纷纷开
业，把资本的"触角"伸入东北，使古老未开发地区的东北经济与国际市场
经济逐步联系起来。② 1861 年营口开埠后，特别是 1865 年营口近代化码头
的竣工，英商纳得洋行、美国旗昌洋行、英商太古洋行、三井洋行、远来洋
行等外国商行相继入驻该埠，当地的工农业产品进出口贸易急剧增长，1884
年营口港进白银 566079 海关两，到 1892 年白银进口又增长到 1202890 海
关两。③ 从 1866 年起，清朝的山海关道治所移入营口，此后这里逐渐成为山
东、河北两省到东北定居移民和季节性农业临时移民首选往返口岸。营口原
是辽河入海口的一个荒凉小渔村，由于地理位置优越，到 1894 年时，已成
为全国第六大港口，仅次于上海、天津、广州、汕头和厦门，商业贸易与之
俱兴，很快发展成为一座近代化的城市。经济的发展必然带动城市人口的增
长，到 1901 年，营口市区人口已达到 1.3 万人，其中外国移民为 2000 人。
到 1903 年营口已发展为辽河流域的首位城市。20 世纪初，营口已发展成为
东北三省唯一的海上贸易和货物集散地，是辽宁南部重要的商贸中心。辛亥
革命前，营口已经与世界上近 30 个国家和地区，发生了直接或间接的贸易
关系，东北地区的经济已在一定程度上，开始走向世界，加入世界资本主义
经济的循环圈了。

　　营口的开埠为辽河航运业的发展提供了一个历史性的契机。为辽河流域
的开发和大型船舶进入辽河创造了有利条件，同时也更方便了资本帝国主义

---

　　① 牛庄又名牛家庄，自明初起即为重要码头。明初辽东戍军，山东、直隶粮米由此转
运。清朝官运物资也利用牛庄码头，康熙以后牛庄成为关东的重要交易场所。1861 年 5 月牛庄
开埠后来此任职的英国首任领事密迪乐见辽河入海口处的营口位置优于牛庄，便以"牛庄离海
甚远"，轮船停泊不便为由，要求开放营口替代牛庄。迫于英国的压力，清政府于同年 6 月宣
布开放营口。

　　② 焦润明：《营口开埠与近代辽宁城市崛起》，《辽宁日报》2008 年 8 月 29 日，第 12 版。

　　③ 高宝玉主编：《营口港史》，人民交通出版社 2000 年版，第 84 页。

的商品倾销和资源掠夺。仅 1861 年到 1864 年的 3 年中，营口港进港的外籍船舶数量每年都在增长。开埠第一年进港外国船只是 36 艘①，第二年达到 86 艘，上升了 283%，1864 年进港外国船只猛增到 302 艘。② 1870 年以后，中国的帆船运输业的海运进出口及转运货物运量开始增加。

### 2. 东北开埠与辽河流域市镇带的勃兴

辽河航运的蓬勃兴起，极大地促进了辽河流域的经济发展、文化转型和社会进步，带动了辽河沿岸一批城镇的崛起。随着辽河航运业的兴盛，商业性运输的丰厚回报，辽河沿岸纷纷建立起港口、码头、粮货栈、客栈、饮食、金融等为商品贸易服务的一些行业并逐渐发达起来，加速了该地区的近代化进程，进而推动了 19 世纪后半期辽河沿岸及其临近地带一批小城镇的兴起。按照 G. W. 施坚雅教授以城市为中心的区域经济理论，自然地理的大地区和子地区是以地域为基础的社会经济体系的"天然"容器。这一社会经济体系首先是在较小的自然地理范围内得到发展，一般是在很短的河流或支流范围内，然后这些孤立的体系再与其他体系合并，形成较大的地区经济体系，最后在大地区内发展。而最终支配大地区的地区体系，在绝大多数情况下都是在自然地理方面拥有更高的生产交换潜力的地方。③ 施坚雅教授的上述理论也适用于初兴时期的东北南部市镇。这些城镇，有些本身就是辽河沿岸的码头，有些则是靠辽河较近的货物集散地。这些新崛起的城镇，依托辽河沿岸的码头，将营口经辽河运来的货物销往东北内地；同时，还将从周边地区吸纳而来的各种东北土货运往营口，通过营口运到沿海各城市。晚清的大部分时间里，辽河的帆船贸易极盛，辽河已成为沟通营口与其经济腹地的纽带。初步形成了以营口为出海口，以辽河航运为纽带，通过辽河沿岸的商

---

① 连濬：《东三省经济实况揽要》，民智印刷所印 1931 年版，第 222 页。

② 《1864—1898 年牛庄海关统计报告》，转引自高宝玉主编：《营口港史》，人民交通出版社 2000 年版，第 65 页。

③ 王旭译：《中国封建社会晚期城市研究——施坚雅模式》，吉林教育出版社 1991 年版，第 34 页。参见曲晓范：《近代东北城市的历史变迁》，东北师范大学出版社 2001 年版，第 32 页。

业城镇和码头吸纳东北内地土货，将进口的货物辐射到内地的市场流通结构。① 正是沿岸这些新兴市镇依靠自身的交通运输方面优势的拉动，使一批坐落于辽河水系、处于码头与农产品产地之间的商业路线上的一部分乡村地点演化为商业市镇。这批小市镇成为现代城市的胚胎形式，经过半个世纪的酝酿发展，其中一部分市镇如营口、辽阳、新民、开原、铁岭、通江口等，在 19 世纪末 20 世纪初发展成为中等规模的现代城市。② 这一时期，在辽河一线兴起的小城镇总数超过 30 个，形成了沿辽河沿岸发展的带状市镇群。如郑家屯，在码头开放之初，人口只有 300—400 人，到光绪十五年（1889）增加到 2000 人，到 1902 年猛增到 3.2 万人，③ 这主要是辽河流域经济发展影响的结果。

　　总之，营口开埠，使东北与世界联系在一起，成为走上近代化的重要契机。"内地用品的供给全赖帆船为之输，将仰营口在全国海港中所占的地位，营口一方面既与东三省内地联系密切，另一方面又与国内其他各大商港有轮船为之联络，而且我国汽船、帆船之货载大半以营口为终点，所以能够蒸蒸日上，执东北商务之牛耳者"。④ 大大推进了东北早期城市经济的发展，有力地冲击了传统的自给自足的自然经济，使东北封闭落后的局面开始瓦解。这种变化在分布于辽河两岸的新兴市镇及附近地区表现得十分明显。从光绪二十三年（1897）到宣统末年，东北人口由 700 万左右增至 1840 万。⑤ 到 20 世纪 20 年代，辽宁已有 15 万—25 万人口的城市 1 个（奉天），5 万—10 万人口城市 5 个（安东、锦州、大连、辽阳州、牛庄），2.5 万—5 万人口城

---

　　① 张博：《营口开埠与晚清东北商路——以辽河航运为中心的考察》，《社会科学辑刊》2006 年第 1 期，第 163—167 页。

　　② 侯峻、曲晓范：《近代辽河航运与沿岸城镇的兴起》，《社会科学战线》1998 年第 6 期。

　　③ 小越平隆：《满洲旅行记》，上海广智书局 1902 年版，第 12 页。

　　④ 连浚：《东三省经济实况揽要》，上海民智书局 1931 年版，第 270 页。

　　⑤ 何一民主编：《近代中国城市发展与社会变迁（1840—1949）》，科学出版社 2004 年版，第 234 页。

市 5 个（复州、开平、辽阳、新民、铁岭）。①

## （二）东北地方当局自开商埠地与区域城市化

鸦片战争后的半个多世纪，中国逐步沦为半殖民地半封建社会，对外通商贸易基本上是在西方列强所制定的条约体系的框架内进行。截至 1895 年，中国的外贸口岸已多达 40 余处。这些口岸大多是在中国与西方国家所进行的政治、经济、军事、外交抗争失败的特殊背景下，清政府慑于西方国家坚船利炮的威力而被迫开放的。甲午战争之后，列强对华侵略加深，中国面临较战前更加严峻的国家及民族的生存危机。此刻，一些思想家如郑观应在 19 世纪 70 年代提出的"商战"思想在 1898 年清政府开始付诸实践，也由此在中国出现了"自开商埠"的局面。

自开商埠是中国为抵抗侵略、保全主权、发展商务而自行开放的一种新型口岸。东北的自开商埠最早可以追溯到 1903 年，中国同美国在上海签订的《续议通商行船条约》揭开了近代东北自开商埠开放的序幕。1905 年，清廷在同年底与日本签订《会议东三省事宜》条约时，终于确定开放东北，并将此意写入条约"附约"第一款。其具体条文为："中国政府应允俟日俄两国军队撤退后，从速将下列各地方，中国自行开埠通商：奉天省内之凤凰城、辽阳、新民屯、铁岭、通子江（今通江口）、法库门；吉林省内之长春（即宽城子）、吉林省城、哈尔滨、宁古塔、珲春、三姓；黑龙江省内之齐齐哈尔、海拉尔、瑷珲、满洲里。"②此番决定"自开"之商埠，计奉天六处，吉林六处，黑龙江四处，三省合计凡十六处。一次决定开放十六处商埠。1906 年 6 月 1 日，盛京将军赵尔巽宣布奉天省城对外开放。同月，安东、大东沟也宣布开放。经过一段时间试行后，东北地方当局于 1907 年将其余的

---

① 焦润明：《营口开埠与近代辽宁城市崛起》，《辽宁日报》2008 年 8 月 29 日，第 12 版。
② 《会议东三省条约·附约》，王铁崖主编：《中外旧约章汇编》第二册，三联书店 1959 年版，第 340 页。

13 个城市同时开放。1909 年，清政府又宣布开放吉林省延边的局子街（今延吉）、龙井、白草沟（汪清）及奉天的洮南、郑家屯、葫芦岛。至此，东北共有自开商埠 22 个。

这 22 个自开商埠有很大的自主性，这与约开商埠租界中一切权利由列强控制完全不同。埠内工程、巡警、卫生等事由中国政府自行办理，其章程亦由中国自定，税务的征收和优惠也由中方决定，中方掌握着埠内的所有权。如《吉林省城自开商埠总章》第八条规定："埠内邮政电报等事应由中国政府自办，至电话电灯及自来水等，凡于地方自治行政范围内者，亦应由中国人自行设立。"齐齐哈尔的章程规定："商埠之卫生、马路、巡警、阴沟、路灯、洒扫粪除以及一切公益，皆为中国人办理。"① 自开商埠内的出租地块则大部分实行年度出租，租金按地价的高低变化每年都要调整，调整权归中国方面。虽然商埠地内的土地也可采取永租制，但一般以"40 年为期，期满后或停租或续租由本国国家斟酌办理"②。并且地段出租的面积亦有明确规定，通常一人租地不能超过 2 公顷。

东北"自开商埠"之后，社会经济发展进入了一个新的阶段。打破了传统城市的封闭式结构，使它们与广阔的资本主义世界联系起来，城市的经济结构发生变化，对外贸易成为城市经济的重要组成部分。同时，城市的社会结构也发生了变化。

首先，体现在东北移民人数的急剧增长上。东北地广人稀，虽自然蕴藏丰富，但人力资源却极度缺乏。自康熙初年开始，清朝政府为加强边防，抵御沙俄侵略，开始向北部调拨八旗官兵，以强化军事布防，改变罗刹（俄罗斯）不断袭扰黑龙江流域，进占我国边疆的险恶形势，清政府相继重点建设

① 中国第一历史档案馆藏《内务部档》，机关代号 1509，案卷号 765，案卷名《改订齐齐哈尔试办商埠租建章程》。《外务部档案吉林·开埠案》，机关 02—03，宗号 54—（3），案卷名《吉林省城自开商埠总章》，台湾中央研究院近代史研究所 1962 年整编。参阅杨天宏：《口岸开放与社会变革——近代中国自开商埠研究》，中华书局 2002 年版，第 357 页。
② 《吉林自开商埠要领》，《盛京时报》1907 年 3 月 2 日。

了吉林、齐齐哈尔等军事要塞，这些要塞后逐步演化为城市。在此期间，东北地区的主要城市有 14 个：奉天、新民、锦州、铁岭、海城、牛庄、吉林、打牲乌拉（乌拉街）、长春、珲春、三姓、阿城、齐齐哈尔、双城。① 但这一时期的商业和手工业主要是为军事和政治统治服务的，城市的发展极为缓慢。清代由关内向关外移民主要是在第二次鸦片战争之后近 40 年的时间内。特别是东北开埠后，在这期间，奉天的年均人口增长率为 15.7%，吉林的年均人口增长率为 24.1%。以黑龙江地区为例，据统计，嘉庆十七年（1812）该地区的人口为 44 万 4 千余人；在东北"自开商埠"之初的 1907 年，该地区人口为 250 余万人。95 年间，人口增长 200 余万，除去自然增长数之外，移民性增长估计很难超过 150 万人。平均每年因移民而导致的人口增长不到两万人。然而在 1907 年至 1911 年，不过短短四年时间，该地区的人口便突破了 300 万。② 1907 年即多数东北自开商埠实际开埠的第二年，东三省的统计人口数为 1445 万人。1911 年，东三省人口增至 1841.5 万人，在 1907 年的基础上增加了 27.44%③。另据学者统计，1900 年，东北北部地区人口为 150 万，1908 年为 570 万，1919 年达 900 万，20 年之间增长 6 倍；东北南部的人口，1900 年为 300 万，合计这年东北全境人口为 450 万，然而，到 1927 年，东北人口已高达 2200 万。④ 虽然最初由内地到东北去的移民大多是为了开荒种地，但东北在 1905 年一次就开放 16 个商埠，对已经通过农垦积累了一定资金的移民以及内地具有移民倾向的工商业者来说，无疑具有较大的吸引力。人口如此快速增长，显然与东北自开商埠所展示的开发前景以及清政府实施的移民招垦政策有内在的联系。开埠之后，大量外地流民进入自开商

---

① 参见曲晓范：《近代东北城市的历史变迁》，东北师范大学出版社 2001 年版，第 8—12 页。

② 田方、陈一筠主编：《中国移民史略》，知识出版社 1986 年版，第 127 页。

③ 杨天宏：《口岸开放与社会变革——近代中国自开商埠研究》，中华书局 2002 年版，第 364 页。

④ 朱契：《满洲移民的历史和现状》，《东方杂志》第 25 卷第 12 号，1928 年 6 月，第 20 页。

埠经商务工，改变了自开商埠的人口构成。不同社会阶层社会地位纵向与横向的移动，由此引起的社会结构的改变。地域性迁徙表现为外来移民入驻自开商埠，这不仅有可能为自开商埠带来发展生产所需要的资金和技术，而且可能导致异地文化甚至异质文化流入自开商埠，从而对自开商埠产生直接的社会影响。

其次，城市面貌得到改变，城市建设向近代化转型。中国封建城市大多数规模较小，以官署、寺庙为城市重心，街道窄小，房屋低矮简陋，外有城墙和护城河，使城市处于封闭状态。自开商埠开埠后，赵尔巽（1905 年任盛京将军）及徐世昌（1907 年以后任东三省总督）、吉林将军达桂、黑龙江将军程德全等人实际上是城市近代化的发起者和组织者。自开商埠建设发展初期正值清政府实施"新政"，而城镇公共设施建设本身就是新政的措施之一。在新政的有力推动下，由商埠区开始的公共设施建置逐渐在相关城镇得到推广。例如，这期间，在各商埠中最出名的工程建设当属奉天马车铁道修建。1906 年盛京将军赵尔巽开始筹划由国外引进快捷的城市交通工具。出于财力和技术方面的限制，赵尔巽决定从日本引进价格相对低廉、在国内尚处于仍然很先进的马车铁道设备。为此，在奉天组建市内马车铁道公司。这一建设项目招股 19 万元，成立股份公司，采取了与日本合资创办的形式。该工程于 1907 年 9 月 1 日开工，第二年 1 月 4 日竣工，道路全长 4 公里。此工程的建成，拉开了东北城市交通工具近代化的序幕。① 这一时期，在城市建设中，东北地方当局有着严格的城市管理和控制体系：一是颁布法规，强化城市管理。如 1907 年 8 月奉天商埠颁布了《道路通行、管理规划》等。② 二是强化和健全政府的权威机构，以约束市民的违纪越轨行为。从 1907 年起，在 3 年多的时间里，在预期开放的东北各城市相继成立了开埠局、交涉局、清查房地局、税关、海关等名目繁多但其职能基本一致的管理机构。如吉林省城商埠租建章程就明确规定：凡商

---

① 参见曲晓范：《近代东北城市的历史变迁》，东北师范大学出版社 2001 年版，第 120 页。
② 《满洲日报》1907 年 8 月 31 日。

民在埠内修建房屋，须将印契送呈商埠总局，并由局员前往实地勘验，若"地契相符，并于路政无碍，即予准单，任其建造"；租户建造住房、货栈、店铺，亦须"先将图样送呈商埠局，察看有无违碍公益等事。如有以上情弊，由局派员指示酌改，该租户均当照办"①。三是创办环卫队，改善城市公共卫生，从而使城市的整体环境得到改观。

经过几年的城市建设和改造，在城市人口增加的基础上，东北一些城市外观发生了显著变化，新式建筑如百货公司、工厂、仓库、银行、教堂、医院、学校、洋楼等陆续出现，一些近代市政工程设施如马路、自来水、电灯、电话、轮船码头等也在一些口岸修建和设立，它们改变了人们的生活条件和生活方式。同时，城市规模扩大，结构功能得到改观，市政建设与管理也出现了以"趋新"为特征的变化。以上这些是城市近代化的重要标志。

再次，城市的经济结构得到改变。城市经济结构是城市经济的组成要素相互联系、相互作用的内在形式和方式。在未开放前，东北城市大多是政治和军事色彩浓厚，属于消费性城市，主要经济行业是封建性商业和手工业。自开商埠开辟后，一些自开商埠的对外贸易迅速发展，中外商贾云集。日本、韩国、美国、法国、俄国、德国、英国等国家商人相继来到中国东北进行贸易活动，东北地区的对外贸易活动逐渐频繁。据统计，1895 年东北的对外贸易总额为 936 万海关两，其中输出 561 万海关两，输入 375 万海关两；到 1911 年，东北地区大量自开商埠出现，贸易总额增至 2194 万海关两，其中输出增至 10900 万海关两，输入增至 10394 万海关两，② 进出口贸易基本持平。这使东北很多城市的对外贸易迅速发展，并开始与国际市场接轨，进出口贸易从无到有，推动了东北地区贸易的近代化。

开埠通商以后，东北输出的粮食，一部分销往国内南方省份，一部分销

---

① 《外务部档案 吉省开埠案》，机关号 02—13，案卷号 54—（3），案卷名《日本外务部修改东南路各商埠租建章程》。杨天宏：《口岸开放与社会变革——近代中国自开商埠研究》，中华书局 2002 年版，第 379 页。

② 张福全：《辽宁近代经济史》，中国财政经济出版社 1989 年版，第 273—275 页。

往国外。国外以日本和俄国为主，最远销售至欧洲。据统计，1908 年东北输出大豆 37 万担，1909 年东北输出大豆 407 万担。① 东北的自开商埠不仅促进了农业生产的商品化、近代化，也为工业近代化发展提供了条件。

对外贸易的发展促进国内市场更加活跃，自开口岸成为地区市场网络的中心，它刺激了国内民族工业的振兴。如这一时期的奉天，建设了一大批在国内较有影响的近代化工厂，其中典型的工业企业有奉天纺纱厂、纯益缫丝公司、东兴色织纺织公司、肇新窑业公司、惠琳火柴公司等明星企业。如奉天纺纱厂：始建于 1920 年，正式开工于 1923 年，由官商合办，设在商埠地北市场，占地 28 公顷。其机器全部购自美国，有纺机 2 万锭、织机 200 架、织袜机 5 架。厂内有职工 1300 人。一昼夜产 16 支19800磅、织平布19800码（495 匹）、袜 30 打，年总产量为纺纱 1.5 万包（每包 42 磅）、正副合股纱 797 包、织布157900匹、织袜114800双。②

随着农业开发大豆产量的提高，榨油业占据了东北近代工业的首要地位，其次是面粉业。自开商埠开放后，吸引了大量外商，他们采用先进的技术，建立新兴油坊，利用机器榨油，大大提高了商品的产量。1907 年，安东有榨油厂 8 家，年产豆饼 30 万块。到 1926 年已发展到 26 家，年产豆饼 510 多万块。③ 这些在自开商埠投资建设的一些大型企业，有效地抵制了日商在这一领域内的垄断局面。

对外贸易的发展也促进国内贸易的进一步发展，它刺激了国内民族工商业的勃兴。自开商埠开埠后，由于吸引越来越多的人口向城市聚集，因而消费市场越来越大，并以此为基础和动力，吸纳了大量的人口由乡村进入城市，改变了城乡人口的比例和职业构成。这也会刺激城市商业的发展，各种各样的零售商店和社会服务行业随之兴起。与此同时，商品流通量的加大，

---

① 杨余练、张玉兴等：《清代东北史》，辽宁教育出版社 1991 年版，第 455 页。

② 《（民国）奉天通志》卷一一四，东北文史丛书编委会 1983 年影印本，总第 2559—2560 页。

③ 王魁喜等：《近代东北史》，黑龙江人民出版社 1984 年版，第 324 页。

也必然导致交通运输业的发展，先进的交通工具如轮船、汽车等被采用，近代交通运输业在一些自开商埠内得以产生。另外，自开商埠贸易的发展，也带动了近代金融、通信、城市建设等经济部门的兴起，这样，传统的封建商业性城市转变成不仅具有外贸功能，而且具有近代经济行业的新型城市。①

东北自开商埠城市在城市化进程中走过了一条独特的发展之路。在东北特殊的历史环境中，尤其是在沙俄和日本等帝国主义的觊觎下，有着特殊的历史发展轨迹。

第一，东北自开商埠城市在城市化和近代化过程中发展是不平衡的。这22个自开口岸的城市，其中一些因开埠通商而获得了较大发展，如奉天、长春、哈尔滨等，但大多数被辟为自开口岸的地方开埠后发展并不大，如龙井、白草沟（汪清）等地。开埠后市政建设方面仅仅修筑了几条马路，贸易并不十分繁荣，工商业方面也没有什么起色。发展较快的城市，其原因并不仅仅在于开埠通商，往往是多方面因素作用的结果，特别是在 20 世纪初中东铁路等的迅速修通，使其成了交通枢纽。由于城市的等级及内外条件的差异，各自开商埠的城市"近代化"发展尚存在明显的差异和发展的不平衡。

第二，东北自开商埠在客观上不可避免地增强了东北城市近代化的半殖民地殖民地色彩，这是不以人的意志为转移的。近代中国的发展过程是一个由独立的封建国家向半殖民地半封建国家转变的过程，在东北也如此，东北近代城市也同样存在着一个半殖民地化和殖民地化过程。由于经济和贸易的发展，外国势力迅速进入该地区，使得自开商埠在其近代化过程中仍难以避免不带有半殖民地殖民地色彩，而且每一个阶段都有每一阶段的特点。国外一些国家的商品以这些通商口岸为流通中心，向广大腹地和农村倾销，同时中国的农副土特产品也经过各种渠道被收集进入这些城市，再出口到国外。东北各自开商埠也成为外国人聚居的场所。据统计，1928 年末，东北各地留

---

① 刘文俊：《自开商埠与中国城市近代化》，《广西师范大学学报》（哲学社会科学版）1997 年第 2 期，第 79 页。

住的欧美各国人数：英国 607 人，美国 22 人，法国 332 人，德国 452 人，意大利 84 人，葡萄牙 6 人，荷兰 15 人，丹麦 108 人，瑞士 9 人，比利时 45 人，奥地利 81 人，瑞典 4 人，波兰 963 人，捷克 106 人，希腊 59 人，挪威 11 人。[1] 这些外国人大多住在大连、营口、安东等条约口岸，也有一些住在自开商埠。在大连，1922 年统计，居住的外国人共有 156 人，其中俄国 86 人，英国 26 人，美国 22 人，希腊 12 人，德国 3 人，法国 2 人。[2] 大连 1928 年末，居住的外国人数达 131 人，其中，英国 51 人，美国 29 人，德国 22 人，丹麦 5 人，捷克 4 人，希腊 13 人，匈牙利 2 人，荷兰 1 人；奥地利 1 人，拉脱维亚 1 人，波兰 2 人。在安东，1928 年底，居住的欧美各国人数共达 61 人。其中，英国 25 人，丹麦 27 人，法国 6 人，美国 3 人。[3] 当时在东北的外国移民以日本人数量最多，在九一八事变之前，仅其中的"农业移民"，其数量便已多达 6800 人。到 1930 年，日本在东北的移民已经达到 23 万以上。[4] 这些外国人在包括自开商埠在内的东北各地从事各种活动，极大地影响了东北社会经济的发展。

第三，东北自开商埠对城市近代化的作用在时效方面是短暂的。东北自开商埠后，随着对外贸易的发展，人口增加，市政面貌有所改观，近代经济蓬勃发展，开埠通商对城市近代化确实起了启动和催化作用。另外，城市自开商埠后，也为外国资本主义势力快速进入东北创造了机遇，它们以此为据点不断加深对这一地区侵略，其最重要的手段和形式是向城乡各地倾销廉价的商品。当中国资本主义近代企业在自开商埠产生后，不仅要受到国内封建势力的压迫和剥削，而且要面对外国资本主义的强大竞争和打压，其发展十

---

① 楚双志：《近代中国东北地区的欧美侨民》，《辽宁教育行政学院学报》2006 年第 9 期，第 167 页。

② 《侨居大连之欧洲人数》，《盛京时报》1922 年 5 月 10 日。

③ 楚双志：《近代中国东北地区的欧美侨民》，《辽宁教育行政学院学报》2006 年第 9 期，第 167 页。

④ ［日］满史会编：《满洲开发四十年史》上卷，东北沦陷十四年史辽编写组翻译 1987 年版，第 46 页。

分艰难。因此，开埠通商对城市近代化的推动作用在开埠初期表现比较明显，后来，随着形势的发展，推动作用日益减弱，特别是随着俄、日等国侵略势力在东北的加强，民族工业发展更加举步维艰，他们很难抵挡住西方侵略势力对本地区的蚕食和掠夺，其发展势头日渐减弱。

总之，东北城市在 20 世纪初，在城市人口增加的基础上，城市规模扩大，结构功能得到改观，市政建设与管理也出现了以"趋新"为特征的变化。东北的早期城市化给整个东北社会带来了发展契机，为后来的社会变迁铺设了有利条件。

## 二、铁路等交通网络与东北城市化运动

在东北社会发展进程中，交通运输的发展起着独特的作用。特别是铁路的出现成为东北地区大规模开发的先导。与此同时，水路与公路作为铁路的补充，促进远离铁路区域城镇开发，它亦影响着区域内城镇的形成、发展和演变格局，甚至影响着城镇内部结构的演化。如果说东北开埠与早期区域城市化是东北城市发展的第一次开发浪潮和推动力，那么，这个时期铁路及其公路等的飞速发展，则成为东北城市化和区域变迁的第二次开发浪潮和推动力，对东北社会发展影响至深。

### （一）东北铁路的发展路径

#### 1. 中东铁路的修建与俄国势力在东北的扩张

中东铁路是沙皇俄国为了掠夺和侵略中国、控制远东而在中国领土上修建的一条铁路。中东铁路是"中国东方铁路"的简称，亦作"东清铁路""东省铁路"。与近代中国的许多铁路一样，中东铁路也是列强侵略中国的产物。

东北地区一直被清朝统治者视为"龙兴之地"，自清人入关以来，清政府大部分时间对东北地区实行封禁政策。1861 年，营口"开埠"，东北被迫

对外开放。东北因其优越的自然地理条件，一时间成为列强殖民入侵的聚焦点。在帝国主义为夺取远东地区霸权，掠夺中国东北部丰富的资源，加强对东北地区的经济侵略和政治入侵之际，沙俄是急先锋，在交通建设方面，铁路成为首选。

19 世纪末期，俄国开始进入工业化时期。为了发展国内经济，沙皇开始关注起西伯利亚地区。更重要的是，当时英、美、日等列强正在远东国际舞台上激烈角逐，使西伯利亚的战略地位凸显出来。为了牢固地占有这片远离欧洲的土地，也为了实施沙俄蚕食亚洲的"远东政策"，保持已经夺取了黑龙江以北和乌苏里江以东地区 100 多万平方公里中国领土的东北亚地区的战略优势，沙皇决定修建一条贯通整个西伯利亚的大铁路，即准备修建一条从车里雅宾斯克到海参崴（符拉迪沃斯托克）的西伯利亚大铁路计划。1886 年底，沙俄政府在其召开的特别委员会会议中决定了以下原则："除后贝加尔湖及伊尔库茨克线路以外，必须设法使海参崴与松花江用铁路连接，否则吾人在太平洋之海港，以交通不便，与西伯利亚隔绝，而失却根据地。"① 1891 年 5 月，皇储尼古拉（后来的末代沙皇尼古拉二世）亲临海参崴主持铁路奠基仪式。1891 年 5 月西伯利亚大铁路开工后，其规划的线路走向是穿越伊尔库茨克后继续向东，经过赤塔以后，转向东南，沿中俄边境的黑龙江北岸修筑，到达哈巴罗夫斯克后再转向南沿乌苏里江东岸修至符拉迪沃斯托克（海参崴）。西伯利亚大铁路开工后不久，俄国财政大臣维特就主张，大铁路干线应通过中国东北直达海参崴，这样就可拉近中国东北与俄国之间的联系。恰在此时，清政府在甲午战争中一败涂地，被迫签订了割地赔款的《马关条约》。为了抑制日本在远东的势力，俄国便联合德法两国进行干涉，迫使日本"吐出"了辽东半岛。随后，因干涉还辽"有功"的俄国迅速获得清政府的好感，而俄国也乘机秘密制订了修建穿越中国东北并南伸至大连的铁路计划。1896 年，当李鸿章作为特使赴莫斯科祝贺沙皇尼古拉二世加冕时，俄国人便诱迫他签订了《中俄密约》，决定在

---

① 东省铁路编辑委员会：《东省铁路沿革史 1896—1923》，第 4 页。

中国境内修建西伯利亚大铁路的支线，并命名为东清铁路（后又称中东铁路）。条约共六条，主要内容是：（1）日本如侵占俄国远东或中国以及朝鲜土地，中俄两国应以全部海、陆军互相援助；（2）非两国共商，缔约国一方不得单独与敌方议和；（3）开战时，中国所有口岸均准俄国兵船驶入；（4）为使俄国便于运输部队，中国允于黑龙江、吉林地方建造铁路，以达海参崴，该事交由华俄道胜银行承办经理；（5）无论战时或平时，俄国都可通过该路运送军队军需品；（6）此约自铁路合同批准日起，有效期十五年。根据《密约》第四条，同年9月8日由中国驻德、俄公使许景澄与华俄道胜银行代表在柏林签订了《中俄合办东省铁路公司合同章程》。合同规定成立中国东省铁路公司，其章程照俄国铁路公司成规办理。至此，俄国获得了使西伯利亚大铁路穿过中国领土直达海参崴的特权。《密约》的签订和筑路权的攫取，为沙俄侵略势力进一步深入和控制中国东北地区提供了各种方便，大大加强了沙俄在远东争夺霸权的地位。

1898年，东清铁路动工修建，1903年7月14日全线通车。在这一过程中，华俄道胜银行获得了中东铁路（又称东省铁路）的专营修筑权，后于1896年12月27日在海参崴成立了"中东铁路公司"，任命毕业于英国皇家工程学院的俄国人尤格维奇博士为铁路总工程师。1897年8月28日，中东铁路便在绥芬河举行开工典礼。原计划由绥芬河向满洲里单方向修建，到1898年，沙俄迫使清政府签订《旅大租地条约》和《续订东省铁路支路合同》后，又决定从哈尔滨向旅顺口方向修筑中东铁路南满支线，后逐步形成了由绥芬河向西，双城子向西，哈尔滨向东、向南、向西，旅顺口向北，四地同时分别向五个方向施工的场面。① 至1901年3月3日，作为干线一部分的哈尔滨至绥芬河的滨绥线（全长5441.5公里）首先完成铺轨，11月14日试运营，同年11月3日，哈尔滨至满洲里的西干线——滨洲线完成铺轨，翌年2月试运营；1902年11月，哈尔滨至旅顺的南部支线完成铺轨，1903年3月8日开始试运营，同年7月14日，中东铁路全线竣工并正式通车营

---

① 胡玉海、董说平：《近代东北铁路与对外关系》，辽宁大学出版社2007年版，第57页。

业。该路全长 2489.2 公里（不包括随后俄国加修的大石桥至营口牛家屯支线 21.4 公里、灯塔至煤矿支线 15.6 公里、抚顺至苏家屯 52.9 公里等支线铁路里程）。①

俄国早有通过强占旅大实现对辽东半岛占领的计划。早在《中俄密约》谈判期间，俄国就曾提出租借黄海海岸一个港口的要求，但因时机还不成熟而未能付诸行动。1897 年 11 月，德国借口曹州教案，派舰队强占山东半岛的胶州湾。12 月，俄国趁清政府为偿还对日本的最后一期赔款，向俄国提出借银一亿两之际，俄不失时机地向中国提出借款条件：俄国在东三省和蒙古享有铁路和工业垄断权；中东铁路修一条支线到营口以东黄河岸边的"某一港口"，凡挂俄国国旗船只皆有权进入该港，提出这一要求后，俄国动用各种手段，迫使清政府于 1898 年 3 月 27 日与其签订了《旅大租地条约》，其后中俄又签订了《续订旅大租地条约》和《东省铁路公司续订合同》。这三个条约、合同的签订，就使俄国实现了对辽东半岛的占领：（1）旅顺口、大连湾及附近水面租与俄国，租借期限为 25 年，并可"相商展期"；（2）在租借地内及附近水面，所有调度水、陆各军及治理地方大吏全归俄国；（3）中国军队不得入驻租借地，其他国家的军舰、商船不得驶入旅顺口；（4）租界地以北从辽东西岸盖州河口起，经岫岩城北至大洋河，沿河左岸至河口定为中立区，行政权属于中国，但中国军队须经俄方同意方可进入；（5）中国允准俄国修建中东铁路一条支线至旅大；（6）在中立区地段未经俄国允许不准让与别国享用，不得"造路、开矿及工商各利益让给"，中立区的口岸不能与别国通商。这些条款表明，俄国已经实现了对辽东半岛的完全占领。俄国采取各种手段扩张在中国东北的权益，很快就使东北沦为俄国的势力范围。中东铁路修筑和占领旅顺口，使俄国在中国东北的侵略势力迅速扩大，这不仅改变东北亚地区相对均衡的政治格局，而且使整个局势骤然紧张起来。② "就建筑铁路的价值说南满铁路的地理

①　曲晓范：《近代东北城市的历史变迁》，东北师范大学出版社 2001 年版，第 43 页。
②　胡玉海、董说平：《近代东北铁路与对外关系》，辽宁大学出版社 2007 年版，第 59 页。

位置是太好了，西面是广大的东北原野，农产之丰富，中外有名。东面是长白山地区森林和矿产均有大量的蕴藏。在这样山麓地带所修筑起来的铁路正可以刺激铁路两旁的多种资源得以开发，所以南满铁路之所以能控制东北大部分地区之经济者，实其地理位置之优越使然。"[1]

中东铁路干线建成后，东北又出现了几条支线，分别是：吉长铁路：沙俄修筑的中东铁路南满支线，并未经过吉林首府吉林城。1905 年日俄战争结束后，日本已经取得了该地区的权利，清政府提议修建吉林至长春的铁路，清政府在被迫同意借日款修建该路的情形下，1909 年 12 月，吉长路开始动工，到 1912 年 10 月竣工。该路全长 127.7 公里，始于长春的头道沟，经卡伦下九台（今九台市）至吉林。吉长路的建成，把吉林城和南满铁路联结起来，为日后向中朝边界延伸铁路，发展朝鲜族聚居地区铁路事业打下了基础。

齐昂铁路：该段铁路是中东铁路滨州段从黑龙江省城齐齐哈尔以西的昂昂溪通过，距离齐齐哈尔还有 29 公里之遥，为了便利省城交通，1909 年，该省设立黑龙江铁路公司，修齐昂铁路，1907 年动工，1909 年 8 月竣工，全长 28 公里。

安奉铁路：日俄战争期间，为便于从朝鲜向东北境内运送军队和战略物资，1904 年 8 月，日本未经中国同意，动工修筑了安东（今丹东）至奉天（今沈阳）的铁路，至 1907 年 4 月通车，该路为军事轻便铁路，全长 303.7 公里。该路在战略上具有重要的意义，因此战争结束后，该路并没有拆除。在中日《会议东三省事宜正约》的附件中规定："由安东县至奉天城所筑造之行军铁路，仍由日本政府接续经营，改为转运各国工商货物。"[2] 故此，日本取得了该路的改建权。

新奉铁路：1905 年 3 月，日俄战争，日本占领奉天。日本借当时清政府

---

① 王成敬：《东北的动脉——南满铁路》，载《东方杂志》第 43 卷 13 号，第 33 页。

② 王铁崖：《中外旧约章汇编》第二册，三联书店 1957 年版，第 340 页。

修筑的关内外铁路，已修筑到奉天西北的新民，于是为便于奉天西北方向的交通，日本修筑了新奉铁路，该路也是军事轻便铁路，全长60公里。

中东铁路全面开工，在中国东北就形成了一个纵横东三省长达2489公里的"丁"字形大工地。中东铁路全面施工是一项大规模的经济活动，它迅速地引起东北地区经济生活和社会生活结构的变化，也使沙俄势力在东北得到迅猛膨胀。其一，带动了俄国和东北筑路当地的其他事业发展。俄国各项开发事业在铁路建筑中得到迅速发展，修建铁路的东北当地随着人口的急速增长，拉动了粮食和农副产品需求，刺激了东北地方经济的发展，还沟通了大连、旅顺、营口等东北海港与东北腹地的联系，促进了其发展与繁荣。其二，吸纳大量人口集中于铁路沿线，移民增加。其三，造成了东北社会的严重失衡。大量人口急速增长首先使东北社会不堪重负，而新进入东北谋职者的工作又很不稳定，随着中东铁路一个地段的完成，就有大批土工被裁减下来。而被裁减者的绝大部分就散入当地城乡，这不仅增加了当地居民生活和工作的压力，同时也加剧东北社会的矛盾。其四，铁路的建成，大大缩短了俄国西伯利亚铁路至海参崴的里程，并与中国关内外铁路衔接，沙俄在东北乃至整个远东地区争夺霸权的力量得到增强。其五，日俄战争后，日本占领了南满支线长春以南段，并且擅修安奉、新奉铁路，这样日本在中国东北南部地区逐渐形成了以南满铁道为中心的铁路系统，同时用铁路又把其租界地旅大地区与南满腹地，南满与其殖民地朝鲜紧密联系起来，从而使南满成为其牢牢控制的势力范围。这些给中国东北及华北地区政治局势和社会生活的安定造成了严重影响。

### 2. 中国自建铁路——关内外铁路的出现

关内外铁路（又称京奉铁路），这是东北地区的第一条铁路，它是将长城内外连接在一起的重要交通枢纽。铁路作为文化的基础和现代文明的先导出现在人类历史上是生产力发展的结果。1825年，英国的斯托克顿到达林顿约48公里长的这段铁路，为世界铁路之始。美国和德国紧随其后，分别是在英国第一条铁路建成后的5年和10年建成了各自的第一条铁路。而中国的第一条铁路则是在世界修成 50 多年后才建成自己的第一条铁路。铁路出现在东北的历史舞台，是在 19 世纪末。清政府洋务派领袖李鸿章亲自投资修建山海关内外铁路（又称京奉铁路），关内外铁路的修建，源于晚清时期对煤矿的开采。关内外铁路的前身是唐胥铁路，而唐胥铁路正是为了便利煤矿运输而建的交通线。关内外铁路，它起自北京正阳门东车站，止于奉天城（沈阳）站，干线长 842 公里，另建支线数条。这条铁路在中日甲午战争之前，修到中后所（绥中）65 公里。1898 年，清政府着手续修关外段。这条铁路的修建，由于英、俄两国激烈争夺修建贷款权，清政府举棋不定。最后英、俄两国直接谈判，以互换照会的方式，订立谋求路权的互不妨碍协议。这样，中、英两国于 1898 年 10 月正式签署的关于关内外铁路借款合同才得以实施。英国人金达任总管兼总工程师，这条铁路的实权也落到了英国人手中。《合同》规定：清政府向英国借款 230 万英镑（约合白银 1600 万两），其中用于偿还已修津榆、津芦路所欠款及天津至山海关铁路所需设备用款450 万两银，其余用于修筑奉天中后所至新民间铁路和营口支线铁路，所借款以 45 年为期①。借款合同订立后，中后所至新民段铁路开工。到 1899 年，铁路修至锦州。第二年夏，修至锦县沟帮子，同年建设并完成沟帮子至营口91 公里支线。1899 年 6 月，铁路修至大虎山。义和团运动期间，又造成了关内外铁路建设的停工，这使已经完成的铁路分别被英国和沙俄列强占领。《辛丑条约》签订后，英、俄侵略者被迫退出关内外铁路，清政府在接收关内外铁路后，不得不一面赶修大虎山到新民段铁路，一面修补被沙俄毁坏的大虎山到绥中铁路，直到 1903 年 12 月修到新民。1904 年日俄战争爆发后，日本擅自接筑了新民至奉天省城（今沈阳）的狭轨轻便铁路。1907 年清政府以"由日本南满铁路借款半数兴修吉长路"为交换条件，将该路收回，并改造成标准轨道，至此，沈阳至北京间铁路全线贯通。原定奉天省城至宁古

---

① 凌鸿勋：《中国铁路志》，台湾文海出版社"近代中国史料丛刊第 93 辑"影印本，第173 页。

塔的铁路计划由于日俄的阻挠没能完成，因此，1907 年 8 月 2 日将已经修养好的关内外铁路定名为京奉铁路。①

此外，用中国资金在东北修建的第二条铁路是滨洲线以昂昂溪为起点，以齐齐哈尔为终点，轨距为 1 米，长为 29 公里的齐昂轻便铁路。1907 年 8 月，天津的德国商泰来洋行承包铁路的建设工程和车辆等设备，当年 9 月动工，1909 年 9 月末竣工，10 月 1 日开始营业。此间中国自建铁路长 94 公里。②

### （二）铁路与东北城市化运动

近代东北铁路的出现，促进了东北城镇的发展，在一定程度上推动了东北的城市化进程。城市是稳定的人口与空间物质资源和历史文化的集中结合体，所以判定城市的兴起及其发展程度的两个基本指标一般是指定居人口和物质财富在空间上的聚集规模和数量，而这两个指标的创造和积累需要一个前提条件，即交通运输业的发展，在东北城镇发展过程中，交通运输的发展起着独特的作用。如果说 1900 年前东北城市主要集中于南部的辽河流域，以开埠城镇营口为核心的小规模城镇带，从而掀起了近代东北地区城镇发展的第一次高潮，那么中东铁路建成后东北中北部城市迅速增长，城市分布区域明显向北部移动和扩大，原有城镇在中东铁路的带动和刺激下迅速城市化，从而形成了近代东北地区城镇发展的第二次高潮，推动了东北地区的城市化运动。

铁路交通网成为东北地区大规模开发的先导。道路交通的发展状况，反映不同历史时期生产力发展水平，它受地区自然地理和社会历史发展的影响，同时它亦影响区域内城镇的形成、发展和演变。在区域的宏观上，它影响区域内城镇分布；对于城市本身而言，它影响着城镇内部结构的演化。

---

① 曲晓范：《近代东北城市的历史变迁》，东北师范大学出版社 2001 年版，第 66 页。

② ［日］满史会编：《满洲开发四十年史》上卷，东北沦陷十四年史辽宁编写组翻译，1987 年版，第 196 页。

1898 年，中东铁路的修筑催生并带动了近代东北区域城镇的发展，而以中东铁路附属地建设为发端，在铁路经济和国内外移民等多重因素的综合作用下，中东铁路沿线先后迅速崛起了一批以哈尔滨、大连、长春、满洲里等为典型代表的近代化新兴城镇，其城市化、城市近代化水平跃居全国前列，而东北地区的城市化进程也由此开启。

哈尔滨地区原为松花江岸边的渔村，地处中东铁路和松花江水路的交汇点，从清末就成为沙俄在中国东北重点建设的城市，日俄战争结束后，哈尔滨成为沙俄重点建设的城市。1896 年沙俄攫取修筑中东铁路的特权后，确定以哈尔滨这个水陆交通枢纽为它在东北扩大侵略的根据地，不仅将中东铁路公司和华俄道胜银行分行设于此地，而且以哈尔滨为其南满支路的起点，使之成为丁字形大铁路的中心。中东铁路建设局进驻"田家烧锅"，哈尔滨遂成为中东铁路建设的重心，俄国就此准备在这建铁路附属地。随后，建设部将哈尔滨地区划分为八个建设区，并在此区域内建设了行政中心、商业中心、居民区、兵营区等新城区。中东路及俄国铁路部采取了保护和发展哈尔滨俄国人工商业的方针和运价政策，使哈尔滨迅速发展成为推行金融、商业和工业侵略的中心，成为它掠夺东北粮食、大豆和推销商品的中转站。"北满"的货物有一半以上通过哈尔滨集散。哈尔滨不仅通过中东路的满洲里同俄国实行陆路贸易，而且以海参崴为自己的出海口。以哈尔滨为中心，流通的是俄国卢布（羌贴）和哈大浑票。哈尔滨还和世界各地直接贸易，成为中国北部的国际城市。哈尔滨 1904 年时人口达 3 万人，以后人口逐年增多，1929 年时达 16 万人（华人），终成为东北极有影响的大城市。① 同时，沙俄政府也开始向中东铁路沿线移入俄国侨民。20 世纪前 30 年，哈尔滨先后接纳了 20 多个国家的移民在此居住，其中人数最多的是俄国移民，1904 年为8.9 万人。此后，由于附属地良好的居住条件和特权待遇，越来越多的俄国人自发移民中国东北，从而在中国东北地区形成一个特殊的群体。"道里总

---

① 《中东经济月刊》第 6 卷第 11 号，1931 年。

领事馆调查沿线居留外人之数目，俄国侨民47868人，海拉尔有5554人，满洲里有3257人，横道河子有2652人"① 1912年哈尔滨城区总人口是68549人，其中俄国移民就有43091人，占人口总数的63.7%②。到1922年，哈尔滨市俄籍移民升至15.5万人。③ 而到1923年苏俄国内战争结束后，定居哈尔滨的俄侨一度多达20万人，甚至超过了当地中国居民的人数。④ 除俄侨外，其次是犹太侨民和日本侨民移居哈尔滨为多，这时期还有大量德、英、希腊等国侨民活动于此。此外，由于建设铁路和城市的需要，大量的民工劳动力也涌入附属地，哈尔滨在1900年初其建筑工人竟达6.5万人，此后随着建设高潮的到来，铁路及城市建设民工曾多达17万人。⑤ 大量人口的增加，城市基础设施日臻完善。在修筑铁路的过程中，大量的筑路工程技术人员、铁路管理人员及其家属，紧随其后的还有商人、手工业者、医生等其他人员陆续迁来。使得以哈尔滨为典型代表的近代化新兴城市在东北形成。

　　大连城市的诞生和发展也集中体现了外力的作用和移民的推动。19世纪之前的大连湾地区只是一个小渔村，人口不到百人，沙俄通过《中俄密约》和《旅大租地条约》⑥，使沙俄在旅顺和大连享有特殊的权限，该地区也成为中国不能驻军的特殊殖民地。1899年7月31日，沙皇尼古拉二世敕令着手于大连湾南岸修建大连港和大连市。同时，宣布大连港为"自由港"，以此缓和与列强的矛盾。沙俄想把大连作为自己永久的租借地和军事占领地来经营。沙皇任命萨哈罗夫为总工程师，后为达里尼市第一任市长。帝俄在东

---

① 《远东报》1917年4月20日。
② 石方：《黑龙江地区的外国移民》，《学习与探索》1986年第4期，第126页。
③ 《哈尔滨市志·外事志》，黑龙江人民出版社1998年版，第51页。
④ 王瑞：《民国初期哈尔滨国际移民与其城市化进程》，《绥化学院学报》2008年第3期，第33页。
⑤ 程琳：《中东铁路与区域城镇化问题再探》，《黑龙江史志》2008年第15期，第5页。
⑥ 《旅大租地条约》规定：（1）租借旅大二十五年；（2）旅顺口划为俄国军港，大连湾内有一港划为军港，余为商港；（3）允许俄国修筑中东铁路的支线南满铁路，从哈尔滨通大连。同年5月，中俄又签订《旅大租地续约》，在租借地四周为俄国划一"隙地"，中国要在"隙地"做什么事，应取得俄国的"应允"。

西青泥洼征用土地，强迁居民，将青泥洼一带约5.4万余亩土地划为城市用地。从1899年至1903年，短短几年，大连由一个小渔村一跃而至都市，到1904年，大连人口已达8.5万人，城区面积超过8平方公里；其中旅顺人口为42100人，城区面积为4平方公里①。大连已经完全取代了旅顺而成为旅大地区的区位城市。到1904年2月日俄战争爆发，大连市市政建设框架已成规模。市内建起了铁路和车站，上下水设施和供电设施等也都已经投入运营。市内主要建筑有市政厅、法院、警察局、拘留所、火车站、海港客运站、学校、医院、寺院、剧院、旅馆、商店、仓库，以及一批私人住宅等160多栋，建成面积约94670平方米。1903年周学熙②访日时途经大连，在他的《东游日记》中有如下描述：早七钟到青泥洼（大连湾对面），登岸。偕李炎卿访其戚谢某，导观俄国车站、电机厂铁屋，工未竣，长二百五十尺，宽百尺，闻贵二十五万元。其船坞仅容两千吨舰，马路纵横，已成十数里，西式楼房二三百区，无同式者。③ 这段话可以折射出当时大连城市的规模和景象。日俄战争后，日本夺取了大连，并且效法沙俄开放大连为自由港，实行大连中心主义，在大连港实行海陆联运，积极发展油坊工业、玻璃工业、纺织工业、化学工业。与沙俄侵占的哈尔滨相对应，大连成为日本掠夺东北农产品及原料和倾销日本商品的门户。

长春原为宽城子镇，沙俄修筑中东铁路由此通过。1907年它成为中东路和南满路的汇合点，中东路有宽城子站，南满路设长春站，各有附属地。1910年吉长路在长春站建站，长春遂成为三条铁路的连接地。它既是吉林长

---

① 《旅顺户口统计》，《大公报》1904年9月7日。

② 周学熙（1866—1947），北洋政府财政总长、实业家。安徽东至人。1894年中举，1900年为山东候补道员，入袁世凯幕下，主持北洋实业。曾创办北洋工艺学堂（今河北工业大学）兼任督办（校长）。袁世凯窃国后，周学熙于1912年和1915年为陆征祥内阁和1915年徐世昌内阁财政部部长。后脱离政界，办实业。周以兴办实业成绩卓著，与南方实业家张謇齐名，有"南张北周"之说。

③ 虞和平、夏良才编：《周学熙集》，华中师范大学出版社1999年版，第25页。转引自李明伟：《清末民初中国城市社会阶层研究》，社会科学文献出版社2005年版，第17—18页。

春一带农产品的集散中心，又是"北满"哈尔滨一带南下货物的倒装地（中东路与南满路轨距不一致不能通过）。它是中、日、俄三大资本国角逐的场所，日元、卢布同奉票、哈大洋一起流通、粮栈、油坊、票号和脚行都较为发达。伪满时期长春成为日伪政治、经济、军事、文化的统治中心，实行伪"国都建设"，长春大赉线的修建及其向西延长，又使长春成为南北、东西两大干线的铁路交叉点。长春还是伪满金融、电讯和航空中心。

满洲里是东北经济开发较晚的城市之一。在清末以前，一直是游牧民族游牧的地方。光绪二十六年（1900）中东铁路满洲里段开始修筑，满洲里的经济才逐步发展起来，同时具有明显的半殖民地半封建性质。同年4月，中东铁路在满洲里地区设开拓厅，办理筑路事宜。光绪二十七年（1901），满洲里火车站建成，以候车室为中心近6000垧地段为中东铁路附属用地。光绪二十九年（1903）中东铁路全线通车营运。铁路的修建，是形成满洲里的基本因素，又是城市经济发展的主要动力。光绪三十年（1904），满洲里初具城市雏形。沙俄政府将满洲里视为"东亚之窗"，深感其重要性，并制定了大规模建满洲里的计划，市内商业逐渐兴盛。中东铁路营运后，大批俄国国内货物及中国国内货物经满洲里进出境。由此成为中俄两国货物的集散地，是中国对俄国和外蒙古进行贸易的中心。光绪三十三年（1907），清政府在满洲里开设商埠，同时设立满洲里海关，对进出口商品征税。

满洲里城市是随着中东铁路建成通车而逐渐形成的，商贸活动的频繁，强化了其口岸职能，城市规模相应扩大。但因城市所处特定地理位置，城市在各种政治因素制约下发展迟缓。①

沈阳这个古城原就是辽宁省的政治经济中心。自中东路、京奉路、安奉路、奉抚路以及奉海路相继开通后，更成为四通八达的交通枢纽。南以大连营口为门户，北连长春、哈尔滨、吉林，西通关内、北京，东至安东、朝鲜，它不仅是中国官僚资本、民族工商业的基地，也是外国资本特别是日本

---

①　吴晓松：《近代东北城市建设史》，中山大学出版社1999年版，第48页。

资本集中投资的地方，是"南满地区"的经济中心。沈阳虽不像哈尔滨、大连、长春等城市是新兴起的城市，但它的繁荣及其发展却是与东北铁路交通的发展而变迁的。

1903 年中东铁路建成通车，中东铁路西至满洲里，东至绥芬河，从哈尔滨南下至大连，形成贯穿东北地区丁字形铁路干线。并修筑了大石桥至营口的支线。丁字铁路的出现，其重要性和运输能力是惊人的，"南满铁路在东北铁路网中的地位确实太重要了……就东北各重要铁路每日每公里及距离内所通过货物数量来观察，实以 1941 年的南满路所通过的数量为最高，该年沈阳以南内平均每日每公里所通过的货物数量凡三万六千余公吨，而沈阳与长春段内亦在三万公吨以上。到 1942 年，南段的数量虽略低，但仍在三万四千七百公吨上下。"①

这样一条贯穿东北地区伸向东北南部两港口城市的铁路，除了方便俄、日等侵略者夺取资源和控制东北外，对东北地区城市变迁产生极大影响，集体表现为：（1）火车交通工具的使用，为大量移民向东北迁移提供了交通上的便利，从而加快了东北地区开发进程，促进城镇发展。一时间，山东、河北、山西、河南、湖南、湖北的大量民工流向东北，从事土工或其他工作。铁路包工头在 1900 年义和团运动爆发前，在天津和烟台一次就招收了 10 万工人。筑路土工最高时达 20 万人②。（2）铁路运输取代古老的驿道运输，使东北地区交通线路有所变更，人口分布状态随之改变，影响东北城镇的重新分布。在交通较方便的中东铁路沿线，出现许多新的聚落，并迅速发展成为城镇乃至更大的城市。中东铁路规划与修筑之初，该路干线和支线总共规划有大小 14 个城市——金州、普兰店、盖州、海城、辽阳、奉天省城（今沈阳）、铁岭、开原、奉化（今梨树）、长春、双城、齐齐哈尔、阿什河（今阿城）、宁古塔，按照线路总长平均计算，城市间隔距离大约为 190 公

① 王成敬：《东北的动脉——南满铁路》，《东方杂志》第 43 卷 13 号，第 33 页。
② 薛恒天：《中东铁路护路军与东北边疆政治》，社会科学文献出版社 1993 年版，第 38 页。

里。但在中东铁路建设和建成之初的短短几年间里，中东铁路沿线一下子就涌起 20 多个新城市，另有 5 个城市出现了近代意义的新城区，沿线城市密度大大提高，中东铁路沿线地带由此进入城市化的初期阶段。哈尔滨、大连、满洲里、绥芬河、四平等都是在这一时期发展起来的城市。相反，原有地区较重要城镇，却因交通的改变，而失去往日的辉煌。如吉林、三姓（依兰）、宁古塔（宁安）等城镇作用被新兴城市所取代。1900 年东北城镇人口约为 70 万人，当年东北总人口约为 1200 万人[①]，城市人口约为总人口的 6%；1908 年后东北城市人口达到 150 万人以上，其中人口超过 20 万人的城市 1 个（奉天），超过 10 万人的 4 个（吉林、长春、哈尔滨、大连），超过 5 万人的城市 3 个（齐齐哈尔、营口、锦州），超过 2.5 万人的城市有安东、抚顺、本溪、新民、法库、铁岭、昌图、开原等 15 个，城市总人口约占区域总人口 1400 万人的 11%[②]，这个比例接近同期世界城市人口占总人口比例 13%的平均值，大大高于国内及世界其他欠发达地区城市人口 6.5%的比例数[③]。同时，城市分布得以调整和改善。以上这些特征无疑是近代东北地区城市化发展的最重要标志。

## 三、东北城市化运动与城乡关系的变动

东北地区是 19 世纪末至 20 世纪上半期兴起的中国城市化水平最高的地区之一，随着外国资本入侵和殖民地半殖民地半封建社会经济结构的形成，近代东北地区的城市化具有鲜明的区域和时代特点，其城乡关系也带有明显的区域特点，对东北社会变迁产生了深刻影响。

---

① 守田利远：《满洲地志》（上），东京丸善株式会社 1906 年版，第 17 页。转引自曲晓范：《近代东北城市的历史变迁》，东北师范大学出版社 2001 年版，第 66 页。

② 根据 1909—1911 年间日本驻东北各地领事馆调查报告统计和满铁统计，资料载 1923 年日本外务省通商局编：《满洲事情》第 1—4 辑。

③ 周一星：《城市地理学》，商务印书馆 1997 年版，第 78 页。

### （一）东北城市化运动特点

与关内城市发展的轨迹相比较而言，东北城市的半殖民地化和殖民地化程度最深，城市化、城市近代化、城市半殖民地化三种社会发展现象在东北城市中呈现同构互动的局面。由于特殊的城市发展轨迹，九一八事变前，东北城市整体上为半殖民地化，局部为殖民地化，有着浓厚的殖民色彩。近代东北城市化是在近代中国特定历史条件下发生的，是俄、日等帝国主义侵略和国内政局变动相互作用的错综复杂的结果。近代东北城市化虽然起步晚，但它的速度则是最快的。近代东北城市化由点及线，由线到面，具有起步较晚、发展较快、地域空间发展的非持续性和不平衡性，人口增长及来源的外来性与殖民地、半殖民地化的特征。它对东北社会发展和历史走向有深刻的影响。

第一，近代东北城市化起步较晚、发展快。19世纪末到20世纪的1931年这一时段，是东北地区城市化发展较快的时期。据记载：1902年东北最大规模的城市人口接近20万人的有2个，到1930年，超过20万人口的城市已有3个，10万—20万的城市有2个，3万—10万人口的中等城市已达17个，1万—3万人的小城镇达到53个。①

表1　1907—1930年东北地区城市发展情况表②

| 城市人口规模 | 20万人以上 | 10万—20万人以上 | 5万—10万人 | 3万—5万人 | 1万—3万人 | 城市数量小计 | 城市人口（千人） | 增长指数 | 农村人口数 | 增长指数 | 城市人口水平（%） |
|---|---|---|---|---|---|---|---|---|---|---|---|
| 1907 | 24 | 7 | 24 | 37 | 1062 | 100 | 16717 | 100 | 6.0 | | |
| 1915 | | 3 | 3 | 10 | 34 | 50 | 1544 | 145 | 18566 | 111 | 7.7 |
| 1925 | 3 | 1 | 9 | 6 | 51 | 71 | 2629 | 248 | 22873 | 137 | 10.2 |
| 1930 | 3 | 2 | 6 | 11 | 53 | 75 | 3031 | 285 | 26544 | 159 | 10.2 |

---

① 戴均良：《中国城市发展史》，黑龙江人民出版社1992年版，第314页。
② 南满经济调查会：《满洲经济年报》，改造社1943年版，第62页。

出现快速发展的原因有以下几点：一是俄、日等帝国主义为了其在中国东北的利益和掠夺中国资源，对东北地区进行了高额的资本投资。据史料记载，从1898年到1930年，在32年时间里外国共向东北投资24亿美元。[①]九一八事变日本独占东北后，日本的投资数额进一步加大，到日本投降前，日本投资达到45亿美元。这些巨额资金的投入，使东北的城市面貌发生了深刻变化，一定程度上使这一地区城市化的历史进程加速。大连、沈阳、哈尔滨、长春等中东铁路沿线城市得到迅速发展，使得这些城市的市政建设和城市规划向近代化迈进。同时，这些基金的大量投入也推进了中东铁路沿线附属地城市面貌的改变和更新。二是以徐世昌、赵尔巽和张氏父子为首的东北地方当局出于维护清王朝的统治和挽救民族危亡的目的，从1905年起通过自开商埠、旧城改造、招商引资、鼓励民族资产阶级绅商参与城市建设等一系列活动，领导了东北地区的城市近代化运动，在一定程度上加速了近代东北城市化的速度。三是东北地区物产丰富，近代山东、河北等地的关内移民的大量涌入为东北地区城市的发展提供了大量的劳动力，加之东北的工业原料就近运输成本低和便于开采，[②]再有就是东北长期有一个相对稳定的环境，为东北的城市发展带来发展机遇。以上几点相互作用，为区域城市化提供了快速发展的契机，也成为近代东北城市化的历史特点之一。

第二，近代东北城市化在地域空间分布极不均衡和城市发展缓慢的非持续性。近代东北城市化由于帝国主义的侵略和区域经济发展的不平衡等因素影响，造成了东北城市地域空间分布极为不均衡。清末民初，东北地区因铁路修筑而兴起的城市主要有哈尔滨、大连、长春、沈阳、齐齐哈尔、公主岭、四平、绥化、绥芬河等，一些工矿业城市也在这时期兴起，如抚顺、阜新、鹤岗、北票、扎赉诺尔等城市。但这些城市地域空间分布更趋畸形，矿产资源地城市、中东铁路沿线城市和沿海、沿江等地城市发展迅速，而东北

---

① 李振泉、石庆武主编：《东北经济区经济地理总论》，东北师范大学出版社1998年版，第171页。

② 曲晓范：《近代东北城市的历史变迁》，东北师范大学出版社2001年版，第363页。

内陆广大地区的城市则发展缓慢，城市分布不均衡的特点形成。同时，又由于东北的这些城市商业和政治职能较为突出，造成的结果是近代东北城市化发展后劲不足，因此就出现了城市发展缓慢的非持续性特点。

第三，近代东北城市一经形成就不可避免地具有明显的殖民地半殖民地特征。在近代东北城市化过程中，城市多建在铁路、码头等交通要冲，这些地区也正是沙俄、日本等帝国主义国家投入资本最多的地区。沙俄在修建中东铁路时，就把哈尔滨确定为北部枢纽城市，梦想着将哈尔滨建成"东方莫斯科"，因此对它投以巨资。还有本溪煤铁储藏丰富，日本大财阀投入巨资予以开采，努力扩大规模。以中东铁路为代表的外资铁路延伸到哪里，哪里就变成了殖民地化、半殖民地化地带。在大连，不论是沙俄统治时期还是日本统治时期，在城市规划上还是市政建设水准上，中国人区与俄、日侨民区有本质的不同。殖民者居住在环境优雅，风光绮丽的环境中，而大连的"红房子"则是苦难中国人贫民窟的一个缩影。这些城市中的外国殖民者有着极大的自主权，在城市经济和社会生活中拥有绝对的话语权。这些殖民地、半殖民地色彩的城市，虽然客观上为东北城市建设带来了较先进的生产管理模式和一定的技术与资金，但是，其负面影响是深远的。特别是 1931 年九一八事变之后，东北的工业生产被全部纳入日本侵略计划中，出于为日本侵略战争的需要，交通线的修筑和矿山的开采根本不顾生态环境的保护，对区域资源造成了极大的浪费和破坏。

最后，就东北城市发展类型来看，随着东北地区社会经济半殖民地化程度的加深，既有传统型的军事重镇、行政中心城市，又有新兴的贸易港口、铁路枢纽城市、商埠城市、工矿城市等一些专业性城市出现，它们共同构成了具有鲜明的半殖民地、半封建时代特征的双重城市结构。[①]

近代东北城市化过程及其特殊性，对东北城乡关系特别是城乡间文化交

---

① 何一民主编：《近代中国城市发展与社会变迁（1840—1949）》，科学出版社 2004 年版，第 237 页。

流及其互动产生深刻影响。

### （二）东北城市化运动对传统城乡关系带来冲击

城市和乡村是一定空间范围内缺一不可的组成部分，城市的发展变化很大程度取决于广大乡村的支持力度；乡村的发展依赖自身的条件，也需要城市发展带来的联系和互动，最终达到城乡的共同发展，城市化水平的提高。城市与乡村是人类生存、发展，以及进行政治、经济、文化等活动的不同特质的社会空间。在人类社会的发展进程中，自城市产生后，作为广泛存在于城市和乡村之间的相互作用、相互影响、相互制约的普遍联系与互动关系——城乡关系便随之而产生。城市与乡村的发展变迁必然会引发城乡间的普遍联系与互动关系的变迁，而"城乡关系一变，整个社会的面貌也将为之改变"①。城市、乡村和城乡关系之间存在着不可分割的普遍联系性和互动性。

在中国，传统社会的城乡关系是城乡一体化模式。中国早期城市兴起于原始社会末期，经夏、商、周三朝，到春秋战国时期比较完全意义上的城市形成。从春秋战国时代完全意义上的城市兴起，至鸦片战争前的3000多年历史发展进程中，城市始终处于皇权控制之下，由城市辐射状地统治着乡村。在宋代以前，城市和乡村的商品生产就发展到相当的水平，却始终未能跨入工业化的发展阶段。城市作为统治者的保护地，其军事功能举足轻重。城市内的统治者在经济关系上通过超经济强制获得乡村中农民的生产成果，国家收入主要都来源农业。乡村作为城市生活供给地这样一种社会关系和角色却从未发生过改变。城市经济主要是为少数官僚、士绅生活服务，城市具有很大的寄生性。农业时代中国城市政治、军事的主导功能同乡村以农业为主导的耕织结合模式，致使中国城市不能有效地吸纳农业人口，城乡人口比例总体上的长期稳定，使得中国社会经济形态始终在农业社会徘徊。② 总体

① 《资本论》第1卷，人民出版社1963年版，第391页。
② 何一民主编：《近代中国城市发展与社会变迁（1840—1949）》，科学出版社2004年版，第215—217页。

上看，农业时代的城乡关系被维系在自然经济体系之中，城市作为政治中心，在政治上统治乡村，在经济上依赖乡村并剥削乡村；而乡村作为城市的经济腹地，在政治上依附城市，经济上制约城市，形成了互相依存的低水平的城乡一体化。

1840 年的鸦片战争改变了中国社会性质和发展方向，鸦片战争成为中国近代史的开端，"自从 1840 年的鸦片战争以后，中国一步一步地变成了一个半殖民地半封建的社会"[①]。"清王朝的声威一遇到不列颠的枪炮就扫地以尽，天朝帝国万世长存的迷信受到了致命的打击，野蛮的、闭关自守的、与文明世界隔绝的状态被打破了……"[②] 马克思对这段历史进行了高度概括。从此以后，中国历史开始脱离其传统的自我发展轨道，被卷入资本主义世界市场，城市现代化色彩日趋浓厚，农村自然经济逐步瓦解，在社会经济变革中，城市与乡村都扮演了重要的角色。城乡社会的演变由此而缓缓发生，并牵动中国城乡关系逐步由传统格局向现代格局痛苦的蜕变。

近代中国是一个由传统社会向近代社会转型的痛苦发展、变化的特殊历史时代，在这个时代，中国社会正常的发展进程首先在外力的强大冲击下而中断。西方势力的侵入，打断了中国自身的发展轨迹。中国的社会经济开始发生巨大转变，但发展状况与西方资本主义模式更为不同，并没有出现工业化与城市化同步发展的局面。外力的冲击诱发了中国社会内部结构发生变革，从而又形成了推动中国向现代化迈进的内在力量。在这两种力量的共同作用下，中国由城市及乡村逐步发生着不同于农业时代的现代化变迁。于是，中国社会经济发展逐步脱离原来的轨道，以农为本的自给自足自然经济结构开始逐步解体。在社会经济变革中，城市与乡村都扮演了重要的角色。城市尤其是开埠通商城市，经济功能迅速增强且转变成为主要功能，经济结构和社会结构开始重建，

---

① 毛泽东：《中国革命与中国共产党》，《毛泽东选集》（合订本），人民出版社 1964 年版，第 589 页。

② 马克思：《中国革命与欧洲革命》，《马克思恩格斯选集》第 2 卷，人民出版社 1972 年版，第 2 页。

城市规模扩大，成为经济中心。在乡村，家庭手工业与农业也开始分离或重组，农产品商品率有所提高，专业生产区逐步形成。

就全国来说，半殖民地半封建的近代历史起点是 1840 年的鸦片战争，但东北的特殊环境，这一社会形态的出现要晚于关内省区，大体是在 1861 年的第二次鸦片战争期间，营口开埠出现的。① 马克思说："资本主义的发展，把一切民族甚至最野蛮的民族都卷入到了各民族文明的旋涡里了，过去那种地方的、闭关自守的和自给自足的自然状态已经消逝，现在代之而起的已经是各个民族各方面互相往来、各方面互相依赖了。"② 营口被迫开埠后，英国率先于 1861 年 6 月 11 日在营口设立领事馆。继英国之后，法国、德国、瑞典、荷兰，再后是日本、美国、俄国等均先后挤入营口设领事馆，接着各国洋行也纷纷开业，把资本的"触角"伸入东北大地，使该地区的经济与国际市场经济联系起来。1861 年营口开埠后，辽河航运的发展极大地促进了辽河流域的经济文化发展、文化转型和社会进步，加速了该地区的近代化进程，进而推动了 19 世纪后半期辽河沿岸及其临近地带一批小城镇的兴起，进而形成了沿辽河而发展的带状城市群。这些地方开始走向世界，加入世界资本主义经济的循环圈。近代东北城市的兴起与日、俄的殖民掠夺有关。很多城市是其在掠夺中国资源的过程中逐渐发展起来的。如近代工矿型城市的崛起，鞍山、本溪、抚顺、阜新等为近代工矿业城市的代表。不同类型和不同规模的城市因现代化交通的兴起，工矿业的发展和自开商埠等原因，逐步向近代城市迈进。③ 尤其是中东铁路等交通的出现，加速了东北城市的近代化变迁。

---

① 营口港的开放是第二次鸦片战争期间英法联军逼迫清政府签订的《天津条约》（1858）和《北京条约》（1860）不平等条约中规定的。虽然作为东北地区第一个对外开放口岸是距辽河入海口 40 余公里的牛庄，但牛庄开埠后来此任职的英国首任领事蜜迪尔见营口位置优于牛庄，便以牛庄离海远，轮船停泊不便为借口，要求清政府开放营口替代牛庄，清政府于是在 1861 年的 6 月份宣布开放营口。

② 《马克思恩格斯全集》第 4 卷，人民出版社 1958 年版，第 470 页。

③ 焦润明：《营口开埠与近代辽宁城市崛起》，《辽宁日报》2008 年 8 月 29 日，第 12 版。

与此同时，近代东北原有的封建城市也开始了近代化的转变。封建城市出现的第一个变化就是近代城市商业营销体系的渐次形成。近代东北传统城市的第二个变化是部分城市出现了近代民族工业。在传统油坊业基础上发展起来的榨油业是最早兴起来的东北近代工业。此外，还有纺织业、制粉业。近代东北传统城市的第三个变化是城市空间形貌呈现二元或多元格局，出现了大量的市政公用设施。近代东北城市的第四个变化是部分城市在19世纪末已经有了早期的市民社会组织，即公议会。到20世纪初，东北城市初步完成历史性变迁的传统封建城市主要有奉天、吉林省城（今吉林）、长春、齐齐哈尔、宁古塔等。① 正是由于城市和乡村的变化，牵动了中国城乡关系现代格局的逐步形成，并由此反作用于近代中国的城市和乡村。

在城市、乡村和城乡关系三元素中，城市与乡村的存在、发展和变迁是城乡关系发展变迁的前提和基础，没有城市与乡村的发展变迁，城乡关系的发展变迁便无从谈起。同时，城乡关系的发展变迁又是城市和乡村发展变迁所产生的必然结果和内在反映。城乡关系广泛存在于城市和乡村，它与城市和乡村紧密联系在一起，既相互制约又相互依赖，它是一定社会条件下政治关系、经济关系、阶级关系等诸多因素在城市和乡村两者关系的集中反映，包括政治、经济、文化等诸多方面的关系，其中最根本的是经济关系。②

农业时代中国城市和乡村的个性特征，表现在城市与乡村总体结构关系上，便是城市统治和剥削乡村，城乡经济关系的物质流向便自然而然地呈现"单向流动"——乡村向城市流动的状态。城市与乡村被牢固地维系在自然经济的古老轨道之中，从政治上讲，乡村依附于城市，城市对乡村有着绝对的支配权与控制权。从经济上讲，城市则依赖乡村而存在和发展，实现着"城市和农村无差别的统一"。城市与乡村的关系表现为一种天然的联系性。③ 步入近

① 曲晓范：《近代东北城市的历史变迁》，东北师范大学出版社2001年版，第13—22页。
② 刘应杰：《中国城乡关系与中国农民工人》，中国社会科学出版社2000年版，第22页。
③ 何一民主编：《近代中国城市发展与社会变迁（1840—1949）》，科学出版社2004年版，第217页。

代，随着外国势力的侵入和中国主要通商口岸城市对外贸易和工商业的兴起与发展，在自给自足自然经济逐步解体的同时，旧式的城乡无差别的统一关系亦发生了变化，城乡间以对立统一为特征的二重性关系日趋凸现。

在中国近代社会经济的大变革中，毫无疑问，城乡间的联系更为密切和活跃，依存度也逐步加强。城乡关系中最根本的是经济关系，其联系和依存集中表现在：进出口贸易促使部分地区改变农业生产结构，农业生产和农民生活对城市与市场的依赖性有所增强，撼动了农业与家庭手工业相结合的自给自足自然经济的根本。这在一定程度上改变了传统社会城市依靠乡村提供生活必需品，并最大限度地聚集乡村资金的单向流动的城乡关系。在城乡之间联系与依存日渐增强的基础上，还形成了一定程度的互补。但是，不可忽视的另一方面，即城乡差别却在迅速扩大，城乡对立愈发严重。城乡之间逐渐增强的依存和互动实际上并未有效地加速城乡的发展，反而加重了中国各区域经济的不平衡性，重新构筑了影响至今的城乡社会经济二元化结构。城乡关系在城市发展进程中凸显出来的是，城市没有因为工商业的发展形成强劲的拉力，进城农民在城市苦苦挣扎，还经常来往于城乡之间，使城市人口呈不稳定性。乡村也没有因为生产结构、生产技术和生产方式等本质的转变形成强大的推力，使得乡村不能对城市发展产生应有的支持力量。

总之，近代以来的城市发展进程表明，城乡之间的联系在加强，也有一些互动，但由于受到外力刺激与内力积压的双重作用，城乡对立的关系不仅没有本质上的改变，反而呈现城乡发展脱节、城乡差别迅速扩大的状态。城市与乡村的发展也趋向于两极化，广大农村与城市尤其是沿海城市脱节；城市也因为自身动力不足和得不到乡村的支持而畸形发展，其结果是限制了近代中国城市整体发展水平，导致城市缓慢发展。①

东北地区有它的特殊性，许多城市都是由村落、市镇直接到城市发展起来的。如大连在近代以前只是一个小渔村。1898年沙俄逼迫清政府签订

① 张利民：《城市史视域中的城乡关系》，《学术月刊》2009年第10期，第138页。

《旅大租地条约》，随即于 1899 年沙皇尼古拉二世命令在这里建设城市，称为"达里尼"（俄语："远方的城市"），1902 年定为特别市。同年在寺儿沟沿海一带建成第一座码头，可停泊千吨级船 25 艘，次年南满铁路支线通车。到 1904 年日俄战争爆发时，"达里尼"已是一个占地 6 平方公里，人口 4 万多的初具规模的近代港口城市，并且取代旅顺成为新的工商业、贸易中心。在 1904 年日俄战争中，日本打败沙俄，根据《朴茨茅斯和约》，日本夺取了俄国对旅大的租借及其一切附属特权。1905 年日本帝国主义势力侵入中国东北地区。当年，日本把"达里尼"改称大连，港名也改为大连港。开始了对旅大长达 40 年的殖民统治。1910 年经过扩建的大连港口超过营口而成为东北第一大港。1919 年货物吞吐量突破了 400 万吨以上，跃升为仅次于上海的中国第二大港。到 1919 年，大连市区面积已由原来的 8.93 平方公里扩大到 15.7 平方公里，而到 1925 年时，大连已成为东北地区三个人口 20 万以上的大城市之一。

近代东北，广大的城市与乡村在外力和内力的作用下发生了一系列变化，其城乡间固有的关系发生改变。而这些改变随着城市与乡村，特别是城市早期近代化的深入而愈加明显。一方面，城市与乡村间的经济联系日益加强；另一方面，城乡差别却在迅速扩大，城乡对立愈发严重，对抗性矛盾加剧。

第一，东北城乡关系体现之一：城市与乡村之间的经济联系日益加强。近代东北，随着社会经济大变革的浪潮，城乡间的联系更为紧密也更加活跃。在此发展推动下，近代东北工业在一些城市相继发展起来。城市工业的发展，加强了城市与乡村在深度与广度上的联系，城市将其影响扩展到广大腹地农村，城乡间联系日益加强。主要体现在：一是东北乡村农业与手工业在城市化推动下，其商品化日渐显现；二是城市化推动下，城乡间社会分工日益扩大；三是城市中的人口增长快速，乡村向城市人口流动日益频繁。

第二，东北城乡关系体现之二：城市与乡村间对抗性矛盾加剧。城市在经济上剥削乡村，在政治上统治乡村。近代东北城市与乡村间对抗性矛盾加剧的原因主要是"外国帝国主义和本国买办大资产阶级所统治的城市极野蛮地掠夺乡村"① 造成的。它是近代中国特殊历史阶段的必然产物。主要体现在：

一是城市对乡村的剥夺日益加深。进入近代，城市对乡村的剥削、压迫程度更高，手段更加多样化。它不仅延续和强化了原有的封建剥削统治方式，还增加了新的殖民掠夺和资本主义的剥削手法，因而使近代城市与乡村的关系变得更加残酷与不协调。二是城乡间差距进一步拉大。城乡分工扩大后，城市在工业生产上占绝对优势，这就迫使农民改变了千年不变的消费习惯。自给自足型消费比重减小，商品型消费增大。城市通过扩大工农产品价格"剪刀差"的方式剥削农村。这样城市的发展虽然刺激了城市商业的发展，但却造成了大量资金的流失和部分农民的破产，而农村的贫困化又使市场变得萎缩，从而使城市的进一步发展失去了支撑和动力。关于城乡间对立统一关系详情，在第七章具体阐述。

综上所述，近代以来中国的城乡关系与前近代相比，已经开始发生了显著变化。中国传统的军事性、政治性城市没落了，随着新型经济型城市的出现，城市功能、城市结构都发生了巨大的变化，城市与农村之间的联系不再是单纯的统治与被统治的关系，而城乡关联体系也逐渐由政治型向经济型转变。城乡"无差别的统一"关系日益明显地向"对立统一"关系转变，城乡之间以"对立统一"为特征的"二重性"关系成为近代中国城乡关系的主要特征。在这一过程中，城市处于主导和支配地位，并逐渐使乡村在政治、经济上屈服于城市统治。在城乡联系性加强的同时，城市通过各种手段，残酷剥削和压榨乡村，又导致城乡间对抗性矛盾凸现，并愈演愈烈，城乡关系发生巨变。

---

① 《毛泽东选集》第一卷，人民出版社1969年版，第3101页。

# 第二章　城市化进程中新的社会分工与
城乡间经济的"双向"流动

　　城市和乡村是人类生存、发展，以及进行政治、经济、文化等生活的不同特质的社会空间。在人类社会发展进程中，自城市产生后，作为广泛存在于城市和乡村之间的相互作用、相互影响、相互制约的普遍联系与互动关系——城乡关系便随之而产生。

　　城市化绝不是简单的乡村人口向城市聚集的单向转移过程，它还有城市以近代文明为内涵的经济要素对其周边农村地区生产方式、生活方式等的影响和反作用。在城市化推进过程中，东北地区以铁路为脉络的外向型经济结构，城市不断地影响着周边农村地区的经济结构，农村随着其生产的逐步商品化开始从属于城市，农村经济活动围绕城市经济的轴心运转，逐步演变成城市外向型经济的附属物，并越来越深地卷入世界资本主义市场。在这一过程中，城乡间的彼此流动也逐步由经济关系的"单向流动"开始逐步向城乡间的"双向流动"过渡：一方面，城市需要和吸引着农村向其输出更多的农业剩余产品，另一方面，又促使城市去开拓更为广阔、更有吸引力的农村市场。城市与农村的这种变化，促成了城乡之间经济关系逐步由单向流动向双向性流动的转变，并且使这种双向性不断得到加强。

## 一、东北城市功能与结构变迁

东北开埠特别是东北铁路的修筑对近代东北地区城市化起着至关重要的决定性作用。大批新型城市出现，导致其所辐射地区自然经济的瓦解，从而引起整个铁路沿线地区社会经济结构的连锁变化，形成了新的城乡经济结构。城乡关系慢慢地趋于近代化，表现为城市乡村社会分工增大，农村向城市化发展，农村人口和经济资源向城市转移，城乡贸易与人口流动日趋频繁，城乡相互依存关系加强。

### （一）东北城市类型与城乡社会分工

近代以前，东北是中国城市密度较低的地区。早在春秋战国时期，燕国曾在此设辽东五郡，以后历代王朝均在此设立管理机构，多以军事要塞为主。高句丽、渤海等少数民族也在此建立过政权，设立都城和要塞等管辖机构。东北真正意义上的城市，是从近代开始的。城市是社会生产力发展到一定阶段的产物，城市的出现需具备以下几方面因素：人口定居；分工劳动；人口相对密集；物质财富相对集中。基于以上四点，特别是后两点因素，才得以出现"相对永久性的、高度组织起来的、人口集中的"城市。第二次鸦片战争后，英国强迫中国开放牛庄（后改为营口），紧闭着的东北大门被强行打开。随着铁路的修筑，东北城市大规模开发初见成效，19世纪末至20世纪中叶，在内外多种因素综合作用下，东北城市出现了较快发展，逐步成为国内城市化水平最高、城市体系初步形成的地区。城市体系指的是"在特定的地域范围内具有相当数量，不同性质、类型和等级规模的城市，依托一定的自然环境条件，以一个或两个特大城市作为地区经济的核心，借助综合运输网的通达性，发生与发展着城市个体之间的内在联系，共同构成一个相对完整的城市'集合体'"①。近代东北通过以铁路为主的交通网络，把城市联结起来，形成区域城市集群。这时东北的城市集群在很大程度上与城市体系极为接近，都是区域社会经济发展到一定阶段的产物，是城市发展带动区域发展最有效的形式之一。

**1. 东北城市发展类型**

营口开埠前，东北地区仅有 7 座县城，统治方式为军政合体，城市发展还处于萌芽期。1907 年清政府改变传统军政合体的统治方式，将东北划为 3 个省，省下设道、府、厅、县。1913 年，北京政府公布《划一现行各道地方行政官厅组织令》，将东北地区改为道、县制。到 1930 年，东北地区共有县城 142 座。从 1907 年到 1930 年，东北县城增加 86 座。东北城市数量得到快速增加。

1861 年营口开埠后，辽河航运业蓬勃兴起，极大地促进了东北地区尤其是中南部辽河流域的经济发展、文化转型和社会进步，推动了 19 世纪后半期在辽河沿岸及其邻近地带一些小市镇的兴起。这批小市镇成为现代城市的胚胎形式，经过半个世纪的酝酿发展，其中一部分市镇如营口、辽阳、新民、开原、铁岭、通江口等，在 19 世纪末 20 世纪初发展成为中等规模的现代城市。② 松花江流域主要有哈尔滨、吉林、佳木斯、依兰、三岔口、富锦、扶余等城镇。铁路沿线城市就更多，当时东北地区因铁路修筑而兴盛或兴起的城市主要有哈尔滨、大连、长春、沈阳、齐齐哈尔、公主岭、四平、绥化、通化、白城、满洲里、海拉尔、绥芬河等，此外还出现富拉尔基、一面坡、海林、窑门、陶赖昭等市镇。③

随着城市数量的增多，城市人口数也在急剧增加。清末，清政府取消对

---

① 姚士谋等：《中国的城市群》，中国科学技术出版社 1992 年版，第 2 页。

② 侯峻、曲晓范：《近代辽河航运与沿岸城镇的兴起》，《社会科学战线》1998 年第 6 期，第 184 页。

③ 何一民主编：《近代中国城市发展与社会变迁（1840—1949）》，科学出版社 2004 年版，第 237 页。

东北封禁，鼓励关内移民开垦东北土地，于是大量关内移民涌入东北，到 19 世纪 20 年代，形成"人类有史以来最大的人口移动"浪潮。① 1923 年移入东北的人数为342038人，1925 年为491949人，1926 年为572648人，1927 年移入东北的人数，突破一百万。② 这期间大量移民进入城市，使得城市人口剧增。据统计，1898 年沈阳、长春、哈尔滨、大连、本溪、抚顺六城市人口不超过 11 万，到1930 年六城市人口达 230 万，在短短 32 年间增长 20 倍以上。③ 例如，1908 年吉林管辖区内城市人口为471174人，④ 1930 年吉林管辖区内城市人口为973539人。⑤ 22 年间吉林管辖区内城市人口增长 2 倍以上。总体来看，从 1907 年到 1930 年东北地区城市人口的比重稳步上升，乡村人口的比重却在逐年下降。1907 年，东北城市人口数为 106.2 万人，占东北总人口 1778.9 万的 6%，1930 年，东北城市人口数为 303.1 万人，占东北总人口 2957.5 万的 10.2%。⑥ 1907 年到 1930 年东北地区城市人口的增长率为65%，⑦ 明显高于 1910 年到 1938 年华北地区城市人口增长率的 10%，长江流域、东南沿海地区城市人口增长率的 44%，西南地区城市人口增长率的3%。⑧ 可见，东北城市人口的增长率远高于华北地区、长江流域、东南沿海、西南地区的人口增长率。

这一时期就东北城市地理分布来看，东北大城市多集中于交通极为便利的大平原上，中小城市则散布于交通尚为方便的丘陵之间，而丘陵城市，人口次于平原而多于山地。此外，从东北区域的沿海与内地城市分布状况来

---

① 章有义：《中国近代农业史资料》第二辑，三联书店 1995 年版，第 638 页。

② 何廉：《东三省之内地移民研究》，《经济统计季刊》1931 年第 1 期。

③ 戴均良：《中国城市发展史》，黑龙江人民出版社 1992 年版，第 322 页。

④ 吉林省地方志编撰委员会：《吉林省志》（第 5 卷，第 9 章），人民出版社 1992 年版，第286 页。

⑤ 东北文化社年鉴编印处：《东北年鉴》，东北文化社 1931 年版，第 173 页。

⑥ ［日］满史会：《满洲开发四十年史》上卷，东北沦陷十四年史辽宁编写组译，1988 年版，第 55 页。

⑦ 东北文化社年鉴编印处：《东北年鉴》，东北文化社 1931 年版，第 176 页。

⑧ ［美］珀金斯：《中国农业的发展（1368—1968）》，宋海文译，上海译文出版社 1984 年版，第 203 页。

看，两个地域的城市发展不平衡。沿海地区营口、大连、安东等，尤其是大连发展较快，内地的城市则相对发展缓慢。如日俄战争后，1905 年日本占领大连，当时大连的市区面积为 4.25 平方公里，人口为 4 万人[①]，1919 年后，大连市中心区人口已突破 10 万人，仅位于繁华地段的中山广场和天津街一带，就有 435.6 平方米[②]。市区需要向外围扩展，于是就制定了面积为 56.5 平方公里的第二期市区规划。[③] 这些既是自然条件和社会经济状况的反映，也是当时半殖民地半封建社会发展的必然结果。

纵观东北城市发展类型：近代东北城市化类型多样、层次鲜明。这一特点是由城市化动力因素的多样化和投资主体等因素造成的。从功能上来看，城市有口岸城市、商业城市、行政中心城市、军事中心城市、交通枢纽城市，形式多、功能全。近代东北城市逐步由单一向多职能发展，城市由军事政治职能向经济职能过渡，城市类型更趋向多元化发展。从城市规模上来看，有处于最高位的区域首位城市，如沈阳、哈尔滨等，有处于经济发展中的区域中心城市、中等城市、小城市、小市镇等各种级别城市，城市集群体系完整，层次分布鲜明。东北城市形成这样的状况，是由于东北城市大多兴起于交通运输极为方便的铁路、码头等交通线附近。这一方面便于城市将生产的各类商品输往外地，另一方面也保证了城市建设所必需的劳动力和原材料的有效供应。因此，近代东北城市化中因商而兴、因港而兴、因路而兴、因矿而兴、因工而兴的城市类型齐全。东北城市这种类型多样、层次鲜明的城市化特点十分突出，这在其他地区是不多见的。

**2. 城乡社会分工的扩大**

近代以前由于自然经济占统治地位，城乡社会分工非常落后，正如马克思所说的"亚细亚的历史是城市和乡村无差别的统一"反映了城乡经济的同

---

① 浅野虎三郎：《大连市史》，伪大连市役所，1936 年，第 30 页。

② 伪大连市役所（市政府）编：《大连市政概要》，大连市役所，1941 年。

③ 1925 年殖民当局又将这一规划面积扩大为 170 平方公里。转引自曲晓范：《近代东北城市的历史变迁》，东北师范大学出版社 2001 年版，第 166 页。

一性以及社会分工的落后性。① 城市主要作为封建政治统治中心，城市中居住的大多是官僚、地主、军队、商人以及为他们服务的仆役、奴婢、娼妓等消费性人口。但是近代以来由于城市最先受到外国资本主义的冲击和改造，城市工业品已逐渐取代了农产品的主导地位，使得城乡社会分工发生了近代性变化。棉纺织业的生产由农民家庭手织演变为机器纺织，由农村的分散生产演变为城市集中生产。其他传统的生产品如手磨面粉被机器磨面代替，旱烟被机器生产的纸烟代替，原来照明用的植物油被煤油代替，这些都充分表明了城市的工业品对农村手工业品已有了部分替代，也说明了城乡社会分工的慢慢扩大。②

其一，城市性质的近代化变迁。东北新的通商口岸城市或者交通枢纽城市很多是按照外国资本主义模式发展起来的，其浓郁的近代色彩逐步显现，一些传统城市由于出现近代工商业而逐渐呈现新质。如哈尔滨，在中东铁路建成之前，它只不过是一个中等村屯，周围散布着一些更小的居民点。但是哈尔滨作为中东铁路中心枢纽以后，其社会经济发生了巨大变化。中东铁路修筑前，哈尔滨处在松散的自给自足的自然经济之中，毫无工业可言。但此后，哈尔滨的手工业有了一定的发展，榨油、烧窑、烧锅和制粉磨坊等手工业作坊已初具规模。1898 年以后，人口大量增加，大批工程技术人员、行政人员、军队警察以及劳工进驻哈尔滨，使得哈尔滨的消费骤然加剧。巨大的消费市场刺激了俄侨，哈尔滨的近代工业应运而生。城市人口结构的变化是城市性质变化的缩影，城市人口职业构成中农业人口比重下降，非农业人口比重上升，封建性军政人口逐渐让位给商业、工业等经济活动人口。人口阶级构成中出现了一批新式人口群，如实业家、产业工人、新式知识分子阶层等。第一个变化是商人逐渐成为城市的中坚。九一八事变前，东北商人数大

---

① 宫玉松：《中国近代城乡关系简论》，《文史哲》1994 年第 6 期，第 31 页。
② 冯卫博：《中国近代城乡关系嬗变的历史分析》，《乐山师范学院学报》2008 年第 1 期，第 103 页。

大超过政、军、学界人数。据统计，1931 年东北商人为1683971人，占东北总人口数的 9.7%，军人为261879人，占东北总人口数的 1.3%，学生为889802人，占东北总人口数的 5.7%。① 1931 年东北有 125 个城市的商人数超过了军人、政客人数，87 个城市中的商人数要多于学生数。商人数的增多表明商人正在成为东北城市中的主体，逐渐成为社会所青睐的阶层。从 1904年到 1911 年，辽宁、吉林、黑龙江三省设立了奉天商务总会、吉林总商会、长春总商会、哈尔滨总商会等 32 家商会，② 为商业发展创造条件。第二个变化是工人阶级成为城市中的新生力量。东北城市中最早出现的产业工人是在19 世纪 80 年代初的吉林机器局和旅顺口船坞。随着东北城市的发展，民族资本主义的壮大，官僚资本的膨胀，工人阶级队伍迅速成长扩大。据统计，1912 年东北民族资本开办的 7 人以上的工厂、手工工场中从业人员 4.9 万余人。③ 1930 年，东北的工人达 2168750 人。④ 第三个变化是城市中出现一批自由职业知识阶层。随着东北城市经济、文化的发展，城市中出现一批独立于政界、官场的自由职业知识阶层。具体表现就是东北一些城市里出现了医生、律师、记者、教员，以及书局编辑、专栏作家、研究机构的其他专业人员、专业演职人员等。1930 年，哈尔滨有律师85 人，记者300 人，医生 999人，教员 2231 人。⑤ 以上这些城市人口结构变化反映了当时社会变迁，是城市性质演化的一个缩影。

其二，城乡新的社会分工格局初现。近代东北城市以较高的劳动生产率取代了很大一部分以往在农村进行的经济活动，资源配置也从此发生了从乡村到城市的变化。城乡新的社会分工改变了过去旧的生产格局，城市由于机器大生产而占有绝对优势，使得农村旧的生产消费品部门衰落，农民则不得

---

① 东北文化社年鉴编印处：《东北年鉴》，东北文化社 1931 年版，第 161—169 页。
② 《满蒙全书》第 5 卷，满蒙文化协会，1922—1923 年（大正 11—12 年），第 171—174 页。
③ 张福全：《辽宁近代经济史》，中国财政经济出版社 1989 年版，第 106 页。
④ 东北文化社年鉴编印处：《东北年鉴》，东北文化社 1931 年版，第 176 页。
⑤ 哈尔滨地方志编纂委员会：《哈尔滨市志》，黑龙江人民出版社 1996 年版，第 518 页。

不使用城市机器生产带来的廉价且高质量消费品。改变了过去的消费习惯。"农业和工场手工业的原始家庭纽带——被资本主义生产方式撕断了"①。城市人口和工厂数量的增加,要求更多的生活资料和生产原料,促使农村生产结构的变化,农村旧手工业生产的破产和城市工厂生产的收入刺激,改变了农村收入结构的变化。显示出农村家庭手工业被城市近代工业逐步排斥、工业与农业分离而向城市集中、乡村自然经济逐步瓦解的趋势,从而扩大了城乡社会分工,形成新的分工格局。例如吉林城,中东铁路修筑,城市工业快速发展,清末民初,官民办工业约30家,20世纪20年代前后,工业发展到31个行业400多家(含手工业工厂),当时机制面粉年产12万袋左右,火柴年产8万余箱,纺织厂和机房50家,制材厂30家,制麻70户,皮革50户,铁工160余家。② 工业的发展和向城市的集中,这些都标志着城市工业品对农村手工业品的部分替代,加速了工业与农业分离,表明这一时期城乡社会分工的扩大。

## (二)城市规模的扩大及结构功能的改观

近代以来,西方列强侵略、征服中国的目的便是要将中国变成一个殖民地,使这个国家成为其廉价工业品的销售市场和原料供应地。欲达此目的,首先就要从城市开始,然后再从城市辐射状地影响农村广大区域。中国社会的近代化变迁,首先集中体现在城市的变化上。近代东北城市发展变迁的轨迹充分证明了这一点。19世纪末,东北城市的形成发展,只是在量上的扩大,并没有质的变革。但其后随着交通运输业、工业结构的改变,一些近代城市迅速兴起并扩大,许多古城旧堡也在不同程度上受到影响并开始在质上演变。从此东北城市已开始摆脱古老单一的政治军事职能而向以经济为主的多职能过渡。

---

① 《资本论》第1卷,人民出版社1975年版,第551—552页。

② 《满蒙都邑全志·工业篇》,转引自吴晓松:《近代东北城市建设史》,中山大学出版社1999年版,第64页。

第二次鸦片战争以后，特别是甲午战争后，日、俄两国加紧对东北地区的侵略，修筑铁路，掠夺矿产资源，从而推动了东北地区城市的发展。此一阶段，东北地区的城市发展较快，其规模也在不断扩大。大连、哈尔滨分别成为俄、日独占的典型殖民地城市。1898 年，俄国强租旅大，日俄战争后，日本侵占大连。大连被强占后，辟为商港，成为国际性的自由贸易港口和拟建的中东铁路的出口，因此俄、日都进行了大量投资，特别是日本占领大连后，把它作为侵略东北和中国资源的出口，因而制定了扩展计划，兴办工业，进行交通基础设施建设，修建码头，扩大市区，使大连成为东北新兴城市。沙俄七年租借时期，规划和奠定了大连城市的基本形态；到 1905 年日俄战争结束，大连市区已建成面积 4.25 平方公里，人口已达 4 万人，近代港口城市已初步形成。日本侵占时期，曾先后 4 次修改城市建设规则，规划进一步向西发展，顺着城市主轴线向西延伸，设置了一个更大的方形广场——长者广场，形成大连市行政中心。城市由单心式转变为多心式，扩大和发展了大连的近代城市与建筑风貌。到 20 世纪 40 年代，人口由初期 4 万多增加到超过 70 多万人。据统计，到 1935 年末（昭和十年末）市区统计：总户数66934户，人口362880人，其中日本人28283户，人口134329人。① 由于大连工商业的迅速发展，大连城市的空间面貌已经呈现出现代化工商业城市的格局，建成区迅速扩大。到 1944 年末，大连市区面积扩大到 45.7 平方公里，40 年间，市区面积扩大了 11 倍。而同期城市人口增长了 17 倍。1944年为796187人。大连 20 年代前夕，已成为全国第二大港，到了 30 年代，它又迅速崛起为沿海第二大工业城市。同样，哈尔滨发展也较快，1896 年，沙俄占据哈尔滨，1898 年 5 月，沙俄确定哈尔滨为中东铁路的枢纽和管理中心，随着中东铁路的修筑，哈尔滨得到迅速的发展，成为东北大都市。工业生产、生产贸易和对外流通是城市重要的职能特征。第一次世界大战到 1931年九一八事变前，是哈尔滨经济发展的"黄金时代"。据 1929 年统计，哈市

① 《新兴满洲之大都市——人口》，《盛京时报》1937 年 1 月 19 日，大连专刊。

人口已经达到 36.5 万人，商业发达，制粉、制油、酿酒、纺织和铁木机械等工业也有较大发展。1928 年哈尔滨就有商号 4700 家，油坊 42 家，面粉厂（火磨）23 家，酒厂 8 家。面粉年产量为 844 万袋（每袋 22 公斤），豆油昼夜生产能力 258.3 吨。① 同时哈尔滨的城市规模也在扩大，仅就所辖面积而言，到 1931 年，哈尔滨市区内包含了黑龙江省松浦市、吉林省滨江市、东省特别区哈尔滨市（含哈尔滨特别市）、滨江县以及呼兰、肇东、双城、阿城县的部分土地。②

城市功能也称城市职能，是由城市的各种结构性因素决定的城市机能或能力，是城市在一定区域范围内的政治、经济、文化、社会活动所具有的能力和所起的作用。传统的东北城市是以政治和军事为中心，经济结构是一种局限于手工操作和行会制度的个性工商经济。20 世纪一二十年代以来，随着外国资本主义势力侵入东北以后，东北城镇分布状态受到冲击，尤其是随着中东铁路的修建和内河航道的开辟，它给城镇的分布和职能以重大影响，东北经济的发展与繁荣直接促进了城市职能的转变，东北的城市由以军事为中心开始向以经济为中心转变，生产方式也由手工工业向机器工业转轨。1919年至 1923 年间，东北城市中的制油厂新增设 115 家，1924 年至 1928 年间新增设 131 家，1929 年至 1931 年间又增设 91 家。③ 在新增加的榨油厂中，采用机器榨油占了绝大多数。纺织业方面，1928 年，安东（丹东）民族资本的丝厂有 51 家，拥有 1192 台纺织机器；盖平和海城各有民族资本丝厂 12家，共拥有 9000 多台纺织机器。1920 年，奉天成立了东北最大的纺织工厂奉天纺织厂。④ 东北城市中酿酒业也开始改变传统的手工酿酒方式，采用机器酿酒。仅 1930 年哈尔滨有华商造酒厂 4 家。⑤ 此外，城市经济的主导地位

---

① 李子敬：《哈尔滨市的建设与城市经济的发展》，载东北三省中国经济史学会编：《东北城市经济史论文集》，1984 年，第 119 页。

② 曲晓范：《近代东北城市的历史变迁》，东北师范大学出版社 2001 年版，第 147 页。

③ 孔经纬：《新编中国东北地区经济史》，吉林教育出版社 1994 年版，第 20 页。

④ 衣保中等：《中国东北区域经济》，吉林大学出版社 2000 年版，第 30 页。

⑤ 哈尔滨档案馆编：《哈尔滨经济资料文集》第 3 辑 1991 年版，第 189 页。

还体现在商业的繁荣上。在民族产业发展的同时，东北城市中的民族商业、金融业也出现了前所未有的活跃景象。1919年奉天有大小商号约3000余家，到1924年增至6000余家。这一时期，哈尔滨外贸比较发达，特别是1905年对外开放为商埠以后，俄、日等帝国主义国家，竞相在哈尔滨开工厂，办洋行，设领事馆。从1898年开始，俄侨投资哈尔滨的近代企业陆续出现，沙俄资本在哈尔滨投资建厂主要有造船、榨油酿酒、面粉加工、卷烟等行业。据统计，1911年俄侨的工业企业数字如下："面粉厂8家，酿酒厂8家，啤酒厂5家，皮革厂1家，肉类加工厂1家，肥皂厂6家，油厂1家，玻璃工厂2家，油脂制造厂2家，蜡烛厂6家，铸造机械工厂2家，通心粉厂1家，糖果厂3家，卷烟工厂8家，合计54家。"① 外侨最多时达到14万人，分属于28个国家。据1928年统计，当时有俄、日、英、美、德、法、意等国家的商人在哈开设批发洋行32家，外国金融机构16家。哈尔滨与东京、大阪、莫斯科、华沙、伦敦、巴黎、柏林、纽约等大城市都有进出口货物的直接联系，进出口贸易额约为3.7亿元。②

这时期城市已经逐步改变了传统的以政治和军事为中心的功能，不仅在一定地域内发挥其经济、政治中心的作用，还承担着区域文化方面的功能。20世纪30年代，东北城市中的报刊、出版等文化事业有了一定的发展，图书馆、博物馆等文化设施相继设立。东北的图书馆有奉天图书馆、吉林省图书馆、黑龙江省图书馆、满铁大连图书馆，博物馆有东三省博物馆、俄人满洲文物研究会博物馆。此外，东北城市中有影响的各类报纸如《新民晚报》《醒时报》《盛京时报》《泰东日报》《滨江时报》《东三省公报》《东三省民报》等30余种。20世纪初，东北的新式学堂蓬勃兴起。据统计，到1913年，奉天各级各类学堂达5139所，学生21万余人，至此，奉天新学已颇具

---

① 李士良、石方、高凌：《哈尔滨史略》上篇，黑龙江人民出版社1994年版，第90页。
② 李子敬：《哈尔滨市的建设与城市经济的发展》，载东北三省中国经济史学会编：《东北城市经济史论文集》，1984年，第120页。

规模。① 辛亥革命后至九一八事变前，辽宁、吉林、黑龙江三省所创办的小学、中学都有一个大的飞跃，据记载，1929 年辽宁省有小学 9393 所，吉林省有小学 1738 所，黑龙江省有小学 1650 所。② 辽宁省有中学 122 所，师范学校和职业学校 143 所，吉林省有中学 33 所，师范学校和职业学校 8 所，黑龙江省有中学 7 所，师范学校和职业学校 18 所。③ 各省还创办了师范学校、职业学校。奉天创办了一些大学。小学、中学、师范学校和职业学校、大学的创办，使东北城市的近代教育体制日臻完善。所有这些都显示出近代城市的文化气息。

总之，城市经济是城市产生发展的基础，是影响城市结构功能变化的重要因素。因近代工业、商业、金融及交通在城市的发展以及近代城市基础设施建设、近代城市经济结构较之古代城市发生了较大变化。经济又是城镇形成和发展的主要推动因素，沿水运的主要航道松花江两岸和中东铁路沿线，形成了一些特色鲜明的城镇，促进城镇的形成和发展，同时也改变了东北地区的自然经济的体系。从以政治、军事因素为主向以经济因素为主的层面转移，城镇在功能上也突出了经济的性质，从而形成了这一时期东北城镇的重要特征；城镇沿交通线路形成发展，城镇分布由内陆向沿海和沿铁路发展；城镇职能由单纯军事政治向经济政治转型。这一时期，到 1931 年九一八事变前，随着经济社会的发展，东北地区不同类型和不同规模城市之间因现代机械交通的兴起，相互间不断进行物质、人口和信息的交换，产生传导、对流和辐射等空间互动作用，从而使在农业时代彼此分离的城市开始结合为有机整体。

---

① 薛虹、李树田：《中国东北通史》，吉林教育出版社 1993 年版，第 613 页。
② 金毓黻：《东北要览》，国立东北大学 1944 年版，第 720—721 页。
③ 东北文化社年鉴编印处：《东北年鉴》，东北文化社 1931 年版，第 702、761、769 页。

### （三）市政建设和管理的趋新发展

一个城市的发展离不开市政管理和市政工程建设，没有它城市就无法得到持续性的发展，也得不到生存。农业时代，中国东北城市与内地城市一样，基础设施建设十分落后。传统的东北城市建设大多数规模小，以官署、寺庙为城市中心，街道窄小，房屋低矮简陋，外有城墙和护城河，没有公用设施，城市基本处于封闭状态。政府没有专门的部门分管市政基础设施建设。19 世纪末到 20 世纪上半叶，东北地区的城市化进程不断加快，已经成为全国城市化水平发展较快的地区之一。一些城市问题也随之而产生：随着通商口岸城市工商业的迅猛发展和人口剧增，交通的压力增大，传统的城市基础设施如城市道路、下水道、桥梁、河道等已经不堪重负，无法成为现代城市经济的载体，街道狭窄而破烂，城市卫生设施极差，交通拥挤等成为城市的通病。这就需要建立一系列管理机关对城市进行管理。中国现代城市行政不是在封闭的环境中孕育、产生，而是受到西方主要资本主义国家的影响。外部影响对中国城市行政的早期现代化起了十分重要的示范和推动作用。近代东北城市行政的早期现代化也受西方城市影响较深。

19 世纪 80 年代到 20 世纪 20 年代，东北许多城市的市政建设发生明显变化，城市市政建设向近代化转型。1907 年以后，在赵尔巽、徐世昌等东北当局的组织和推动下，东北各开放城市相继成立了商埠局、交涉局、税关、海关等各种城市管理机构。商埠局（开埠局）内设清丈课、税务征收课、埠政建设课（筹办司法警察、交通道路和市场公园的规划）、工程课（市政工程设计）等近代意义的职能部门。从某种意义上讲，开埠局实际上已是近代东北城市市政、城建和工商机关的一个雏形，它为以后正规的市府、市政机构的出现准备了基础。① 到民国初期，时任东三省巡阅使（保安总司令）的

---

① 曲晓范、李保安：《清末民初东北城市近代化运动与区域城市变迁》，《东北师范大学学报》2001 年第 4 期，第 45 页。

张作霖成为东北市政近代化运动的倡导者和领导者。1919 年，在张作霖的授意下奉天省公署就成立了政务厅第四科掌管省城的街道、桥梁及土木建筑，并于同年在奉天省城外围规划、建设了近代东北地区第一个民族工业园区——"大东工业园"。1921 年，张作霖又提出恢复建设葫芦岛港口和商埠，并批准重新建立葫芦岛开埠局。① 张作霖统治东北时期，东北城市得到更大的发展，城市基础设施建设不断扩展到各个领域，近代化市政管理机构逐步建立并不断完善，并引进了国外先进的市政管理经验和管理设备，近代化的城市交通相继建成通车，城市空间规模也不断扩大。张作霖的活动使城市的市政建设逐渐成为奉天省城市各项工作的中心，这就为城市的近代化运动准备了条件。

1923 年 5 月 3 日，奉天市成立了市政公所筹备处，开始正式成立前的一系列准备。"市政公所所长业经当道正式委任曾有翼兼任，并派祁彦树为参事，曾志本报，兹闻其成立后之首先要务：即系（一）筹设无轨电车以便交通，（二）设立自来水以资便利，（三）修筑新马路以重路政，并委任潘振麟为工程师云"②。1923 年 8 月 4 日，奉天市政公所正式成立。下设工程课、事业课，工程课负责市区规划、道路、桥梁、沟渠、自来水、土木工程、公园等公共设施的建设。在此之后，东北各主要城市的市政公所也纷纷开始组建起来。吉林、营口、安东、洮南等城市相继于 1923 年 9 月 11 日、1923 年 11 月 1 日、1924 年 6 月、1927 年 5 月 22 日成立了市政机关。③ 到 1928 年，东北中等以上城市大都建立了市政公所，这一重要机构的设置使得东北城市的管理体制向近代城市管理体制迈了一大步。随着东北城市市政管理和城市基础设施的完善，又促使城市近代化的工业和商业纷纷建成，极大地促进了东北地区城市化的发展，使东北地区的城市化水平在当时处于全国领先

---

①　《恢复建设葫芦岛港口》，《盛京时报》1920 年 3 月 14 日，第 7 版。

②　《奉天·市政公所三要务》，《盛京时报》1923 年 5 月 5 日，第 4 版。

③　曲晓范、李保安：《清末民初东北城市近代化运动与区域城市变迁》，《东北师范大学学报》2001 年第 4 期，第 47 页。

地位。

东北城市的公共设施也在发生变化。不仅从量，其质上也达到一个新高度。道路是城市中的重要公共设施，不仅与市民的日常出行有很大关系，对于城市的发展也有着重大作用。1900年，哈尔滨城内修有大小马路61条，1905年增至116条，1915年达211条。1907年，奉天商埠地建成五条东西横向、连接老城和满铁附属地的马路。1910年，长春附属地建成穿越商埠地、连接满铁附属地的大经路、大马路。到1931年，大连、吉林、齐齐哈尔、开原、铁岭、新民等城市内也都出现了近代的马路。① 随着东北近代化程度的不断提高，对道路的要求也越来越高，大多城市都展开了对路政的维护。在长春"长春开埠局言笠圃局长，对于路政极为注意，昨已将东三马路之全路完全修浚，兹又见西三马路仍有坑洼不平之处，复饬员督工重新补修，现正在拉石运料修筑之中，约再不日即可竣工矣"②。城市的发展，城市中逐渐出现了近代的交通运输工具，拉开了东北城市交通运输近代化的序幕。1906年，盛京将军赵尔巽从日本引进了马车铁道设备，车道全长4公里，1908年1月4日竣工通车。不久，哈尔滨也出现了电车，其他城市中也逐渐出现了近代的交通运输工具。大连的市内公交比较方便快捷。大连有轨电车起源于1907年，南满洲铁道株式会社发起筹建城市"电气铁道"，1908年首先开始铺设由电气游园（原动物园）到大栈桥（现码头）有轨电车线，1909年建成通车，全长2.45公里。由37辆木结构车身的四轴电车承担运输。到1925年末，全市有轨电车客运路线总长37.2公里。运营车辆增加到99辆。到1942年最高达148辆。1939年有轨电车客运路线总长达到65.32公里，营运路线10条。日平均客运量6万多人次。

随着城市的发展，供水系统越来越成为城市生活中不可或缺的部分，因此逐渐得到重视，各个城市都将自来水工程建设当作其城市市政管理中的一

---

① 李鑫：《九一八事变前东北城市发展变化的特点》，《通化师范学院学报》2011年第1期，第46页。

② 《长春·修补马路》，《盛京时报》1924年7月27日，第5版。

个重要问题。在吉林，自 1926 年开始筹划自来水事宜，勘测水源地、购买设备等等，"吉垣自来水事宜，兹已经周督办积极筹备，勘定水源地，在松花江上游温德河，兹并置滤水池于此，水滤后引致北由，即筑发水楼，于北由下，关于机器之购置及一切建筑筹备需现大洋八十万元，定来年春暖开工云"①。日本占领大连后，为侵略需要，对自来水工程建设极为重视。1910年完成第 1 期水源工程，1914 年开始第 2 期水源扩建工程。1919 年，殖民当局在沙河口净水厂配置了化验室，每天对净水设备中的泵水及其市内各供水龙头的净水进行数次化验，以保证水质的安全。1920 年 10 月 5 日，大连市第 3 期给水扩建工程开始动工，主要工程为修建龙王塘水库，太白山调整池、龙个岗（今台山）配水池和金州的阎家楼净水厂；此外还要打通太白山等 3 处隧道；扩建沙河口净水厂，铺设供水管道。其中龙王塘水库总投资190 万日元，于 1924 年竣工，两年后开始送水，水库积水面积 33.9 平方公里，最大蓄水量为 1578 万立方米，日供水能力为 1.2 万立方米。1925 年大连市供水户为 3.2 万户，用水人口为 17.9 万人。日本前后 5 次水源扩建工程，共修建了王家店水库、栾家屯水源地工程、龙王塘水库、台山村水场、大西山水库、牧城驿水库、小孤山水库、凌水寺水库、北大河水库、大沙河水库、金州水库等多处，铺设供水管网共计 422 公里。

1931 年前，东北中等城市中出现了电报、电话、电灯、自来水、公园、排污系统等近代城市基础设施。1906 年，日本投资敷设了海军基地佐世保到大连的第一条海底电报线。1921 年，又投资 272 万元敷设了从日本长崎经黄海到大连的又一条海底电报线，并恢复了旅顺至烟台的海底电报线。1938 年敷设了到天津的海底电报线。九一八事变前，东北可通电报的城市有营口、凤凰城、奉天、抚顺、通化、临江、怀仁、辑安、山海关。电话在大连的应用很早，"电话之发达，近据电话局云，市内电话之增加本年期已达一百五十余具，现各商之尚需增加者不下四十余家，凭此以观商业愈进，至翌年二

---

① 《吉林·自来水积极筹备》，《盛京时报》1926 年 11 月 11 日，第 4 版。

三月间当有三百余具之增加额。可知连埠之繁盛方兴未艾"①。1902 年，大连城市安装了路灯；不久，奉天也安装了电灯；1907 年，吉林、哈尔滨城市安装了电灯；1911 年长春城也安装了电灯。之后，安东、齐齐哈尔、双城、桦甸、扶余、珲春、宁安等城市也使用电灯照明。总之，市政建设和管理能力的提高，使得东北城市化水平整体上向城市现代化递进。

## 二、农村经济的近代化与农产品的商品化

城市化绝不是乡村人口向城市聚集的单向转移过程，它还包括城市以近代文明为内涵的经济要素对周边农村地区的影响和反作用。在东北地区以铁路为脉络的外向型经济结构中，城市不断地以其日益强大的辐射力影响着周边农村地区的经济结构。农村随着其生产的逐步商品化开始从属于城市，农村经济活动逐步演变成城市外向型经济的附属物，并越来越深地卷入世界资本主义市场。

### （一）农村自然经济结构的逐步解体与农产品的商品化率提高

东北地区自第二次鸦片战争营口被迫开埠后，由于外国资本主义商品经济的入侵，对东北进行原料掠夺和商品倾销，形成了自然经济逐步解体的原动力。在这种原动力的推动作用下，东北通商口岸城市的商品经济首先得到发展，紧随其后铁路的修筑，东北城市经济功能的发展，对农村地区传统经济发起了冲击，致使近代东北农村的自然经济结构逐步走向解体。

### 1. 农村商品经济的发展，促使农产品商品化率不断得到提升

近代以来，农村商品经济的发展，农产品的商品化率不断提高，是农村自然经济结构逐步解体的一个最为显著的特征和标志。20 世纪初，在东北城市化推进中，在商品经济的浪潮下，近代东北农村商品经济在广大区域内已

---

① 《大连电话之发达》，《盛京时报》1917 年 9 月 22 日。

经有了一定程度的发展。随着农产品商品化的发展，东北农产品流通市场逐渐形成。20世纪后，东北地区农产品商品化进入快速发展阶段。进入20世纪后，东北被划分为两个强盗势力范围：日本占领的南满和沙俄控制的北满。因而东北的农产品商品化也开始围绕两大区域展开。另外，以农产品为主要原材料的近代工商业也快速兴起。三大支柱型产业在东北地区形成：油坊、烧锅、火磨。农产品的多样性推动着农产品商品化的发展。第二次鸦片战争后，由于外国资本加强了对中国农产品的掠夺，导致农产品的出口迅速增大，从而引起了农产品商品化的发展。东北地区在清末民初农作物种植结构的状态是：高粱、谷子和大豆的种植面积最多，各占百分之二十左右，其次是小麦，占百分之十二强，再次是大麦和玉蜀黍，各占百分之五。而品种齐全的小杂粮也占少量面积，从种植区域上仍然保持着"南豆北麦"的种植格局，也影响着其后的粮食发展格局。

东北粮食交易，一般是由农民卖给当地粮栈，小粮栈卖给大粮栈，再由大粮栈转售给出口商。也有一种情况是大粮栈或出口商派经理人直接到农村采购，或农户将粮食直接运赴市场出售。粮食市场由产地市场、集散市场和出口市场构成。东北各产地市场是以各县城为中心的集市贸易市场。集散市场多分布于铁路沿线或江河沿岸。奉天是清末东北最大的农产品集散中心市场。长春是东北中部粮食集散中心。在市场机制的作用下，东北大豆三品输出贸易空前繁荣。据记载：东北大豆输出额，1922年为636035吨，1927年增至1845818吨，到1931年已达284万吨，创解放前东北大豆出口额的最高纪录。东北豆饼出口额，1920年为136万吨，1923年增至187万吨，1927年达204.598万吨，是解放前东北豆饼出口额的最高水平。东北豆油出口额，1920年为12.7万吨，1926年增为18.2万吨，1931年增至1817万吨，是解放前东北豆油出口的最高数额。[①] 大豆三品输出在东北乃至全国的出口贸易中占有举足轻重的地位。1925年，东北大豆三品输出额占全国三品输出

---

① 衣保中：《东北农业近代化研究》，吉林文史出版社1990年版，第181页。

总额的比例，大豆占 92.96%，豆油占 99.44%，豆饼占 97.56%。[①] 东北杂粮输出以高粱最多，20 世纪 20 年代高粱与大豆三品合称"东北特产四品"。东北高粱的输出额，1924 年为 1955427 担，1925 年增至 8079593 担，1927 年为 8278594 担，约占当年四品输出总额的 11%。[②] 东北高粱以关内为主要输出市场。1928 年输入关内的高粱为 6531301 担，约占输出总额的 82%。[③] 东北另一种重要的商品粮是粟（谷子）。东北粟的主要输出市场是朝鲜。因东北小米的价格比高粱贵，东北农民多食用较便宜的高粱，而将粟售于市场。朝鲜农民喜欢买东北较便宜的粟，而卖价格更贵的大米给日本，这样就形成了"满粟朝鲜，鲜米输日"的粮食贸易格局。东北玉蜀黍主要输往日本和中国关内，东北大豆以外其他豆类的输出，则以日本及其殖民地为主要市场。以上资料可以看出在东北商品经济浪潮的冲击下，农产品在出口贸易总额中所占份额在逐步提升，更反映出近代东北农村商品经济的发展水平在逐步提高，农业剩余产品进入市场的数量和份额在逐步增大。

从东北农产品流通的基本格局看，是以铁路为干钱，吞吐港为轴心而构成的外向型脉络结构。沿这个庞大的脉络，东北农产品的流通呈现为两大流向：一是东行，即经由中东铁路将农产品输送到海参崴，再由该港输往世界各地；二是南行，即经"满铁"将农产品运往号称"南满三港"的大连、营口、安东，再由三港向外输出。[④] 20 世纪后，东北农产品的总体销售量都在逐渐增加，商品化程度也随之提高。据 1932 年记载：东北大豆产量的 80%—83%，小麦 79%，高粱 40%—42%，玉米 35%—36%，谷子 20%—22%，其他谷类 15%—17% 都商品化了，东北粮食产品的总平均商品化率达到 53% 左右。[⑤] 这与同一时期的其他地区相比，其比率已是非常高的。

---

① 衣保中：《东北农业近代化研究》，吉林文史出版社 1990 年版，第 182 页。
② 东北经济研究社编：《东北经济月刊》，1930 年，特号。
③ 伪大连商工会议所：《满洲经济图表》，1935 年，第 95 页。
④ 衣保中：《中国东北农业史》，吉林文史出版社 1993 年版，第 422 页。
⑤ ［日］满史会：《满洲开发四十年史》（上卷），东北沦陷十四年史辽宁编写组译，1988 年，第 565—566 页。

### 2. 农民生活逐渐依附市场

在东北城市化和商品经济浪潮的推动与冲击下，农村商品流通在缓慢增长，并因此引发农村传统经济结构在生活用品供给方式上的嬗变。仅从东北农村集镇数量变化就可得到印证。集镇是由集市发展而成的，是农村一定区域经济、文化和生活服务的中心，也是乡村的经济、政治、文化的小型中心，它是介于乡村与城市之间的过渡型居民点，又是联系城乡的枢纽点，是城乡的结合部，它是历史上的小村落，又可能发展成为未来的大城市。传统集市是为了满足农村消费者的需要，所以它的设立也就顾及农民的具体条件。因此，决定了传统集市的典型分布在交通比较方便且均匀有规则的广大乡间，并使得四周的农民都能在一日之内来回。这样农民有必要去市场交易时，可以当日返回家中。随着东北人口的增加，有些传统的农村集市是常设的，每日开市，有的是定期集市，还有的是不定期的。这样可以使农民有较多的交易机会，也给商贩提供更多的买卖。有些农民是在市镇上以有易无，亦买亦卖，但大多数是消费者前来购买日用品。集市一类的农业社区，是比村落高一层次的社会实体。随着城乡经济的发展，集市演变为规模较大的集镇。东北集镇数量增加很快，据统计，东北重要的乡镇大约有 900 个，其中吉林省大镇统计为 224 个。① 从集市、乡镇的规模、数量分布来看，东北地区的南部比北部规模要大，数量要多，这与人口移民密度和开发时间较早有关。区镇多为村落农产品的集散地或中转站，同时区镇的一些店铺为村落居民提供必要的生活服务。集镇对周围村庄的服务作用早已有之，这主要是因为它有一定的生产、生活服务设施。周围农村的居民到集镇上修理农具、理发、吃饭等，以此满足生产和生活需要。资本主义商品进入东三省市场后，破坏了中国农村自然经济的基础，使得广大农民不得不把自己的农产品投到市场上参与交换，以换取自己所需的商品，也使得农民不得不减少农产品中的自用部分，增加出售。总之，农民生活对市场的依赖和需求程度越来越

---

① 王广义：《近代东北乡村社会研究》，光明日报出版社 2010 年版，第 55 页。

大。特别是九一八事变后，东北农民对于市场——特别是对于国外市场的依存尤为强烈。这一方面充分表现了农业的半殖民地化，受不等价交换的剥削；另一方面是世界经济形势的影响，引起了半殖民地原料需要的减退，因此促使东北更尖锐地陷于农业恐慌之中，加剧了东北农业经济的危机，使农民日益贫困化。

### 3. 农产专业化区逐步形成

随着东北对外贸易的扩大和资本主义性质经营农业（东北农垦公司）的出现和发展，农业经济作物集中种植在部分地区开始逐步出现。

农业生产的高度商业化，使东北作物布局的区域化更加明显。20 世纪 20 年代中叶，大豆主要集中于中东路东部、西部和哈尔滨到公主岭之间以及松花江下游的广大地区。小麦主要产于东北北部的松花江沿岸、新城、宁安、哈尔滨、绥化等地。水稻主要产于抚顺、兴京、松树、铁岭、开原、沈阳、安东、海城、营口、熊岳城、郑家屯、一面坡、海林、乌苏里线一带。高粱的著名产地为长春、开原、昌图、铁岭、四平街、公主岭、沈阳、辽阳、义县、锦州、黑山、海城、盖平、扶余、德惠、农安、榆树、双城等地。粟（谷子）主要产于四平、辽阳、昌图、长春、郑家屯、铁岭、中东路内线各地。玉蜀黍的著名产地为复县、金州、庄河、海城、凤城、宽甸、沈阳、怀德、磐石、汤原等县。①

民初东北商品粮生产，仍保持清末那种"南豆北麦"的基本格局。但随着帝俄在远东势力的削弱和日本经济势力的北进，北部的小麦日益受到大豆的排挤。在商品经济机制的作用下，东北市场作物豆麦的种植比例逐年增加，而谷子、高粱及玉米等食料谷物的种植比例趋于下降。这在吉林、黑龙江两省表现尤为显著。1914 年至 1917 年，吉林省大豆及麦类的种植比例由 47.5% 增到 53.9%，而食料谷物的种植比例则由 47.2% 降到 38.6%。同期黑龙江省大豆及麦类的种植比例由 49.1% 增到 54.5%。食料谷物的种植比例却

---

① 衣保中：《东北农业近代化研究》，吉林文史出版社 1990 年版，第 238 页。

由 44% 降到 38.4%。①

在东北，此时经济作物和园艺作物的分布也逐步形成规模。东北棉花的种植主要集中在奉天省的辽阳、锦西、锦州、义县及朝阳诸县，热河、吉林也有少量的棉田。麻类种植，以吉林、黑龙江两省种植较多。烟草以吉林省种植最多，黑龙江省次之，奉天省较少。东北烟草的集散市场，奉天省为安东、兴京、朝阳镇，北山城子、掏鹿（今西丰县），吉林省为长春、吉林、蓝彩桥，黑龙江省为通肯、呼兰、北团林子等地。果树栽培主要集中在辽东、辽西地区。辽东地区生产的水果十分丰富，其品种齐全，水果有桃、杏、苹果、石榴、核桃、山梨红、李子、葡萄、梨、枣、山楂、樱桃等。辽西地区主要盛产梨、桃、杏等类水果。东北这种农业经济作物的广泛种植，对当地土地的开发及农业发展和城市变迁的促进作用是不可低估的。

## （二）农村家庭手工业与农业逐步分离

在近代中国，传统小农经济的蜕变是以自然经济的解体，即小农业和家庭手工业的逐步分离为起点。中国在长期的封建社会中虽然有一定程度的商品经济和社会分工，但都集中于城市中的工业和商业部门，而在广大农村的农耕经济，则长期处于自给自足的自然经济之中。以自给自足为主要特征的"耕织结合"的农村传统小农经济，受外生因素冲击与城市经济崛起的影响，在近代发生了显著的变化。东北地处关外，在鸦片战争前漫长的历史时期，由于自然经济占主导地位，农业种植一直是以粮食为主体。近代以前，东北社会经济以农村自然经济为主体，农村经济是以家庭为单位的个体农业和家庭手工业紧密结合的小农经济，即农民从事农业生产的目的主要是为了满足自身的需要，而不是为了使农产品实现商品化，进入商品市场。随着社会分工的发展，农业中的商品经济也有了较大的发展，但小农与家庭手工业相结合的中国社会经济结构没有发生实质性的改变。农民只有当农产品有所剩余

---

① 衣保中：《中国东北农业史》，吉林文史出版社 1993 年版，第 424 页。

的时候，才能拿到市场上进行交换，以换取自己不能生产的生产资料和基本生活资料。这种经济结构在广大农村，始终是与"耕与织""农业与副业"紧密结合。自给自足的小农经济严重阻碍社会分工、生产规模的扩大和生产技术水平的提高。

随着城市经济功能的逐步强化，东北城市工业以较高的劳动生产率取代了很大一部分以往在农村进行的经济活动，农民家庭手工业被城市近代工业逐步排斥，工业与农业分离而向城市集中，少数城市（如哈尔滨、沈阳、大连、营口等）逐步成为区域经济中心。洋纱、洋布、煤油、颜料之类的商品陆续由城市而至农村，低廉的价格和优良的质地，它们成为对付家庭手工业的利器。中国自然经济的解体经过两个主要环节：首先是机制品（洋纱）的输入，洋纱代替土纱，使纺与织逐步分离，家庭手工棉纺织业在西方商品的冲击下首先开始了解体的过程；其次是洋布输入以后，由于其物美价廉，质量远远高于中国的土布，受到人们的喜爱，购买者逐渐增多，土布也相应地退出了市场，于是耕与织相分离，也就使得家庭手工业和农业小生产发生分离。如棉纺织业：随着近代商埠的陆续开辟，西方棉纺织品大量输入，农村的手工棉纺织业更是走到了穷途末路的境地，同农村农业进一步分离，导致农村手工棉纺织业的破产，致使"农业和手工业的原始的家庭纽带……被资本主义生产方式撕断"。[①] 城市工厂的建立增加了对棉花、粮食、烟草等农副产品的需求量，在一定程度上刺激了商业性农业的发展，商品性农副作物的种植面积进一步扩大。由于家庭手工业的破产，农民不得不与市场发生更多更直接的关系，他们出卖部分农产品，到市场上购买那些自己不能生产的生产资料和生活资料，满足生产和生活所需。商品性农业进一步获得发展，农民无论愿意与否都必然被卷入到资本主义商品市场体系之中，这是近代农村自然经济解体的重要标志。随着分工水平更高、成本更低、质量更好的外国商品和城市工业品向农村扩散，传统手工业品在市场竞争中逐渐落败，与

---

① 《资本论》第1卷，人民出版社1975年版，第551—552页。

之相应，乡村家庭手工业总体上也呈现出一幅不断衰败并与小农业逐渐相分离的景象。

乡村家庭手工业与农业就其具体解体过程而言，主要通过以下三种方式来实现。一是部分农户减少甚至放弃了家庭手工业，转而专注于农业，或是脱离农村向城市新兴经济部门转移。二是部分农户脱离农业生产，离开农村向城市聚集，并形成若干手工工场，以便利用城市优越的生产、流通条件继续从事手工业生产。三是部分拥有资源优势和手工业生产传统的乡村，开始走上了一条农村工业化的道路，此类农村中的农户更专注于手工业生产，而相对降低了对农业生产的投入。城乡新的社会分工，改变了过去旧的生产格局，城市由于机器大生产而占有绝对优势，质量更好的外国商品和城市工业品向农村扩散，传统手工业品在市场竞争中逐渐落败，使得农村旧的生产消费品部门衰落，农民则不得不使用城市机器生产带来的廉价高质量消费品，改变了过去的消费习惯。而城市人口和工厂数量的增加，要求更多的生活资料和生产原料，促使农村生产结构的变化，农村旧的手工生产的破产和城市工厂生产的收入刺激、改变了农村的收入结构。就货币在农村各阶层经济收支中所占比重的变化而言，虽然各地区、各类农户的货币支出和货币收入在其全部支出和全部收入中所占比重不同，但总体来讲，根据统计结果显示，一般都在50%左右。[①] 农村家庭手工业与农业逐步分离：一方面，增强了农民和农村经济对市场经济的依赖。另一方面，使与市场化相联系的市镇化进程进一步加快，一批近代商业城市随之兴起，城市的商业中心地位进一步增强，尤其是近代交通事业的发展，一些地域性工商城镇得以迅速崛起，并形成区域性市场网络。

总之，随着城市的发展，在城市化进程中，通过城市的辐射作用，扯动并影响着周边农村，使之发生社会变迁。而一旦城市与农村在外力与内力的相互作用下，发生了异于农业时代的社会变迁之时，存在于城市与农村之间

---

① 王广义：《近代东北乡村社会研究》，光明日报出版社 2010 年版，第 233 页。

的普遍联系和相互制约、相互影响的互动关系，也自然要发生相应的变化，并随着城市与农村的发展变迁而逐步走向深化。城市的发展，外国资本主义带来先进的机器生产，破坏了旧有的城乡分工格局，原有的生产习惯发生变化，出现了新的社会分工和社会变迁。

## 三、城乡经济联系的加强与产品的"双向"流动

鸦片战争以后，随着东北城市的增加、扩大及其工商贸易的发展，城市对乡村的辐射带动能力有所增强，吸纳着乡村的农产品剩余和劳动力剩余，促进了农业生产结构的调整和农业商品化率的提高，加速了耕织结合的自给自足经济的解体，扩大了城乡之间的社会分工进程，城乡之间的联系得到显著加强。与此同时，随着城市化的推进，生产力的发展，城乡之间的联系得到加强，其双方的产品也开始了"双向"流动。

### （一）城乡经济联系日益加强

东北这种快速推进的城市化，一方面是由于非农就业机会持续增加，使得更多农民选择流动进入城镇工作；另一方面则造成了被动城市化的情况①。城市化与工业化进程占用了大量城镇郊区和城乡结合部农民的土地，这部分农民不得不放弃他们熟悉且赖以生存的农业生产方式和农村生活方式。

#### 1. 城市化进程加快，城市把周边相关的乡村联系起来

随着交通与通商口岸城市的增多及其工商贸易活动的开展，城市工商业有了明显的发展进步，城市的"经济性"有所增强，城市因为近代工矿业和商贸运输业的发展，数量也在逐渐增多。据记载：1925 年东北地区 10 万人口以上的城市从 20 世纪前的 2 个增加到 3 个，5 万—10 万人口的城市由

---

① 被动城市化是指农民主观上不愿意被城市化或还没有做好城市化的准备，但由于受各种客观因素的影响而不得不放弃农业生产方式和乡村生活方式，最终被迫融入城市的城市化过程。

1904 年的 4 个增加到 9 个，1 万—3 万人口的城镇由 24 个增加到 51 个。① 城市进一步发展，同时对乡村的辐射带动能力也有所增强。不少乡村地区由于开矿设厂、开埠通商、修路建港等机遇而发展成城镇，乡村城镇化加快。哈尔滨原属松花江边的一个小村镇，1898 年俄国人在此开筑铁路，顿成交通枢纽，加上投资加大，开垦迅速，物产丰富，很快成为东北重要大都市。大连原是一座小渔村，自南满支路修成通车，该地筑港开埠通商，迅速崛起，成为全国仅次于上海的第二大贸易港口和重要的沿海工业城市。

### 2. 城镇数量和人口增加，城市带动乡村农业、手工业商品化发展

随着东北城镇化进程的加快，城市人口的增加，消费需求的增长，又刺激周边乡村由自给型的粮食种植转向以供应城市消费的商品化生产发展。大连开港和建城之前，辽南地区农业基本上是低水平的自给自足状态。大连城市出现后，随着国内外市场需求的扩大，刺激了关东州农业的发展。除了可以满足州内人口的需求，同时又大量生产其他农产品。大连城市出现之前，辽宁南部的商品性农业并不发达，农业种植结构也比较简单，基本上是粮食作物。1902 年之后，关东州商品性农业迅速发展。果树、棉花、花生、蔬菜等均是重要的经济作物，商品率很高，几乎完全为市场而生产。除了粮食大多为关东州农民就地消费外，花生则主要向日本、欧美及中国南部输出，水果向日本、南洋、中国南部及东北输出，大连市内的罐头工业也消耗一部分；棉花是日本国内与大连棉纺厂的抢手货；蔬菜则基本上为大连城市人口消费而生产。②

### 3. 城市为乡村人口提供就业和获得收入机会，城乡人口流动日益频繁

改变了城市的人口从业结构——传统城市的"政治性"由于近代"经济性"的增强而相对减弱。城市人口职业构成中农业人口比重下降，非农业

---

① 中国社科院经济研究所编：《中国社会科学院经济研究所集刊》第 11 辑，中国社会科学出版社 1988 年版，第 49 页。

② 沈毅：《近代大连城市经济研究》，辽宁古籍出版社 1996 年版，第 124—125 页。

人口比重上升，封建性军政人口逐渐让位给商业、工业等经济活动人口。人口阶级构成中出现了一批新式人口群，如资本家、产业工人、新式知识分子。① 城市中这种经济特性的增强，对周边农业人口的吸纳程度也在发生着变化。在中东铁路修建之前，哈尔滨地区一直处在自给自足的农业社会经济之中，社会生产以农、牧业为主，同时还伴有小规模的商业和手工业经济活动。中东铁路建成后，哈尔滨近代工商业发展起来，带动了其城市化和城市近代化的发展。在哈尔滨城市里，工业生产体系逐渐取代了城市手工业和半农业生产体系，小规模的分散劳动被社会化大规模的集中劳动所代替。工商业经济的发展带动劳动力市场的发展，农村和关内的大量劳动力以及各国侨民纷纷涌入，使哈尔滨的城市用地迅速向周边蔓延。而哈尔滨城市规模的扩大又加速了人口和经济要素向城市聚集，促使城市规模进一步扩大和城市经济发展。1916 年，滨江县将东四家子（十四道街至镇江街）1.54 平方公里辟为新区，同年又填江滩 0.7 平方公里为商埠区，所以到 1918 年，滨江县城区达到 4 平方公里。1921 年，滨江县进行商埠区全面规划，将阿城县的圈河、太平桥、三棵树等 16.67 平方公里地段划归滨江商埠区。到 1923 年，滨江县的城市建成区为 5 平方公里。城区面积的扩大，为工业的发展创造了必要条件，一大批民族中小型工厂相继在道外出现，到 1929 年，道外（滨江）区至少已有铁工、印刷、榨油、针织等行业 331 家工厂。② 1922 年以后，哈尔滨的人口一直稳定在 30 万人左右。城市工业的发展对劳动力的需求是吸引农村劳动力向城市流动的主要动力。

城市的发展，交通条件的改善，加速了城乡之间经济上的联系。正如珀金斯在《中国农业的发展》一书中所描写的那样："1910 年以前，货物（主要是粮食）离开农村进入城市，但是，除了那些富裕的土地占有者外，却很少有东西从那些城市中拿回来。可是到 20 世纪中叶，有越来越多的农民将

---

① 宫玉松：《中国近代城乡关系简论》，《文史哲》1994 年第 6 期，第 32 页。
② 鲁生：《滨江工业之调查》，《中东经济月刊》第 6 卷，第 7—12 号。

他们的商品输送给现代的工厂，在那里加工了并且其中有部分回到了农村。"①

### （二）城乡劳动产品的"双向"流动

近代以前，中国城乡之间的经济关系总体上是城市统治和剥削农村，城市统治者通过超经济强制手段获得乡村农民的生产成果，虽然从秦至清代的2000多年中，封建的租税制度经历了从劳役地租、实物地租到货币地租的变迁，但是，农村作为城市生活资料供给地的这样一种社会关系和角色却从未改变。城市因其自身经济功能的低下，其消费性大于生产性，因而城市少有社会财富和工业品向农村流动。于是便形成了城乡经济关系的物质流动主要由农村向城市流动，即"单向流动"。

近代以来，随着自然经济的解体，城乡社会的分工，农村剩余劳动力开始涌向城市，城乡之间都需要对方的产品来获得利益，改变了以前城乡经济联系的单向性，即由农村向城市提供粮食等农产品的单向流动，转变成为城乡之间相互提供产品的双向流动。一方面借助于近代交通运输工具，农产品大量流向城市；另一方面城市工业产品大量流向乡村。城乡联系由单向供奉发展为双向对流。

究其原因，首先，是随着东北城市数量的增加和城市化的推进，尤其是城市人口的增加，客观上需要农村向其输出更多的农业剩余产品，以维持与扩大城市的生存和发展需求。其次，也是极其重要的一个方面，即随着城市工商业的发展，原有狭小的城市市场已不能满足日益增长的工商业发展需要，客观上要求城市去开拓更为广阔、更有吸引力的农村市场。而作为农村这样一个经济客体来讲，由于商品经济的发展，农产品专业区域的逐步形成，农产品商品化率的提高，客观上也要求它必须与市场发生更为广泛的联

---

① ［美］珀金斯：《中国农业的发展（1368—1968）》，宋海文译，上海译文出版社1984年版，第147页。

系，以维持农村经济的再循环。城市与农村的这种变化，促成了城乡之间经济关系逐步由单向流动向双向流动的转变，并且使这种双向性不断得到加强。① 再次，现代化交通运输工具的投入使用，为农产品大量涌向城市和城市产品大规模流向农村提供了条件和可能。

**1. 借助于近代交通运输工具，农产品大量流向城市**

交通运输、市场集散，是农产品进入流通领域的基本途径，铁路是东北农产品流通最重要的运输工具。东北铁路长度，1908 年为 3822 公里，1918年延长到 4098 公里。到 20 世纪初，一个从通商口岸到乡村的商业网已经形成。在东北兴修铁路的同时，东北三省官方及在东北三省的外国资本势力和中国民营企业家也开始建设和发展公路汽车运输业。至 20 年代末，东北的汽车运输业已形成一定规模，成为与火车、民用大车并存的东北三大运输业市场之一。公路运输业的开展，进一步扩大了区域人口和商品的流动，从一个侧面促进了东北的城市化。位于中东铁路和"满铁"联结点的长春迅速成为东北粮豆运销的中心。长春粮豆运销量，1907 年仅有 30 万石，1912 年增至 75 万石，1913 年又增至 85 万石，当时"长春所有仓库豆袋、高粱包堆积如山，或无容纳之地"。② 在铁路沿线还分布着一些中型粮豆集散市场。铁岭位于产粮区，是辽宁北部重要的粮豆集散市场，"以大豆、高粱为大宗，每年由附近各处运来粮石行销他处者约在百万石左右"。③ 公主岭也是一个繁荣的粮豆集散市场，有粮商 35 家，1914 年输出大豆三品 103856 吨。四平街亦有粮商 28 家，1914 年发送大豆三品 62552 吨。④ 另一个场景是：满洲特产，特别是大豆作为货物登场，集中在每年秋天的收获季节以后。到了冬天，从满洲的各地农村收集来的大豆，运搬到邻近的火车站，然后装进驶往

---

① 何一民主编：《近代中国城市发展与社会变迁（1840—1949）》，科学出版社 2004 年版，第 428 页。

② 中国银行总管理处编印：《东三省经济调查录》，1919 年，第 216—217 页。

③ 中国银行总管理处编印：《东三省经济调查录》，1919 年，第 97 页。

④ 《满洲大豆》，1920 年，第 122—130 页。

大连的货车。但是由于待运的大豆数量巨大，货车、运输车辆，甚至大连码头的仓库都供不应求，所以只能大量堆放在车站和码头外边。由此可见，由于城市的带动、商品经济的发展，农产品专业区域逐步形成，农产品商品化率得到提高，客观上使农产品与市场发生更为广泛的联系，尤其是城市人口的增加，客观上需要农村向其输出更多的农业剩余产品，以维持与扩大城市的生存和发展需求，这就给农产品进入城市带来强劲动力。

### 2. 城市工业产品大量流向乡村，城乡联系由单向供奉发展为双向对流

"在东北很多城镇都没有肥料厂，利用城市粪便和垃圾制造土肥。1914年，铁岭县成立了肥料公司，专门清理城镇粪便，制成农家肥料，供农民使用。1917 年 12 月，哈尔滨有周姓商人出资十万元，组织肥料公司，设于道外南三道街，肥料场位于东四家于迤东某地"。[1] 1923 年，商人吴廷和在义县县城创办清洁肥料公司，试办三年，至 1926 年改为正式公司，雇清洁夫清理街道，拉运秽物灰土，清运居民粪便垃圾，以出售肥料"充公司经费"。[2] 在 1930 年，沈阳商民张益良在第九区创办圃益肥料公司，营业期限为七年。开业第一年在该区添设公厕十处，由公司清理粪便，堆积成粪，售于农民。[3] 化学肥料在东北也开始出现。"满铁"大连瓦斯制造所利用废品制造硫铵，1919 年产值达 4 万日元，抚顺电气化学工业株式会社工厂同年亦生产硫铵 5796 吨。大连满洲肥料株式会社 1919 年开始生产化肥，年产肥料 2.19 万斤。[4] 这时期，甚至国外的化肥也开始进入东北，但价格昂贵，农民负担不起，"近年来外国进口的化学肥料，如硫酸钾之类，在改良土地肥力方面已经越来越受欢迎了。但是，一般农民还没有力量购用这种比较昂贵的

---

①　衣保中：《中国东北农业史》，吉林文史出版社 1993 年版，第 414 页。

②　《奉天省公署档案》，卷 7012 号。转引自衣保中：《东北农业近代化研究》，吉林文史出版社 1990 年版，第 284 页。

③　《奉天省公署档案》卷 4036 号。转引自衣保中：《东北农业近代化研究》，吉林文史出版社 1990 年版，第 284 页。

④　[日] 满蒙文化协会：《满蒙全书》第 4 卷，第 283 页。

进口货"。① 20 世纪 20 年代东北有一名杰出的农机学家张鸿钧，是一位留美农科大学硕士，学成回国后积极投身于东北农业教育和改良事业，发明了新式改良马拉农业机械，1930 年张鸿钧试制成功了车式一次两垅上垅播种机、一次两垅下垅播种机和禽式锄地机等改良马拉农业机械，提高了劳动生产率，很受农民的欢迎。由此可见，城市工业的发展，把工业产品大量提供给农村，城乡间互动日益密切。

在东北北部地区机械农具的使用具有明显的发展和代表性。东北北部的机械农具大多经长春和绥芬河运入，中东路运入机械农具的数量，1925 年为 362 吨，1926 年为 894 吨，1927 年为 1200 吨，1928 年为 1570 吨，1929 年为 1311 吨。20 世纪 20 年代，东北北部和西部新垦区已大量使用拖拉机、插种机、割草机、打谷机等机械农具。这一时期，东北拖拉机的分布状况是：约翰迪尔公司制造的拖拉机分布在中东铁路西部沿线地区、中东路农事试验场、呼海线（呼兰至海伦）腹地地区、松花江下游地区、黑龙江主流地区、洮昂线地方；国际迪亚林拖拉机则分布于三河、洮河、讷河、甘南、滨北线、汤原、佳木斯、依兰、黑河、瑷珲等地。② 对此，时人评价道："东三省近年来农民均购欧美垦犁、圆耙、铁礤等具，以资开垦。调查哈尔滨万国农具公司，每年所售农具款项不下哈洋数百元之多。兴安屯垦区购买其他洋行之农具为数亦复甚伙。"③ 机械化农业机具在农业生产中的使用，从一个侧面反映出城市对农村的影响正在逐步扩大，城乡经济关系中的物质流已逐渐由农村向城市的单向流动转变为城乡间的双向流动。

这时期由于城乡劳动产品"双向"流动，进一步加强了城乡之间的联系，也使得中心城市附近的一些地区逐渐发展成联结城乡的纽带和集市贸易中心。从而导致了乡村城市化加快，城镇以及城镇人口数量的增加。如哈尔

---

① 《海关十年报告（1922—1931 年）》卷 1，第 263 页。
② 衣保中：《东北农业近代化研究》，吉林文史出版社 1990 年版，第 285—286 页。
③ 衣保中：《东北农业近代化研究》，吉林文史出版社 1990 年版，第 286 页。

滨附近的绥化，南距哈尔滨 125 公里，清中叶时属呼兰厅管辖，后因该地为多条陆路交汇点发展为市镇，称北团林子。光绪年间在此设独立的绥化理事通判厅，后因松嫩平原农产品经济的发展，这里成为农产品集散中心和加工中心，对外输出商品以大豆、小麦为主。当时市内总人口为 11280 人。20 世纪 20 年代末，绥化总人口约为 2 万人。又如长春附近的农安，位于长春西北方 63 公里处，清代前期为蒙古郭尔罗斯前旗之草原游牧地，清嘉庆二十四年（1819）对汉民开放，逐步成为长春附近的一个农业区域中心。光绪十五年（1889）在此设农安县。到清末，农安已成为联结怀德、八面城、锦州、营口、长春、奉天、哈尔滨等城市的重要商品市场。当时城内有中外商号 32 家，全市年吸纳进口花旗、打连等棉布 1 万匹、洋油 1.5 万箱、火柴 1 万箱、白砂糖 2 万包（每包 75 公斤），年聚集粮食平均为 20 万石，最高达 35 万石；每年由此向外地输出的商品有粮食 6 万石、牲畜 2 万头、白酒 10 万公斤、豆油 15 万公斤、面粉 20 万公斤、豆面 12.5 万公斤。[①]

---

① 曲晓范：《近代东北城市的历史变迁》，东北师范大学出版社 2001 年版，第 217—220 页。

# 第三章 农村人口向城市聚集及人口回流

人口流动指人口在空间地域上的迁徙现象，它与人口的自然增殖共同制约着人口的分布及其变动。人口流动是某种"推力"与"吸引力"的相互作用下所形成的社会流动。人口流动包含着广泛的内容，但从城乡关系的角度出发，则着重指城乡之间的农村人口向城市流动及人口的回流问题。近代中国东北是一个大变动的时代，随着城镇人口数量增加，与乡村城市化相伴而行的必然是大量乡村人口转为城镇人口，人口的流动与迁移在一个社会人口中占有重要的地位。中国历史的发展表明，只有在城市化的进程中，在非农产业化发展的情况下，才会形成城乡之间人口流动的强大推力和拉力，从而加速农村人口向城市的流动，实现城市化的快速发展。在近代特殊的历史条件下，东北城市化进程中出现的城乡人口空间流动，对东北社会产生了深刻影响。

## 一、城市化进程中的东北移民

### （一）近代东北移民轨迹与人口结构

历史上，东北地区是一个少数民族聚居的区域，有满族、蒙古族、鄂温克、鄂伦春、达斡尔、赫哲等少数民族。清初东北的土著群体的经济状况和生活水平相对于内地来说比较落后，即使在东北本土，发展也极为不平衡。

从清代开始，关内大批汉族移民与俄、日、朝鲜、欧美等国的国际移民才逐渐进入东北，形成以汉族移民为中心的新的社会结构。这一移民社会的形成，大致经历了两个时期：第一时期，从清初开始到咸丰十一年（1644—1681），在这一阶段里，其移民构成大致是流民和流入两种。第二时期，从咸丰十一年到日本投降（1681—1945）。移民的大规模进入与东北社会人口结构的发生改变是在第二时期才逐渐实现的。据统计，东北境内的汉人1900年已有1400万人，九一八事变前夕，东北人口号称3000万，1940年后超过4000万人，1945年抗战结束前夕，人口总数已超过4600万[1]。人口增加迅猛，表明东北地区已成为我国近代以来过剩人口的最大移植区域。从1908—1930年的这二十多年中，东北人口大约增加了72%，而在这72%中，"估计有百分之四十八强是移民。""这是从华北大量涌入农业移民的结果。"[2] 这样，移民构成了近代东北人口增加的主体，东北由处女地到开发，由停滞到前进，均与移民有极大关系。近代的东北是中国一个典型的移民社会。据统计，仅1923—1931年间，移居东北的关内移民就达582万人，定居的则有265万人[3]。据满铁人事课劳务股调查统计，从1927年开始，"华北人口流向东北的人数，由1926年的50多万人猛增至100多万人，并且持续三年之久"[4]。从一定意义上来说，是汉族移民奠定了东北人口的基础。

### 1. 关内移民迁移的轨迹

进入东北地区的移民，移民路线大致为奉天——吉林——黑龙江。进入东北地区的移民中，山东东部流民大部"泛海"；山东西部、河南、山西、直隶流民大部"闯关"，从水路和陆路两条路线向东北流动。关内汉族移民人口流入东北呈现出由南向北，即由奉天省到吉林省至黑龙江省的趋势。这

---

[1] 《东方杂志》四十三卷十四号。

[2] ［日］满史会编：《满洲开发四十年史》上卷，东北沦陷十四年史辽宁编写组译，1987年，第52页。

[3] ［日］天野元之助：《满洲经济的发达》，南满铁道株式会社1932年发行，第33页。

[4] 《东北年鉴》，东北文化社1931年版，第1270页。

股洪流最先交汇于辽河流域，之后渐次北进，先进入吉林地区，其后又分为两路进入黑龙江地区，一路自吉林、伯都讷沿嫩江两岸进入黑龙江西部地区，这部分移民大多数成为今黑龙江省肇源县、黑龙江省安达县附近等地；另一路更多的移民则经双城堡至呼兰，并以此为据点进入今绥化、海伦、青冈、拜泉一带，也有的进入宁古塔等东北东部地区。

首先是水路又称东路。山东半岛与辽东半岛一衣带水，"奉省南临大海。与山东登莱等府仅隔一洋，片帆可渡"①。"顺风扬帆，一日夜可达"②。再加上船票低廉。因此在铁路开通之前，移民绝大部分走水路。故在乾隆年间"奉天南滨大海，金、复、盖（今天的金州、复州、盖州）与登、莱对岸，故各属皆为山东人所据。凤凰城乃极边而山之陬水之涯，草屋数间，荒田数亩，问之无非齐人所茸所垦者"③。19世纪末以来，大连被俄、日两国先后强占后，特别是日本推行"大连中心主义"政策，急需大量的劳动力，加快大连的移民开发。除招募的华工来连外，同时由于关内战乱、灾年不断，大批闯关东的华北移民走海路多于走陆路，途经大连流入东北。上船地多自山东青岛和芝罘等处。据当时的报纸报道：山东方面今年来，迭遭兵患匪祸，以致民不聊生，故鲁民携眷来连赴北满一带，谋生者实在不少，大连自今春以来过往难民比往年增加数倍，据最近探闻，16日由青岛及龙口芝罘等处入港之船舶所搭乘避难鲁民为数甚巨，如共同丸是日载有4000人，当盘丸载有2500人，宏利号2000人，连胜号2500余人，隆顺号约有千余人，其他船只所载者亦在2000人以外。④

其次是陆路，又称西路。走陆路的移民多是山东偏西部、河南、河北、山西一带的人，因为他们距东部沿海较为遥远，于是多沿官道步行北上。在

① 《宫中档乾隆朝奏折》，乾隆三十九年十月二十八日"奉天府尹的风奏报查办山东私渡奉之人民事"，台湾故宫博物院年影印本。转引自赵英兰：《清代东北人口与群体社会研究》，博士学位论文，吉林大学，2006年，第121页。

② （清）宾：《柳边纪略》卷1，《长白丛书本》，吉林文史出版社1993年版，第14页。

③ （清）博明希哲：《凤城琐录》，辽海丛书本，辽沈书社1984年版，第274页。

④ 《大连难民何多》，《盛京时报》1927年3月20日。

光绪二十年（1894）入津——山海关段铁路开通之前，多沿渤海湾沿岸徒步前行，从柳条边威远堡门、法库门、辽东边墙的各边口及喜峰口、古北口、冷口等进入东北。到光绪二十年（1894）之后，随着中东铁路及南满支线（1903）正式通车、京沈线（1894 年修至山海关，1903 年修至新民屯，1907年修至皇姑屯，1912 年修至沈阳）、胶济铁路（1904 年通车）和津浦铁路（1911 年通车）开通。黑龙江"及东清铁路通行以后，关内农垦、商贩、佣工络绎东来，不绝于道。"① 到 20 世纪 20 年代的移民高峰时期，东北境内各铁路支线如安奉、吉长（吉林——长春）、四挑、长图、挑昂、打通、沈海（沈阳——朝阳）等线相继通车和各路段联运的实现，经陆路到达东北各目的地迅速而又便捷，于是走陆路的移民日益增多，呈不断上升的趋势。据记载：1918 年，山东、河北一带往东北打工的人约 35 万人，其中从烟台出发者 12 万人，从龙口出发者 10 万人，从青岛出发者 9 万人，从羊角沟出发者 2 万人，乘胶济铁路、津浦铁路再转京沈路者 2 万人。②

**2. 关内移民人口结构**

（1）移民类型，即可分为个别移民、集体移民；国内移民、海外移民；合法移民、非法移民；自由移民、政府或团体有组织的移民；军事移民、民间移民；政治性移民、经济性移民、民族性移民等③，但本书所涉及的移民重点是关内人民向东北的迁移，但关内移民进入东北后，并不是全部都留居此地，其中来而复返者也占相当大的比重。因此，本书把近代东北移民分为季节性移民和永久性移民两种类型做重点研究。

首先是季节性移民。季节性移民是指暂时移入某地，以从事季节性劳动为目的并无永久或长期居住打算或稍有积蓄便返回家乡的候鸟式移民。据满

---

① （清）张国淦：《黑龙江志略》，《黑水丛书本》，黑龙江人民出版社 1997 年版，第2388—2389 页。

② 高劳：《山东之苦力》，载《东方杂志》第 15 卷第 7 号，1918 年，第 21—25 页。

③ 参见陈孔立：《有关移民与移民社会的理论问题》，《厦门大学学报》2000 年第 2 期，第51 页。

铁统计，移民早期，仅有 20% 的人在东北永久定居，季节性移民占了 80%。① 据当时的学者统计：曾对 1927 年以前内地移民计划留居东三省时间的长短做了估计，其中计划居留 1 年者占移民总数的 10%，2 年者占 20%，3 年者占 40%，4 年者占 15%，5 年者占 10%，7 年者占 3%，10 年者占 1%。10 年以上者占 1%②。由此可见在东北大规模的城市化早期，这类季节性移民在关内移民中占据主要地位。

其次是永久性移民。永久性移民是指离开家乡在外地长期落户定居，并生息繁衍，最终融入当地社会的移民。1925 年以后，由于关内生存环境的日益恶化和随着东北地区大规模的城市化运动及东北优越的经济条件，于是，许多移民改变了过去那种单身"闯关东"的做法，开始携家眷同行，做长期定居的打算。这样季节性移民不断减少，永居者日渐增多。1923—1931 年间，移居东北的关内移民就达 582 万人，定居的则有 265 万人。③ 1927 年，关内流入东北人口为 938472 人，留下定居的有 544225 人，占 58%；1928 年，关内流入东北人口 1021942 人，留下定居的达 780342 人，占 76%。④

（2）移民来源。近代以来迁往东北的关内人口大多来源华北各省，其中以直、鲁、豫省籍人居多数，而尤以山东人为最多。关于华北各省移民所占的比例，有学者统计指出："移往东三省之人口，百分之八十为山东人，次之为河北及河南人。"⑤ "中国东北人口绝大多数为移民，而近代期间移民就高达 2000 万之多，主要是来自华北，其中以山东移民为最，河北次之，两

---

① ［日］满铁庶务部调查课：《民国十六年の满洲出稼者》，大连，1927 年日文版，第 141 页。转引自范立君：《近代东北移民与社会变迁（1860—1931）》，博士学位论文，浙江大学，2005 年，第 62 页。

② 何廉：《东三省之内地移民研究》，《经济统计季刊》第 1 卷第 2 期，1932 年，第 231 页。

③ ［日］天野元之助：《满洲经济的发达》，南满铁道株式会社 1932 年发行，第 33 页。

④ 曹明国：《中国人口·吉林》，中国财政经济出版社 1988 年版，第 46 页。

⑤ 陈彩章：《中国历代人口变迁之研究》，商务印书馆 1946 年版，第 119 页。

省占移民总数的 90% 以上。"① 据报道，"山东人每年减少二百余万；胶济铁路之调查，每日乘胶济车由青岛转赴东三省求生者，达三千余人，诚可为惊人之数目"②。1929 年山东移入东北人数为 74.2 万，占当年东北移民总数的 71%。③ 可见，促使东北社会人口结构发生变化，起主力军作用的是在这个移民社会中居支配地位的广大的闯关东的中原人口。他们影响了东北，同时也接受了东北当地文化，最终使汉民族成为东北人口的主体，也成为今天新型关东人主体的前身。

（3）性别与年龄结构。近代关内移民的性别构成比较单一，性别比例严重失调，以男性为主，男性的比例偏高，占绝对优势。1921—1927 年的 7 年时间里，男性移民比例最高时为 94.8%，而女性移民比例最高时为 19.9%，严重不平衡，但 1921 年女性的比率开始逐年递增。1925 年取道大连赴满洲的妇孺只有 1500 人，占大连去满洲移民总数的 7%。1926 年增加为 30000 人，占总数的 12%。1927 年约居 17%。据统计，1927 年，关内流向东北的移民中，男子占 84.1%，女子占 15.9%。④ 这些山东、河北来的移民，为生活所迫，男性占大多数，他们当中很多人有的是单身，就是成家的也因种种原因不能带家属。例如大连，早在 1907 年大连人口统计结果是：日本人 1233 户，男 9877 人，女 5631 人；中国人 798 户，男 4626 人，女 2220 人。中国男性人口是女性的一倍。⑤ 1932 年关东厅调查统计：大连市内的中国男 121595 名，中国女 47797 名。⑥ 男女比例失衡，这样给社会带来一些问题。

---

① 高乐才：《近代中国东北移民历史动因探源》，《东北师范大学学报》2005 年第 2 期，第 29 页。

② 集成：《各地农民状况调查——山东省》，《东方杂志》第 24 卷第 16 号，1927 年，第 134 页。

③ 吴希庸：《近代东北移民史略》，《东北集刊》第 2 期，1941 年，第 50 页。转引自范立君：《近代东北移民与社会变迁（1860—1931）》，博士学位论文，浙江大学，2005 年，第 66 页。

④ The Chinese Economic Journal Vol. No. 1 p. 755 July 1930.

⑤ 《大连人口》，《盛京时报》1907 年 12 月 15 日。

⑥ 《大连市人口统计》，《盛京时报》1932 年 12 月 11 日。

近代来东北谋生的关内移民，年龄普遍较轻，多为青壮年，一般在15—40岁之间，劳动适龄人口居多数。1928年，大连福昌华工株式会社对山东移民占绝对优势的大连码头13928名搬运工人进行了调查，其中年龄最大者为63岁，最小者为18岁，平均年龄为32岁，20—50岁的劳动适龄者占97.5%，而20岁以下和50岁以上者仅占2.5%。① 可见青壮年占绝对优势。

（4）移民职业结构。从移民人口职业结构来看，早在清代初、中期的东北移民大约70%—80%是务农，其中自耕农占30%—40%；佃农占20%—40%；雇耕农占5%—20%。商人与小贩占3%—10%；油厂、面粉厂等工人占10%—15%；失业者占1%—5%。② 进入近代，在东北城市化运动推动下，流入东北的关内移民，其职业构成呈现多样化的态势，移民人口的职业结构包括农民、工人、民族资本家、小商小贩等群体。职业业别包括农业、自由业、工业、商业及其他。总的看来，以农业移民为主，其次为劳务移民，再次为工商业者。

## （二）东北移民动因与特点

东北地区在19世纪中期以前，城市数量少，规模小，但19世纪末以来，日俄竞相在我国东北地区发展势力，注入了大量的资本，引进了多种先进技术和设备，大规模的修筑铁路、矿山，需要大批劳动力，从而使移民人数剧增，19世纪末20世纪初，东北人口已约1600万人，到1931年全东北人口达到3200万人，净增人口100%。由于人口的增加，近代工业和交通运输业的发展，东北地区城市发展很快，仅基层区域政治中心的县城增至120多个，还出现了许多新兴的工矿城市和港口城市，如沈阳、大连、鞍山、抚

---

① ［日］藤山一雄：《碧山庄》，大连福昌华工株式会社1929年日文版，第4—5页。
② 赵英兰：《清代东北人口与群体社会研究》，博士学位论文，吉林大学，2006年，第117页。

顺、齐齐哈尔、哈尔滨等城市成为区域性的经济中心。[①]

清末民初关内人口迁移是一种社会、经济、文化等多重因素相互关联的过程，是一种非常复杂的现象。近代出现的东北人口移民热潮，原因是多方面的，一方面来自原住地的推力，另一方面来自移住地的"吸引力"，是两种合力共同作用的结果。同时，这种移民也具有其明显特点，形成了空前未有的移民大潮。

### 1. 近代东北移民动因考察

清末民初关内人口迁移形成的移民浪潮不是偶然的，具体有以下几个原因：

第一，20 世纪初东北大规模的资源开发和城市建设对劳动力产生的广泛需求，形成了对人口流动的"吸引力"，这是吸引关内移民涌入并形成高潮的首要动因。随着中东铁路、关内外铁路的修建，1902 年后，国际资本、国家资本、民营资本在东北展开投资竞争。大规程的投资造成了产业结构和市场结构的多元化，劳动力需求市场的空间因此迅速扩张。一是铁路沿线车站、货栈的装卸、搬运、打包等为商品流通领域提供服务的行业空前发达。曾有人报道当时修路情况时说："中国苦力，如蚁之集，为其操作，而劳力供给地之山东，更乘机输送无数劳工出关为之助。是即谓 1500 余里之中东路乃山东苦力所完成，亦非过言也。"[②] 这些工人在筑路工程结束后，大部分转入农业劳动，成为近代东北移民的一部分。二是城市建筑业和建材工业的崛起。日俄战争结束后，由于东北地方当局实施"新政"，东北各城相继开展近代化建设，加之日本满铁附属地城市的建立，各地普遍需要从事房屋和道路建设的工业品和劳动力。到 1919 年，仅东北南部日本满铁附属地内

---

① 何一民主编：《近代中国城市发展与社会变迁（1840—1949）》，科学出版社 2004 年版，第 99 页。

② ［日］稻叶君山：《满洲发达史》，杨成能译，东亚印刷株式会社奉天支店 1940 年版，第 361 页。

的砖瓦厂年雇佣劳动力即高达 1754092 人次。① 这对于关内移民有一定的吸引力。东北三省有丰富的农产品、森林及各种矿产资源，这对工商业的发展极为有利。据统计，只酒业一项，一年雇佣的劳动力可达 24 万人次②。而林木的采伐和加工企业的大量出现招收的对象面向关内移民。此外还有新式农场的出现，也招收大量的移民来经营和发展。③ 同时，20 世纪 20 年代以来，新式的面粉厂、豆油厂、肥皂厂、制糖厂、制酒厂、玻璃厂等在一些大城市逐渐兴起。据统计，1929 年吉林省共有面粉、火柴、纺织等工厂 131 家，黑龙江有 1127 家④。在东三省中，辽宁的工业化程度是最高的，与全国工业化最高的区域相比较，其地位也仅次于江苏。当时辽宁人口仅占全国的 3.2%，而各项工业产量在全国却占有重要的地位。

第二，中原地区地少人多，东北地区地广人稀且资源丰富，形成了人口流动的又一个"吸引力"。一方面东北地广人稀，地域广阔，面积达 100 多万平方公里。"东三省面积一百余万方里，每里四十五响，每响十亩，应有四万万五千万余亩。"据书所载，除了已垦耕地外，还有"可耕之地至二千一百九十万响，约五十余万方里，每里百人，应可容移住民五千余万人。"⑤ 而且东北人口稀少，1840 年东北人口：辽宁 240 万多人，吉林 32 万多人，黑龙江只有 25 万多人，东北三省加在一起也还不到 300 万人，平均每平方公里人口密度为 6.13，而山东、河北、河南三省区的面积只不过 50 多万平方公里，而同时期三省人口已达到近 7800 万人，人口密度每平方公里达 151.29 人，山东、河北、河南三省的人口是东三省人口的 26 倍，人口密度

---

① 《满蒙全书》第 4 卷，第 289、430—432 页。

② 《满蒙全书》第 4 卷，第 289、430—432 页。

③ 参见曲晓范：《近代东北城市的历史变迁》，东北师范大学出版社 2001 年版，第 226—228 页。

④ 孔经纬：《东北经济史》，四川人民出版社 1986 年版，第 276—277 页。

⑤ （清）熊希龄：《东三省移民开垦意见书》，《黑水丛书本》，黑龙江人民出版社 1999 年版，第 2025 页。

是东三省的 24.68 倍。① 这就为人口稠密的华北百姓迁移东北创造了广阔的地域条件。另一方面关内人多地少，生计艰难。到 19 世纪末华北三省土地面积比东三省小一倍，但人口总数却多十倍以上。如山东"建省最久，其人民甚多。其土瘠，其民不足以自养。加之黄河祀滥，年年被灾，其民之苦于是者，殆不聊生矣，故不得不移住于满洲以图自存也。"② 因东北土地肥沃，"新垦之地，四五年后始用肥料。"③，辽宁土地，"一年耕有收，足数年之用。"④ 黑龙江"土地肥美，适于农耕牧畜之业。"其森林矿产之富，"冠绝全国"，所以这吸引着关内人口"闯关东"以谋生路。另外，东北森林茂密，珍贵木材及其他紫貂、碧狐、金沙、东珠亦足使人歆羡，而且矿产资源丰富，其中储藏量较大的是煤和铁、黄金等，为世人所瞩目。由此东北丰富的资源与物产，强烈地吸引着广大关内人民。仅在清朝一代，由山东、河北、河南三省移入的农民就达 1000 万人，其中山东一省就约占 70%。⑤ 民国时期《晨报》对东北进行了这样的概括："东三省之面积 205000 方英里强，土地极肥肢。农产、矿产及森林均甚丰富。据 1921 年统计，全年三省之出产，计达 320000000 元。大豆、麦、粟、高粱为主要出产品。其他如甜菜牲畜等，亦颇重要。东三省人口虽占全国 6%，然于 1925 年，则贸易一项占全国统计 30%，可谓盛矣。"⑥ 地广人稀的东北成为关内流民求生觅食的乐土。

　　第三，移民鼓励政策的推动。清末中央和地方政府实行的鼓励移民东北

---

　　① 参见高乐才：《近代中国东北移民历史动因探源》，《东北师范大学学报》（哲学社会科学版）2005 年第 2 期，第 29—35 页。

　　② ［日］小越平隆：《满洲旅行记》（下），上海广智书局 1902 年版，第 34 页。

　　③ （清）熊希龄：《东三省移民开垦意见书》，《黑水丛书本》，黑龙江人民出版社 1999 年版，第 2026 页。

　　④ （清）方孔招：《全边略记》，《清入关前史料选辑》第一辑，中国人民大学出版社 1984 年版，第 195 页。转引自赵英兰：《清代东北人口与群体社会研究》，博士学位论文，吉林大学，2006 年，119 页。

　　⑤ 路遇：《清代和民国山东移民东北史略》，上海社会科学院出版社 1987 年版，第 58 页。

　　⑥ 毛嗣开：《东三省铁道事业》1928 年 5 月 25 日。《晨报》（45）分册，人民出版社 1981 年影印，第 546 页。

边疆的政策，强有力地推动了关内民众到东北移民。从 1904 年开始，清政府和东北地方当局对移民改变过去限制做法，采取了积极态度，实施移民优惠垦荒政策，鼓励移民开发东北，巩固边疆。清政府为安置移民，在吉林设立特别官署，办理移民事务。东北地方当局对移民购买土地普遍实行优惠政策，特别是东北北部的黑龙江省，较山东要便宜一倍以上。20 世纪 20 年代，山东 6 亩 1 响的中等质量的可耕土地"价格为 350—400 美元"。而东北北部土质肥沃，产量较高的珠河县，10 亩 1 响的可耕土地"价格在 250—300 美元"左右。① 进入民国，北洋政府设立专门负责东北移民的机构，在关内有移民局和垦民旅行社，在东北各地有垦殖局、招垦局、难民救济所、收容所等移民机构。移民机构的活动主要有赈济受灾严重的移民，指导移民有计划有目的性地徙居，招集和安排交通工具输送移民，妥善安置移民的生活等诸多内容。

第四，华北异常艰难的生存环境是迫使大批农民背井离乡出走东北的重要推力。关内山东、河北、安徽、河南等地自然灾害频仍，战争连年，天灾人祸迫使灾民出关逃难，自发的人口流向易生存与谋生之地。华北是中国最容易发生天然灾害的地区，尤以旱灾最重，蝗灾、水灾次之。在道光三年（1823）至宣统三年（1911）的 90 年间中，直鲁豫三省受灾数达 7400 多县次，直鲁两省 67 万多个村庄次②。清代山东更是历年水旱自然灾害频繁，几乎是无年不灾，无处不灾。民国以来，华北地区几乎年年有灾，不仅灾域广泛，而且多灾并发。1928—1929 年，华北五省大旱。河南全省无一县无灾，重灾区有 40 余县，灾民达 700 万人③。此间，山东全省旱、水、蝗、霜、雹等多灾并发，达 244 县次，有 48 县农业收获仅一至三成，受灾人口 410

① 高乐才：《近代中国东北移民历史动因探源》，《东北师范大学学报》（哲学社会科学版）2005 年第 2 期，第 29—35 页。
② 邓云特：《中国救荒史》，北京出版社 1998 年重印版，第 41—43 页。
③ 王志法：《二十世纪二十年代河南的灾荒》，《许昌师专学报》1988 年第 4 期，第 107 页。

余万①。

近代以来，帝国主义发动的侵华战争，诸如鸦片战争、甲午战争、八国联军侵华战争，山东、河北遭到了列强的杀戮和战火的洗劫。国内战争如太平军北伐，与清军激战了两年之久，战火燃烧了华北大部。战争中，清军肆虐，生产遭到破坏。进入民国以后，北洋军阀分裂割据，各自为政，穷兵黩武，各省财政入不敷出。"尤其是从 1916 年到现在的 16 年间，军阀战乱从没一年休止。战争一次凶似一次，战区一次大似一次"②。在军阀混战下，位居中国政治地理中心的华北地区，自然成了各种政治势力角逐的中心舞台。在军阀盘踞下，饱受兵匪之灾的直鲁豫农民，还要承受超乎想象的苛捐杂税的盘剥。由于连年战争，国家财力耗费巨大，这些耗费全部由百姓来承担。如山东 1919 年在田中玉出任督军兼省长时，全省财政的收入 1100 万元，而军费支出就达 600 万元，收支不足额 100 万元。到 1925 年张宗昌任山东督办时，山东的财政顿时发生了一个极大的变化，军费支出已达 5000 万元，收支不足额达 460 多万元。③ 亏空部分完全落在老百姓身上。到 1928年，按正额累计，山东的苛捐杂税竟征至 1939 年，百姓只好携眷离乡，迁徙东北，觅食求生。④

第五，纵横交错的铁路和航运等交通运输网络，为移民创造了便利条件。首先是山东、河北和关外距离很近，陆海交通均比较便利。河北与东北壤地相接，从河北东部到东北只是一关之隔。北宁路（山海关——沈阳）修成以后，从上车到下车只有一夜之隔即可到达东北。其次，沿海的轮船航运往来也很方便。东北沿海的轮船航运始自 19 世纪 80 年代，当时的航运商主

---

① 山东省史志办：《山东史志资料》第 2 辑，山东人民出版社 1984 年版，第 177 页。

② 章有义：《中国近代农业史资料（1912—1927）》第 2 辑，三联书店 1957 年版，第608 页。

③ 张振之：《人祸天灾下之山东人民与其东北移民》，《新亚细亚》第 2 卷第 3 期，第31—32 页。

④ 高乐才：《近代中国东北移民历史动因探源》，《东北师范大学学报》（哲学社会科学版）2005 年第 2 期，第 29—35 页。

要有英商太古洋行、英印中国航业公司代理商怡和洋行、大英轮船公司代理商隆茂洋行、日本大陀轮船株式会社、美商大来洋行，它们以营口、安东为挂靠岸，经营上海至营口、烟台至天津、烟台至安东航线。而从1902年起，东北沿海航运的规模线骤然扩大。这一年大连的张本政开办政记轮船公司，其轮船航行大连至烟台、烟台至大东沟航线；接着，俄国中东铁路公司汽船部开辟了大连至上海、大连至日本长崎间的长距离海上航线。此外，还有1907年，日本南满铁道株式会社开辟了大连至上海、大连至烟台、大连至龙口、大连至青岛的定期班轮；中国人李序园、李子初开办的肇兴轮船公司等等。这些大大方便了移民，他们可以在烟台、龙口、青岛、天津搭船，在营口及大连、丹东等地上岸，转赴东北各地。

在关外，东北地区铁路修筑早，线路分布多。1894年关东铁路（又称"京奉铁路"或"北宁铁路"）的修建实现了东北地区铁路建设史上零的突破。1903年7月中东路和南满支线修筑完成全线通车，在东北形成了横跨东北北部、纵贯南北的铁路运输大动脉，东北交通形势为之改变。除中东路外，齐昂铁路、吉长铁路、安奉铁路、新奉铁路、关内外铁路等的相继修筑，逐渐形成铁路交通系统。至1931年前，东北地区铁道线路累计长达6000余里，基本形成了以中东南满两路"丁"字形路线为中心的四通八达的铁路运输网。虽然东北铁路的修筑方便了帝国主义殖民侵略，但客观上大大改善了东北的交通面貌，为移民进入东三省腹地提供了便利条件。

以上所述，两种合力的作用，即在推力和拉力的两种合力共同作用下，促成了清末民初，华北灾民成群结队地拥入东北，形成了空前未有的移民大潮。

总之，东北移民垦殖直接或间接地促进了近代城市的形成、发展和演变。人口逐渐聚集增加，土地开垦，农业发展，是城市形成、发展的先决条件。随移民数量增加，城市规模由小到大；随城市经济发展，城市结构由单核向多核发展，城市内出现各自相对独立的功能区，东北城市发展步入新的历史时期。

## 2. 近代东北移民特点

清末民初关内人口大规模移民，具有其明显的特点：

第一，规模大、速度快，移民由过去单身变为携带家眷同行增多。据尼克莱夫氏调查，北满人口从 19 世纪末年至现在，其增加之数目为：1900 年 150 万，1908 年 570 万，1919 年 900 万，1926 年 1300 万。1900 年南满人口为 300 万左右，合北满人口 150 万，时满洲人口为 450 万，1927 年满洲人口 2200 万左右（或 2600 万左右）。所以二三十年间，满洲人口之增加，由 450 万至 2200 万，差不多增了 5 倍，而北满人口则由 150 万增至 1300 万，至于 8 倍以上[1]。1912 年移民总数为 10 万多人，1927 年已达到 120 万人。1912—1923 年间每年移民到东北的人数在 20 万—30 万之间，1924—1930 年已增至 70 万人。[2] 自民国后，这种移民的势头有增无减，持续增大，至 20 世纪 20 年代中后期达到顶峰，成为"人类有史以来最大的人口移动之一"[3]。可见，移民其规模之大，移民人数之多，速度之快前所未有。

这时期的移民，老人、妇女、小孩的比例逐步增加，做长期定居的打算。于是，永居者日渐增多，"1925 年以后移民的特点已由季节性迁移，变为永久性的移殖"[4] "抱着定居目的来东北的移民增加了很多，这点是最显著的"[5]。据当时统计，在三万余名移民中，男子是一万八千人，女子八千，小孩四五千人[6]。"另就从大连上岸者观察之，女子人数亦有所增加。到民

---

① （清）孙静安：《栖霞阁野乘·军机领袖（上）》，《清代野史》第七辑，巴蜀书社 1988 年版，第 342 页。转引自徐德莉：《近代化视角下的中国农村人口流动》，《学术论坛》 2010 年第 6 期，第 173 页。

② 马平安：《近代东北移民研究》，齐鲁书社 2009 年版，第 56 页。

③ 《海关十年报告（1922—1931）》卷一，第 254 页。

④ ［美］何炳棣：《明初以降人口及其相关问题：1368—1953》，葛剑雄译，三联书店 2000 年版，第 191 页。

⑤ ［日］满铁庶务部调查课：《民国十六年·の满洲出稼者》，大连，1927 年日文版，第 145 页。

⑥ 李德滨、石方：《黑龙江移民概要》，黑龙江人民出版社 1987 年版，第 70—71 页。

国十五年时，女子更为增多，无家族同时者特少"。① 可以看出这一时期的关内人口移往东三省，呈现出永久屯居的趋势。正如时人总结道："从1923年开始发生的这次移民的特点，是很大一部分人长期定居在满洲。"②

第二，移民人口开始大规模向北发展，重点流入今黑龙江地区。"咸丰以后，直隶山东之流民，以黑龙江省为目标而北进者，日有增加。"③ 整体上看，此时由于国内中原人口和周边国家外侨的涌入，此时呈"辐射性"流动。由于清朝前期和中期来到东北的关内移民，多散落在奉天与吉林省南部一带，人口达到了"相对"饱和的状态。到了清朝末年，人口多流入今黑龙江地区。据有关资料统计，1920—1922年间，在营口上岸的劳动力移民中，留在营口的大约为6%（每年5000人），转移到抚顺、奉天（今沈阳）等城市的为16%（1万人），20%（1.5万人）的移民前往奉天西北部地区，其余65%（约5万人）前往北满。在安东上岸的留在安东附近从事伐木和养蚕业的为25%（1万人），0.2万人前往奉天，其余3万人沿鸭绿江北上前往东边腹地④。经京奉铁路在奉天下车的10万—12万移民中，大约2万人（20%）定居在奉天及其附近，1万人前往奉天省西部，其余6万—7万人的移民前往北满。根据以上资料分析，每年经大连、营口上岸和奉天下车的关内移民，至少有25万人移往北满地区。扣除进入或定居于北满大城市的5万人，分布于北满农村的每年新增移民人数在20万上下。⑤ 这就决定了这一时期的移民的地理分布状况是，"百分之六十四往北满，百分之三十六往南满"⑥。再以1927年为例，据官方调查，进入东北的移民，以沈阳、长春、哈尔滨

---

① 东北物资调节委员会研究组编：《东北经济小丛书·人文地理》，京华印书局1948年版，第40页。
② 《海关十年报告（1922—1931）》卷一，第254页。
③ ［日］稻叶岩吉：《满洲发达史》，杨成能译，沈阳萃文斋书店1940年版，第355页。
④ 《满蒙全书》第6卷，第893—894页。
⑤ 参见曲晓范：《近代东北城市的历史变迁》，东北师范大学出版社2001年版，第239页。
⑥ 陈达：《中国人口问题》，商务印书馆1934年版，第361页。

为中心，而向各处分布。基本情况是：自沈阳出发者，由安奉路搭车或徒步走向东边道者约 3.64 万人（其中有 2.88 万人在安奉路各站下车）；在沈海路各站下车者，约 4.2 万人；在四洮路下车者约 6.8 万人；在南满路沈阳与长春间下车者，仅数千人。留于辽宁南部辽阳、岫岩等县者，约 2 万人。由长春出发者，8/10 往哈尔滨，1/10 往永吉，1/10 分散于长春、伊通、农安三县。集于哈尔滨者，住居中东路东部者，约 50 万人；住居松花江沿岸者约 3 万人；住居呼海沿线者约 1 万人；住居嫩江及黑龙江流域者约 40 万人。这些说明，这一时期，移民大部分分布在黑龙江省。[1]

表 2　1923—1931 年关内移民前往东北情况表[2]　　　　单位：人

| 年　份 | 入境数 | % | 出境数 | % | 留居数 | % | 居率% |
|---|---|---|---|---|---|---|---|
| 1923 | 341638 | 100 | 240565 | 100 | 101073 | 100 | 29.8 |
| 1924 | 384730 | 113 | 200046 | 83 | 184684 | 183 | 48.0 |
| 1925 | 472978 | 138 | 237746 | 99 | 235232 | 233 | 49.7 |
| 1926 | 566725 | 165 | 323694 | 135 | 243031 | 244 | 42.9 |
| 1927 | 1021942 | 299 | 341599 | 142 | 680343 | 673 | 66.6 |
| 1928 | 938472 | 275 | 394247 | 164 | 544225 | 538 | 58.0 |
| 1929 | 877706 | 257 | 484000 | 201 | 394706 | 390 | 45.0 |
| 1930 | 748213 | 219 | 488504 | 203 | 259709 | 257 | 34.7 |
| 1931 | 467403 | 137 | 461339 | 192 | 6063 | 6 | 1.3 |

　　第三，移民人口结构多元化，且移民人口籍贯复杂。这时期，移民人口从事的职业与从前相比不尽相同。在清初和清中叶早期来东北的移民中，大多从事采参、淘金、狩猎、伐木等采集经济；到清末和民国以来，迁徙东北

---

[1]　参见马平安：《近代东北移民研究》，齐鲁书社 2009 年版，第 59—60 页。
[2]　本表引自曲晓范：《近代东北城市的历史变迁》，东北师范大学出版社 2001 年版，第 238 页。

的移民主要以农业为主、兼做其他各业。一部分移民人口流向新兴城市，从事泥、木、瓦、铁匠及各种手工业和力役等工作。也有一部分移民进入林区或矿区，谋生于伐木、狩猎、淘金、采矿等各行业之间，使东北地区的社会经济结构发生了重大的变化。移民中有部分人被城市及其城郊工矿业及第三产业所雇佣，成为东北工人阶级的前身。见表3。

表 3　民国时期东北移民的职业状况统计①

| 职　业 | 百分比（%） | 平均百分比（%） |
|---|---|---|
| 自耕农 | 30—40 | 35 |
| 佃农 | 20—40 | 30 |
| 雇耕农 | 5—20 | 12 |
| 商业和小贩 | 3—10 | 7 |
| 工人油坊及麦粉厂 | 10—15 | 13 |
| 失业者 | 1—6 | 3 |

　　这时期的定居性移民人口增多，籍贯复杂。在这时期的移民中，以山东人口居首位，其中登州、莱州、青州人口占多数；据 1927 年和 1928 年统计，各省移民人口所占的比重分别是：1927 年山东人口占 87.3%。河北人口占 11.5%，其他各省占 1.2%；1928 年山东人口占 86.3%，河北人口占 12.7%，其他各省占 1%。② 直隶人口以天津、滦州、保定、乐亭等地人口居多；其余为河南、山西、安徽，甚至陕西、浙江、福建等地的移民。以下就吉林省档案资料说明此时人口流动的频繁和籍贯之复杂，一个地区移民人口有时超过本地原住人口。

---

① Chinese Economic Journal, Aug, 1930, p. 835.

② 参见《新亚细亚》第 2 卷第 2 期。

表4　清末吉林省滨江厅户口籍贯分别统计表①

| 籍贯<br>分列 | 户　　籍 | | | | 口　　数 | | | |
|---|---|---|---|---|---|---|---|---|
| | 本籍 | 本省人寄居 | 外省人寄居 | 共计 | 本籍 | 本省人寄居 | 外省人寄居 | 共计 |
| 商民匠 | 109<br>69 | 1056<br>161<br>108 | 1006<br>334<br>566 | 2171<br>568<br>674 | 399<br>136 | 3638<br>819<br>339 | 6115<br>1705<br>3834 | 10152<br>2660<br>3173 |
| 合计 | 178 | 1329 | 1906 | 3413 | 535 | 4796 | 10654 | 15985 |

　　总之，关内汉族人口移民东三省，萌芽于清初，迟滞于康熙、雍正、乾隆、嘉庆，咸丰、同治之间开始复苏，光绪朝开始大规模移民，民国时期更是形成规模。据估计，九一八事变前，年均移入50万左右，至1933年总人口已由1400万增加至2900万人，以后迁入人口较少，到解放前夕，全区人口已达4000万人。② 东北移民带来的不同区域文化，直接与间接对东北地区的开发起一定的作用，经济上开发东北，文化方面民族融合，形成特有的关东文化，加速了东北近代化的发展进程。

## 二、东北城乡人口变迁与区域经济变化

　　中国近代农村人口迁移与中国近代曲折的社会进步相互促进，在中国近代化过程中产生了重要的作用。清末民初，关内移民在东北有两种不同流向：青壮年为主体的季节性移民直接进入大中城市，而举家移民的则多定居于北满地区的广大农村。因流向不同，其对区域经济的影响也有所不同。

### （一）人口变迁对城市化的影响

　　清末民初，大量青壮年移民为东北城市的发展提供了源源不断的廉价劳动力。这些大量的廉价劳动力进城，为工商业的发展提供了可利用的人力资

---

①　吉林民政司档案：《吉林省滨江厅选送宣统2年民政综合统计表》，1910年。
②　沈益民、童乘珠：《中国人口迁移》，中国统计出版社1992年版，第112、131页。

源，这极大地促进东北近代工商业的发展，加快城市化进程。廉价的劳动力市场是资本主义工商业发展的必要条件，农村人口大量涌入城市，正好满足了这一需要。正如列宁所说："商品经济的发展，本身就意味着越来越多的人口同农业人口分离，就是说工业人口增加，农业人口减少。"① 大量移民的进入使得东北地区城市发展迅速，从 1904 年全面开禁后，随着移民兴边政策的实施以及近代交通业、近代工业的发展和港口的兴建，相继兴起一大批新城镇。据载：1907 年，东北有城镇 37 处，其中人口在 10 万—20 万的有 2 座，5 万—10 万的 4 座，3 万—5 万的 7 座，1 万—3 万的小城市有 24 座。1925 年东北有城镇 70 处，比 1907 年有了很大的发展。其中人口在 20 万以上的大城市有大连、沈阳、哈尔滨 3 座；10 万—20 万的有 1 座为长春，人口在 3 万—10 万之间的中等城市没有多大发展，5 万—10 万的 9 座，3 万—5 万的 6 座；1 万—3 万人口的小城镇则迅速发展，达 51 座。东北地区城市人口 1907 年占人口总数的 6%，1925 年上升为 10.2%。② 城市人口由 106 万人增加到 263 万，1930 年时城市人口则达 303 万③。在短短的 23 年的时间里，城市人口增长 197 万人，速度是惊人的。可以说，是大量的东北移民流入这些城市，对东北城市的早期开发产生了深远影响。

### 1. 促进城市兴起和工业化的发展

由于有了大批廉价的关内移民的不断涌入，满足了清末民初时期东北城市企业的各项用工，保证了城市各种产业的低成本，高回报率，从而促进了区域资本投资的持续增长，使东北成为全国城市发展速度最快的地区。1933 年前后东北的城市人口大约 500 万，其中约有 400 万属于自 1893 年以后新增

---

① 列宁：《俄国资本主义的发展》，《列宁选集》第 1 卷，人民出版社 1958 年版，第 163 页。

② 章有义：《中国近代农业史资料》第二辑，生活·读书·新知三联书店 1957 年版，第 640 页。

③ ［日］满铁经济调查会：《满洲经济年报（1931 年）》，改造社 1933 年版，第 56 页。转引自徐德莉：《近代化视角下的中国农村人口流动》，《学术月刊》2010 年第 6 期，第 177—178 页。

的东北三省的城市移民或移民后裔。① 据《东北经济小丛书》记载，到 1941 年东北大都市有沈阳、哈尔滨、长春等 16 处，小都市 172 处，另外还有一些小城镇，共计 312 处城镇。② 以上表明，这些城市的兴起和发展同大量移民有关，这些移民促进了东北近代城市的发展。

　　人口迅猛的增长，为近代新兴的东北工矿业提供了丰富和廉价的劳动力，也为近代工业化的发展创造了市场条件，进一步促进了工矿业的发展。在这些近代早期东北城市工业中从事艰苦劳动的，主要是来自关内的广大移民。没有这些浩浩荡荡的移民大军，东北近代城市工业不会取得如此迅速的发展，可以说，近代东北地区城市工业的兴起与发展，主要是广大关内迁来的移民用血汗甚至生命换来的。其基础正是广大华北劳工的"强力的肉体消耗"。东北近代工业的产生和发展，"大部分移民都被农村吸收为农业劳动者，另一部分则被城市及城郊的工矿业及其他事业所雇佣。城市工人的前身大多是农民，它的构成，一是割断了和农业生产的关系而转化成为纯粹的无产阶级；另是利用农闲期离乡出来打零工挣钱的实际农民……他们作为廉价劳动力的提供者，对满洲工矿业的发展起了很大的作用。"③ 根据 20 世纪二三十年调查工厂工人出身于农民的比例，在大连市，100 名大连码头工人中农民出身的占 69%。④ 这些移民大多从事的是苦力活，他们促进市镇经济社会的发展，为近代东北城市的兴起创造了条件。光绪三十年（1904），奉天、吉林、黑龙江三省的工厂数分别为 596 家、152 家和 49 家，至 1912 年增为 1311 家、311 家和 142 家，均增长一倍以上。以后东北逐渐发展为我国重工业中心。东北北部制粉业在东北及全国均占有重要地位。例如哈尔滨仍然是

----

① 曹树基：《中国移民史》第六卷，福建人民出版社 1997 年版，第 27 页。
② 王国臣：《近代东北人口增长及其对经济发展的影响》，《人口学刊》2006 年第 2 期，第 22 页。
③ ［日］满史会编：《满洲开发四十年史》上卷，东北沦陷十四年史辽宁编写组翻译，1987 年，第 53 页。
④ 刘明逵：《中国工人阶级历史状况》第 1 卷第 1 册，中共中央党校出版社 1985 年版，第 147 页。

东北北部制粉业中心。"泰半均萃于哈尔滨，以工厂数目言，占全数66%，依生产能力言，则达85%。"①

随着东北移民人数的不断增加，他们中间有很多能工巧匠，有的掌握木工、冶炼、铁工、修筑等技术；有的会纺纱、织布（土布）、烧锅（制酒）、缫丝、榨油、磨粉等等，这些技能有利于东北地方工业的建立和发展。移民开发所创造的农产品大量剩余为东北地区农产品加工业提供了丰富原料，使油坊、粉坊、烧锅等加工业迅速发展起来，成为近代东北民族工业的三大支柱产业。1910年的调查统计，东北有油坊1824家，分布在158座城镇中。②1918年，依兰府油坊业有大小油坊36家以上，每年产油5万公斤，桦川县城有油坊2家，佳木斯镇油坊5家；富锦县油坊6家，年产豆油4万公斤，豆饼3.4万枚；同江县油坊3家，年产豆油2万公斤，1930年阿城县有大兴昌制油厂、义盛源制油厂及同兴源制油厂，资本额分别为8万元、10万元和22万元，从油业规模上看，逐年发展。据统计，1927年北满21个城镇共有油坊147家，除哈尔滨市区的37家外，其余110家油坊分布在各个粮食主产区的中心城镇。酿酒作坊俗称烧锅，是东北传统工业之一。桦川县城1家烧锅，佳木斯镇3家烧锅，年产酒150万公斤。富锦县4家烧锅，年产酒5000公斤，宝清县5家烧锅，年产酒8万公斤；同江县1家烧锅，年产酒3万公斤；勃利县1929年有2家烧锅，造酒9万公斤，出境5万公斤。随着酿酒业的发展，各酒厂规模逐渐扩大，资本额增多，据1930年5月调查，阿城县大兴制酒厂资本额为12万元，丰升泰及永源发制酒厂资本额也分别达11万元和10万元，足见这一时期酿酒业的兴盛。清末，东北地区出现了一批新式机器制粉厂。1911年，在东北地区由中国商人开办的机器面粉厂计有11家，资本总计为157.5万元。当时，全国由商人开办的机器面粉厂计39家，

---

① 中东铁路经济调查局：《北满与东省铁路》，哈尔滨中国印刷局1922年版，第175页。
② 杨余练等：《清代东北史》，辽宁教育出版社1991年版，第470页。

资本总额为 703.1 万元。① 东北地区的机器面粉厂的资本额占全国机器面粉厂资本总额的 22.4%，可以看出占有重要的份额和地位。1929 年三姓设有通达火磨和依兰商会火磨，佳木斯有震泰丰火磨股份有限公司、同瑞昌面粉厂。据统计，1927 年北满 21 个城镇共有面粉厂 53 家，除哈尔滨外还有 32 家分布在松花江流域地区其他四个市镇。② 民国初期东北工业，仍有官办、官商合办、官督商办、商办之分，尚有军阀官僚投资，既有官僚资本发展又有民族资本发展。

除了东北的三大传统工业之外，柞蚕丝工业也比较著名。东北原来没有柞蚕丝业，随着山东移民的到来，柞蚕放养、制丝技术等才逐渐传到东北。辽南地区的一些城市是当年蚕茧和手工缫丝业的生产基地，其中安东和宽甸的蚕丝业最为著名。光绪三十四年（1908）时，安东县有蚕场 20 处，养蚕专业户 912 户，养蚕人数达 2284 人。③ 九一八事变前，安东的丝绸工厂已有50 多家。1914 年由山东掖县著名实业家张守业独资创立的和聚正，资本 3.5 万银元，聘请同乡杜梦九为经理，在安东公安街开设和聚正丝栈，产品畅销，效益显著，在安东丝绸行业中名列榜首。

随着东北地区经济的增强，东北地方资本日益强大，该地区还发展起了缫丝厂、火柴厂、纺纱厂、造纸厂、酱油厂、玻璃厂、皮革厂、铁工厂、电灯厂等工业，还有采矿业。在这些工厂中关内移民是主要劳动力。广东南海人陈应南在锦西县开设的通裕煤矿公司，独资 30 万元集资 120 万元。民国四年（1915）六月换领采照。④ 1918 年，盖平（盖县）铜矿业（苦土、石

---

① 汪敬虞：《中国近代工业史资料（1895—1914）》（第 2 辑，上册），科学出版社 1957年版，第 906—908 页。

② 参见曲晓范：《近代东北城市的历史变迁》，东北师范大学出版社 2001 年版，第 250—252 页。

③ 王树楠、吴廷燮、金毓黻：民国《奉天通志》卷 121，实业，沈阳古旧书店 1983 年影印版，第 2765 页。转引自范立君：《近代东北移民与社会变迁（1860—1931）》，博士学位论文，浙江大学，2005 年，第 104 页。

④ 《奉天巡按使公署档案》，3638，民国五年。

灰石、建筑石等矿）有王乐山以资本 5000 元，据 50 亩矿区开始采矿；汪长清拥有资本 5000 元，矿区面积 60 亩，高瑃成拥有资本 5000 元，矿区面积 202.5 亩。① 总之，近代移民促进了东北城市与工业的发展，推动了东北的近代工业化的进程。

**2. 推动了商业贸易发展**

随着东北的农业开发，发达的交通和城市人口增加，关内商业资本也逐渐渗入东北。因而，在活跃城乡市场、发展东三省商业方面，关内移民也做出了重大贡献。最初是与人们生活相关的日用品商店和杂货店初现，在此基础上，他们在各地建立了商业网点。这些商人的活动，有力推进了东北商品经济的发展，促进集市的增加和繁荣，在许多地区成为举足轻重的商帮。形成了所谓的直隶帮、山西帮、山东帮等。著名的爱国实业家，哈尔滨同记商场的创始人武百祥，就是"闯关东"经商起家的代表。他从一个小杂货铺白手起家，经过 20 多年的苦心经营，拥有店员、工人 2000 余名，几乎垄断了哈尔滨的百货市场，由一个穷货郎一跃成为拥资百万的商界巨子，一位名震关东的民族资本家、企业家。创造了商业界的神话，对民族百货业的创新和发展做出了重大的贡献。山西商人的足迹更是遍布东三省。在沈阳，"山西帮……纷至沓来，反客为主矣"②。山东移民不仅善于农业，更善于手工业和商业。在长春，清末大小商铺 1200 余家，除银钱号 30 余家为他省商人经营外，当铺、绸缎、粮栈等大多为山东帮经营。在哈尔滨，清末时其根基稳固，握有实力者仍为"山东帮"，民初哈尔滨商会会员全是山东人。其他如齐齐哈尔、黑河等市山东商人均有极大的势力。③

大连城市商业的发展是比较快的。1908 年，在大连市小岗子（中国人居住区）一带就形成了中国人经营商业的中心街区。而到了 1924 年，仅中

---

① 《盖平县志》，1920 年修、1929 年续修，卷 12，实业志。
② 张正明：《晋商兴衰史》，山西古籍出版社 1995 年版，第 88 页。
③ 参见范立君：《近代东北移民与社会变迁（1860—1931）》，博士学位论文，浙江大学，2005 年，第 107 页。

国人开办者就达4310家，特别是浪速町一带，为"夜市小店所布满，无插足余地"①。虽然大连产业资本家人数上与日商比不占多数，但是他们在城市的社会生活中十分活跃。他们在华商公议会的推动下，其作用和影响力进一步地加强。代民进言、举办公益事业成为其主要业务。徐敬之等都是大连市工商界中典型代表。徐敬之，1894年生于山东省威海市。因家贫，1912年来到大连，在日商三井物产株式会社开设的三大利油坊学徒，后当职员。很快成了大豆行家里手，经营大豆和榨油业，后脱离了三大利油坊，在寺儿沟创设东和长油坊，资金20万元。经过数年经营，发展成为大户。总计投资各企业最高达250万元，他的财富在当时是屈指可数的。1937年日本发动侵华战争，他秘密地抽走大量资金汇往内地，积极在家乡创办实业。1943年徐敬之到烟台创办东和窑瓷厂，自任经理。他多次以财力物力支援抗日武装，一生热心社会公益事业。他曾向威海市家乡捐款修建小学、中学等多处。他积极赞助并出巨资捐助社会慈善和公益事业。②

此外，关于工商业的发展，从一个地区的商会会员人数可以反映出东北地区的商业繁荣情况。1927年，阿城县商会有会员500名；一面坡商会有会员150名，较大的商号30家；穆棱商会会员90余名，大的商号25家；东京城商会会员200余名，大的商号46家；宁安商会200名，安达站商会290名；在齐齐哈尔，黑龙江总商会会员900多名，商号1200多家，海拉尔商会300名，大的商店61家，其中杂货业42家；满洲里商会会员310名，大的商店36家，其中杂货业26家，泰来县商会82名，商号300家。③各地商会会员的增加同样反映了商业的发展。这些数据至少说明近代工商业的发展为农村人口转移提供了一定的条件。由于东北社会经济繁荣和商品流通，加强了各地特别是城市之间的联系，使得商品经济发展和商品销售网逐步形成，促进城市经济繁荣和城市发展。

①　[日]大连市役所：《大连施政二十年史》日文版，1935年，第17页。
②　参见荆蕙兰：《近代大连城市文化研究》，吉林人民出版社2011年版，第189—190页。
③　中东铁路经济调查局：《北满与东省铁路》，哈尔滨中国印刷局1922年版，第298页。

### （二）人口变迁对土地开发与农业发展的影响

清末民初，移民的到来，除了一部分进入城市，移居到广大农村，为东北农业的发展提供了充足的劳动力，传播了先进的农耕技术，带来了优良的农作物品种，开垦出大量耕地，加速了东北的土地开发与农业发展，耕地面积剧增，粮食作物的产量不断增加，东北商品粮基地初步形成，大大加速了东北的土地开发和农业发展。

首先，这些移民为边疆土地开垦做出了巨大贡献。大量移民迁入，东北的大量土地得到迅速的开发。移民将内地先进的农业、手工业等生产技术带到落后的东北，推动了东北地区生产力的发展，缩小了东北边疆与内地的经济差距。到清末时，东三省人口净增近二千万，垦荒近一亿亩。耕地面积迅速地扩展，使东北的粮食产量也有显著的增长。清末，主要农产品年产量共约800万吨，逐渐成为我国主要的农业生产基地。① 据统计，东三省1887年耕地面积为3000万亩，到1931年增长到2亿多亩，44年间增加了1.7亿多亩，平均每年开垦土地400万亩之多。② 如此大片的荒原得到开垦，与大量关内移民进入东北直接相关。光绪三十年（1904）黑龙江地区全部开禁。此后，黑龙江地区进入了全面开发。自咸丰十年至光绪十二年（1860—1886）的26年间，黑龙江地区开垦土地"七十五万垧，平均每年二万八千余垧"③。至民国，据有关资料统计，奉天省清末已开垦的土地面积，1911年有民地2068万亩，旗地1847万亩④，合计为3915万亩。1921年，已垦熟地5953285垧。1930年，东三省耕地面积共计13506000公顷，其中辽宁省耕地面积达4710000公顷，占可耕地面积的73.6%；吉林省耕地面积达4945000公

---

① 赵英兰：《清代东北人口与群体社会研究》，博士学位论文，吉林大学，2006年，第125页。

② 徐德莉：《近代化视角下的中国农村人口流动》，《学术论坛》2010年第6期，第176页。

③ 徐恒耀：《满蒙的劳动状况与移民》，东方杂志，第二十二卷第二十一号，第43页。

④ 徐世昌等编纂：《东三省政略》影印本，李澍田等点校，吉林文史出版社1989年版，第1098页。

顷，占可耕地面积的 45.5%；黑龙江省耕地面积达3851000公顷，占可耕地面积的 30%①。

东北粮食耕种面积的扩大，必然带来粮食产量的增幅，据"南满洲铁道株式会社庶务部调查课哈尔滨事务所运输课"的《东三省产业统计年报》统计，1928 年谷物的生产量为 2016 万吨，除本地区消费以外还剩余 566 万吨，粮食的剩余量占产量的近 30%。1924—1940 年东北地区的粮食产量，每年均在 1600 万吨以上。② 1929 年比 1908 年增产了 1000 多万吨。据《中国近代农业史资料》对清末中东铁路粮食运输总量、输出量统计，1903—1905年，年平均运输总量 70300 吨，年平均输出量 10300 吨，输出占总量14.7%。1906—1910 年，年平均运输总量302400吨，年平均输出量225400吨，输出占总量 74.5%。③ 民国以后，粮食运往境外的数量迅猛增加，而且所占运输总量的比重增大。仍以中东铁路为例，1911—1915 年，年平均运输总量为661000吨，年平均输出量为561800吨，输出占总量的 85.0%。1916—1920 年，年平均运输总量为843200吨，年平均输出量为705400吨，输出占总量的 83.7%。1921—1925 年，年平均运输总量为1769600吨，年平均输出量为1585600吨，输出占总量的 89.60%。④ 因此可以说，近代关内移民为边疆粮食增长、粮食商品化及其商品粮食市场的形成做出了重大贡献。通过东北地区近代农业的开发，东北商品粮基地初步形成。

其次，大量移民人口的增加，促进了近代东北贸易的发展。民国时期关内移民东北的目的地主要是东北北部，即所谓的北满地区。由于松花江水系的分割，这一区域内，当时大致有四个经济区：一是吉林大赉、黑龙江省泰来——齐齐哈尔为一线，此线以西的蒙古草原区；二是吉林大赉以东、长春

① ［日］铃木小兵卫：《满洲的农业机构》日文版，东京 1938 年，第 50 页。
② 王国臣：《近代东北人口增长及其对经济发展的影响》，《人口学刊》2006 年第 2 期，第21 页。
③ 章有义：《中国近代农业史资料（1921—1927）》第 2 辑，三联书店 1957 年版。
④ 东三省铁路经济调查局：《北满农业》，哈尔滨中国印刷局 1928 年版，第 39—40 页。

以北、双城以南的早期农业开发区；三是松花江和嫩江汇合处（黑龙江肇源）以北、齐齐哈尔以东、哈尔滨——佳木斯以西的松花江左岸待开发区；四是双城以北、哈尔滨以东的松花江右岸直至乌苏里江的吉林省东北部（今黑龙江省南部和东部）半开发区，而此间北满的关内移民主要定居在第三、第四区，即松花江中下游两岸经济区。① 经过移民的开垦，黑龙江省在1927—1928年就"垦成熟地至十二万垧，足抵民国三年以后十数年来之成绩"②。黑龙江省各县的农业经营都有了一定的规模。林西县到1920年春即已垦成熟地5100多顷。③ 大赉、海伦、龙江等县在1928年的农耕状况也已达到了一定的程度：在大赉县，全境耕种8.2918万垧，其中大豆1.5911万垧，高粱2.3381万垧，谷子2.6662万垧，此外尚有撂荒地7854垧；海伦县，全境耕种23万垧，大豆占6.46万垧，小麦4.82万垧，高粱3.2万垧，尚有撂荒地6000垧；龙江县，境内种熟地23.76万垧，大豆2万垧，谷子10万垧，小麦1万垧，大麦1.2万垧，糜子8万垧。④

表5　1924—1931年东北农业生产指数变化情况⑤

| 年　份 | 耕种面积指数 | 总产量指数 | 每公顷产量指数 |
|---|---|---|---|
| 1924 | 100 | 100 | 100 |
| 1925 | 124 | 112 | 90 |
| 1926 | 135 | 114 | 84 |
| 1927 | 146 | 121 | 83 |
| 1928 | 158 | 125 | 79 |
| 1929 | 158 | 126 | 80 |
| 1930 | 164 | 129 | 79 |
| 1931 | 169 | 127 | 75 |

① 参见曲晓范：《近代东北城市的历史变迁》，东北师范大学出版社2001年版，第243页。

② 《东省经济月刊》第3卷第5期，1927年。

③ 《西林县志》，1929年，上册，卷1，附垦荒记。

④ 参见马平安：《近代东北移民研究》，齐鲁书社2009年版，第155页。

⑤ 《东北经济小丛书·农产（生产篇）》，京华印书局1948年版，第4—5页。转引自马平安：《近代东北移民研究》，齐鲁书社2009年版，第157页。

表 6　1924—1931 年东北主要农作物每公顷产量指数变化情况①

| 年　份 | 大　豆 | 高　粱 | 玉　米 | 谷　子 | 小　麦 |
|------|------|------|------|------|------|
| 1924 | 100 | 100 | 100 | 100 | 100 |
| 1925 | 98 | 92 | 76 | 85 | 101 |
| 1926 | 90 | 94 | 75 | 80 | 100 |
| 1927 | 85 | 85 | 74 | 78 | 118 |
| 1928 | 81 | 78 | 76 | 77 | 103 |
| 1929 | 76 | 78 | 79 | 81 | 93 |
| 1930 | 80 | 77 | 74 | 74 | 93 |
| 1931 | 78 | 74 | 74 | 68 | 93 |

　　由于粮价保持上强态势，刺激农民把更多的农产品投放市场，造成市场发育与农业生产的良性互动，加速了农产品的商品化进程。同时，由于粮豆大量出境，当地民众收益增加，也为国内各地商品和国外商品在东北各地的销售提供了有利的市场条件，于是海伦等地的商人在天津、营口、上海设办事处，直接由外埠订货，各种洋货和国内的新式商品随之源源不断地涌入北满②，商品和货币流通量不断增长，商业和金融业更加繁荣。

　　东北地区，由于近代大量移民的进入，开发大量的耕地，东北地区粮食生产远远超过自己的需要，成为向外地输出的主要商品，逐步改变了贸易逆差的局面。特别是东北地区适宜的气候、肥沃的土壤较适合生产大豆，东北地区近代大豆不论在耕种面积还是在产量方面，在全国都占有重要地位。1910 年东北种植大豆的耕地占东北耕地总面积的 20%，年产量高达 1999.1 万吨③。中国大豆的出口量在清末已居世界首位，而其中东北大豆的出口占全

　　① 《东北经济小丛书·农产（生产篇）》，京华印书局 1948 年版，第 115—116 页。转引自马平安：《近代东北移民研究》，齐鲁书社 2009 年版，第 157 页。
　　② 汤尔和编译：《东省丛刊之一：黑龙江》，商务印书馆 1931 年版，第 470—471 页。
　　③ 杜修昌：《中国农业经济发展史略》，浙江人民出版社 1984 年版，第 230 页。

国总数的 90% 以上①。而近代世界大豆的总产量中有 80% 以上是中国生产的。大豆的种植始终占东北作物耕种面积的近 1/3。② 1919 年全国大豆产量 7108 万担，东北产量为 3802 万担；全国大豆出口量为 1122.7 万担，东北大豆出口量为 1060.1 万担，占全国的 94.4%；大豆产品全国的出口量为 3431.4 万担，东北大豆产品的出口量为 3291.9 万担，占全国的 95.9%。③ 因而大豆及其制品就成为近代东北出口的主要物品，是贸易顺差的主要原因之一。随着移民对东北地区土地的进一步开发和农业生产的发展，到九一八事变前，东北各地农产品单位面积产量已经有了一个相对稳定的数。

此外，东北有广大的森林资源，随着移民的进入，森林经营业也随之产生和发展起来。据史料记载，到 1914 年，东三省已经拥有国有林面积约 75 万方里。④ 1917 年，黑龙江省全境有国有林场 53 区，面积 1274.0086 万亩；私有林场 12 区，面积 7.0047 万亩。⑤ 当时的吉林省是东北最大的林业集中之地。⑥ 1921 年以前，在吉林省已经拥有了 146 个林场，所属森林面积达 10.5277 万方里。移民大量进入松花江流域为林业开发提供了许多专业化工人，1906 年宾州厅已有伐木土人 690 余人，大青山附近有千余人，汤原有伐木工 2000 人，其他各地林区伐木工人也不在少数。

农产品加工业的发展，一方面满足了广大城镇居民生活的需要，为城镇居民生活提供了基本的物质保证；另一方面改变了东北的农产品输出结构，扩展了粮豆的国内外市场输出途径，推动了松花江流域农业商品经济的发展。农业、手工业、商业三者相互促进、互为因果，成为东北广大城镇兴起

① 杜修昌：《中国农业经济发展史略》，浙江人民出版社 1984 年版，第 230 页。
② 王国臣：《近代东北人口增长及其对经济发展的影响》，《人口学刊》2006 年第 2 期，第 22 页。
③ 许涤新、吴承明：《中国资本主义发展史》第二卷，人民出版社 2003 年版，第 1004—1005 页。
④ 《吉林巡按使公署档案·有关报告》，11 全宗 7—8，卷 2431。
⑤ 金梁修：《黑龙江通志纲要·实业志纲要》，重庆图书馆 1963 年版，第 43 页。参见马平安：《近代东北移民研究》，齐鲁书社 2009 年版，第 156 页。
⑥ 《吉林省长公署档案·有关调查表》，11 全宗 7—8，卷 2530。

的重要经济支柱。城市与乡村联系日益紧密。

### （三）人口迁移与新型关东文化的形成

19世纪中叶以后，由于特定的历史环境和社会变动，导致了中国近代史上大规模的人口流动，为东三省的移民与开发带来了机遇，也使东北迅速成为近代以来城市发展最快、文化上多元融合的一个移民社会。

移民的到来，它构建了多元的关东文化。文化是指人类活动的模式以及给予这些模式重要性的符号化结构。清代以前，东北地区白山黑水之间，一直是满族等土著居民的故乡。在漫长的历史岁月中，东北土著民族留下了丰富多彩的文化积淀。从清代开始，以关内广大汉族为主体的移民逐渐进入东北，形成了以汉族移民为中心的新的社会结构。人口的移动既是人力资源的移动，更是社会文化的移动，关内移民进入东北城市及乡村后，给东北带来了各地富有特色的传统文化，这些移民文化与东北传统文化相互交融，奠定了多元融合的新型关东文化基础，形成了今天东北人独特的人格特质和文化特征。进一步丰富了东北人的精神文化生活的内容。

#### 1. 关东文化的主要内容

文化是一个群体在一定时期内形成的思想、理念、行为、风俗、习惯、代表人物，及由这个群体整体意识所辐射出来的一切活动。因此，移民现象本身就是一种重要的文化现象。人口迁移不仅引起文化诸要素在空间上的转移，也必然导致在植入区域中不同文化的交流与融合，其结果便是某种新型文化的出现。移民人口的流入更给东北带来了各地富有地方特色的传统文化，如胶东文化、豫东文化、晋商文化，江浙文化、两湖文化……这些区域文化借助移民在城乡的流动和集聚得以整合，散居各地的汉族分别吸收了东北各族的文化，土著文化也吸收了汉文化的合理性和中原文化的先进性，两者相辅相成，使两种文化在一定程度上都发生变异，正是这种文化的相互作用、相互交融，使东北地区既接受汉族农耕文化，又保持自己独有的地区特色。这样，一种新型的富有移民特色的文化形态，即"新型关东文化"逐渐形成。① 具体形成了具有多元特征的大连文化、沈阳文化、哈尔滨文化、吉林文化等新型的东北城乡社会文化②。比较有代表性的，如黑龙江农村各地群众喜闻乐见的曲艺"二人转"，就是以当地民歌和大秧歌为基础，吸收了"莲花落"的表演技巧和形式等演变而成。宋朝时的"莲花落"在内地就极为流行，初为乞丐行乞时的唱辞，至清乾隆年间已出现了专业演员，以后这种艺术形式便由移民人口带入黑龙江地区，与当地的民歌秧歌结合演变而成。③ 与此同时，关内移民在融入东北城乡生活的过程中，要面对严酷的社会压力和生存压力，环境的改变迫使移民放弃原有的生活方式和价值观，养成了吃苦耐劳的敬业精神和宽容开放的近代意识。

### 2. 移民文化的主要特征

第一，敢于反抗殖民统治，捍卫民族利益的人格精神。大批关内移民迁居融入东北社会后，成为黑土地的主人，他们身上始终贯穿着爱国的红线，闪烁着不屈于强敌、敢于为民族兴亡抗争、献身的人格精神。例如，移民城市大连，是座英雄城市。早在鸦片战争和日俄战争期间，就组织抗俄和抗日武装，在全国较早地举起了反抗帝国主义的旗帜。此外，同盟会员、教育家、著名报人傅立鱼，中国共产党人关向应，工人运动领导人傅景阳，实业报国的民族工商业家周文贵等人，他们是中华民族的优秀分子。在他们的影响下，大连的反帝爱国运动成为全国反帝斗争的重要组成部分和特殊战场。特别是大连的新文化运动、大连的工人大罢工，许多人从中受到爱国反帝的启蒙教育，积极参加工人运动，走上革命道路。大连有许多进步革命团体，有力配合了全国的民族解放运动。他们在抗击殖民侵略斗争中，前仆后继，

---

① 参见范立君：《近代东北移民与社会变迁（1860—1931）》，博士学位论文，浙江大学，2005年，第114页。

② 曲晓范：《近代东北城市的历史变迁》，东北师范大学出版社2001年版，第242页。

③ 赵英兰：《清代东北人口与群体社会研究》，博士论文，吉林大学，2006年，第126—127页。

每一座历史丰碑都镌刻着他们的英名。

第二，民族文化为主体，中外交融多元并存的移民文化。东北由于特殊的历史遭遇，这里是俄国、日本、美国、英国等国家争夺中国利益相互角逐的战场，也使得这里成为中外文化交流的重要通道和汇聚点。帝国主义为了维护其殖民统治、扩大侵略和自身需要，向这里输送外来文化，输入他们所需要的现代经济、现代科技和现代教育文化。在客观上扮演了输送外来文化和现代文化的角色，他们"充当了历史的不自觉工具"。城市建筑和规划融入了西方建筑元素，建立了各种现代工业、商业、交通、金融和文化教育机构；随着大批外来移民，众多各类专业人才迁入，外来文化也随之大量传入，形成了具有多元特征的新型的东北城乡社会文化。艺术和文化是没有国界的，所以不同的文化一经接触，自然发生交流的现象。东北人民善于吸收、开放兼容，借鉴世界文明的优秀成果，勤于追求卓越，在包容中求发展，在发展中包容世界。形成了以民族文化为主体，中外交融多元并存的移民文化。

第三，兼收南北文化之营养，民族文化积淀丰厚。民族是历史上经过长期发展而形成的稳定的共同体，是人类历史发展到一定阶段的产物。各民族的文化是适应本民族的社会生活而形成的，有相对的完整性、统一性，但又是可以补充、分解的，在不断地进行新陈代谢、向前发展。文化具有超时空的稳定性和凝聚力，一个民族的文化模式一旦形成，必然会长久地支配每个成员的思想和行动。翻开中华民族的历史画卷，中原汉族与东北边疆民族祖先连绵不断的大迁徙，在世界文明史上也是不多见的。中原文明与东北各民族文化的碰撞与融合，从社会结构、生产方式、典章制度到礼仪习俗（包括通婚开禁等），各民族既保持着其独特的文化，又融合为一个和睦相处、共同发展的中华民族大家庭。

近代以来，长达一百年的历史进程，山东、河北几代破产农民，因不堪战乱饥荒和重赋盘剥或受日伪企业骗招的"劳工""苦力"，相继背井离乡，泛海"闯关东"。这些移民既有广大的劳苦大众，也有知识分子、商人和各种原因来东北避难的高层人士。他们作为民族文化的传播者和载体，将各地文化带入东北。这些有着共同命运与语言、来自四面八方的居民，在文化上很少有保守的偏见和排他性，这就使得东北这种移民文化构成了广泛吸收、兼收并蓄的文化特色。它广泛吸收了南北各地的文化营养，取得了多元性、杂交性的优势。①

总之，近代以来，移民人口逐渐增加，促进了东北地区农业生产、手工业相应发展，商业、交通业迅速推进，促进地区经济进步与开发，随着城镇的形成和发展，又吸引了大量移民聚居，形成两者相互促进的良性循环。东北地区的少数民族在汉族移民先进文化的影响下，在社会形态、语言文字、风俗习惯等方面都发生了极大的变化，边疆地区的发展逐渐地接近内地文化水平。这一历史功绩虽然不能完全属于汉族移民，但汉族移民作为边疆地区社会变迁历史合力中的一支分力，所起到的积极作用是不可低估的。②

## 三、城市对乡村发展拉力不足及农村人口回流

城市产生的前提是农业生产力的提高，社会分工的出现；另一个是农村剩余劳动力的出现，能为城市的发展提供物质和人口支持。在城市产生后，城市又反作用于乡村，给广大乡村提供各种物质产品、信息及服务。其结果是城市的发展和乡村的发展相互影响，二者任何一方的发展或滞后都会影响另一方。清末民初，大批关内移民流入东北，至 20 世纪 20 年代达到高潮。移民的流入，加速了东北的土地开发，经济发展、城市化的加速推进。与农村推力加大的同时，近代中国城市的"拉力"也有所加强。由于近代城市经济功能的增强，尤其是开埠通商城市和区域中心城市的迅速发展，又使城市本身对人口产生了一种巨大的"吸引力"。于是，在城市拉力与农村推力的共同作用下，农村过剩的农业人口便涌向城市，从而形成具有近代意义的城

---

① 参见李振远：《大连文化解读》，大连出版社 2008 年版，第 188 页。
② 赵英兰：《清代东北人口与群体社会研究》，2006 年，第 126—127 页。

乡间的人口空间流动。然而，近代东北城市发展是在特殊的历史条件下发展起来的，城市经济功能不健全，城市经济结构的畸形化使城市对乡村的支配作用和辐射力不强。致使城市对大量涌入的农村人口进行排斥，无法产生出足够的拉力，无法将游离出农业领域的人口全部吸纳进去。使得流入城市的一部分农民不得不返回乡村，出现农村人口回流现象。同时，由于农村的贫困使消费水平十分低下，城乡发展严重不平衡，乡村推力弱化，以致对城市发展产生阻力。

（一）城市的支配与辐射功能弱化

城市是人类文明进步的结晶，是人类文明发展的象征，城市是区域政治、经济、科学技术和文化教育的中心，是在社会发展中起主导作用的区域，并随着人类文明的进步和社会生产力的发展而同时得到发展。城市功能是由城市各种结构性因素决定的城市的机能或能力，是城市系统对外部环境的关系和秩序，表现为城市在区域经济社会发展中所承担的任务和发挥的作用。城市化的发展，必然使城市对农村地区产生较为广泛的辐射力和吸引力，扩大城乡之间的经济联系，城乡之间的社会分工有了较明显的发展。然而，近代东北城市发展过程中，城市和乡村及其关系极其复杂，城市越发展，其城市的支配与辐射功能却日渐弱化，拉力不足。

**1. 东北城市化特征**

城市化是一个由传统的农业社会向现代城市社会发展的自然历史过程。它表现为人口向城市集中，城市数量的增加、规模的扩大，以及城市现代化水平的提高，是经济发展和社会进步的综合体现。① 正如列宁所说："商品经济的发展，本身就意味着越来越多的人口同农业分离，就是说工业人口增

---

① 蔡云辉：《城乡关系与近代中国的城市化问题》，《西南师范大学学报》（人文社会科学版）2003 年第 5 期，第 118 页。

加，农业人口减少。"① 同时，城市化绝不是乡村人口向城市聚集的单向转移过程，它还包括城市以近代文明为内涵的经济要素对周边农村地区生活方式和生产方式的反作用和影响力。从健康的城市发展轨迹看，在一个区域内，城市的发展变化，取决于自身以外的尤其是广大乡村的支持力度。同样，乡村的发展除了自身必须具备的条件外，与之相互依存的城市的支配作用、辐射功能起着举足轻重的作用。城市与乡村的协调发展和融合增长，其结果就是乡村的繁荣和城市化的快速推进。当城市与乡村之间消除对抗，变对立关系为协调、平衡、融合的分工协作、共同发展的关系时，社会经济就能以较快的速度健康发展，并由此推动城市化的快速发展。反之亦然。但是，近代东北城市化却出现了特殊的轨迹。

19 世纪末至 20 世纪上半期，经过清末民初，大批关内移民流入东北，加之各种因素，使得东北地区成为中国城市化速度最快的地区之一，也成为当时全国城市化水平最高的地区。在近代东北地区以铁路为脉络的外向型经济结构中，城市不断地以其日益强大的辐射力和功能影响着周边农村地区的经济结构，迅速扩大其覆盖空间。但是，东北地区的近代城市化进程是畸形的，带有非常明显的殖民化特征。由于城市的多样性主要是外力作用的结果，所以东北城市的半殖民地化和殖民地化程度最深，城市化、城市近代化、城市半殖民地化三种社会发展现象在东北城市中呈现同构互动局面。九一八事变前，东北城市整体上为半殖民地化，局部为殖民地化；九一八事变后至"八一五光复"，全部为殖民地化。

近代东北地区城镇是在外部势力，即开埠和铁路建设以及矿产资源开发和内部势力，即关内移民和辽河航运以及民族工业的双重作用下形成和发展的，其发展速度在全国来说是最快的，城镇数量多，城镇规模大。在近代东北城市化过程中，特别是进入 20 世纪以后，在沙俄、日本等资本主义列强

---

① 列宁：《俄国资本主义的发展》，《列宁选集》第 1 卷，人民出版社 1958 年版，第 163 页。

极力扩张其殖民势力，肆意践踏中国主权。哈尔滨、大连等铁路沿线城市的早期形成和发展完全是沙俄殖民政策的产物。1931 年九一八事变之后，日本逐步控制东北，整个东三省成为日本的殖民地。这时期，东北城市发展的动力和功能结构几乎完全从属于世界资本主义市场。一大批城市就是作为以商品粮集散地和农产品加工为基本功能的交通枢纽和商贸中心而出现。同时，日本帝国主义加紧推行"重点主义"的产业政策，倾全力进行大规模的掠夺性开发，重化工业畸形膨胀。城市空间结构畸形化、工农业比例和轻重工业比例失调；知识密集型产品以日本进口为主，而劳动力密集型产品则以出口为重心，所以对日本依赖性极强。据统计，1931—1943 年，东北地区工业产值占工农业总产值的比重由 26.9%增长为 59.3%。[①] 城市发展的主要动因是日本经济掠夺和军事战略需求，而非区域经济的良性发展，呈现出典型的殖民地经济结构。因此说，东北地区的近代城市化进程是畸形的，带有鲜明的殖民化特征。这种畸形发展对该地区以后的城市化产生了沉重的负面影响。

**2. 城市支配与辐射功能弱化，拉力不足**

城市对乡村的辐射拉动作用是城市自身基本功能的体现，也是城乡关系的本质体现。但是，由于近代东北城乡关系中联系性与对抗性共存于城乡关系这一矛盾体中，且自身又无法克服，对抗性矛盾关系在客观上势必削减对乡村发展的辐射性拉动力，从而造成城市对乡村发展变迁的拉力严重不足。由于来自城市的拉力不足，乡村自身早期现代变迁因素又极为有限，这就造成了近代百余年而自然经济并未完全解体的社会历史现实结局。[②] 据 1930 年满铁会社于东北各地进行实地考察，在被访问的 11284 人中，农业劳动者为 3134 人，占总数的 28%；工业劳动者为 1946 人，占 17%；商业劳动者 1387

---

① 参见段光达：《东北地区近代城市化问题初探》，《光明日报》2006 年 6 月 12 日。
② 蔡云辉：《城乡关系与近代中国的城市化问题》，《西南师范大学学报》（人文社会科学版）2003 年第 5 期，第 119 页。

人，占12%；自由劳动者4018人，占36%；其他各业占7%①。可见，东北移民中的占很大一定比例的人并未务农，许多人停留在城市中，从事着非农业劳动。但是，也有很多农村人口因在城市找不到工作，无法安身立命，被迫返回故里，从而形成人口回流现象。同时，也有部分人口滞留在城市中，从事临时性工作，季节性强，他们农闲进城，农忙则返村，游离于城市和农村之间。这又形成了城乡人口流动中的循环流动形式。城市无法接纳和安置大量的移民，城市拉力明显不足。其原因：

一是由于大量移民的到来，特别是从1927年开始，关内移民向东北地区移民数量猛增，由1926年的50多万人增至100多万人，并且持续了三年之久②。与此同时，城市人口也迅速增加，给城市造成压力。19世纪末到20世纪的1931年这一时段，是东北地区城市化发展较快的时期。1930年时东北城市人口则达303万③。在23年的时间里，城市人口增长197万人。城乡人口空间流动（由农村向城市）的结果，引起流动人口职业构成上发生变化。根据1928年和1929年在大连登陆的中国人的职业调查统计，1928年和1929年的大连登陆移民中，农业从业者的比例分别为23.6%和20.1%，工商业从业者的比例分别为4.2%和4.8%，从事自由从业者的比例最高，分别为64.2%和70.2%。这里的自由从业者是指无固定职业、在一定时间里出卖劳动力的雇佣者。④ 一时间，大量人口的到来给城市生活等各方面带来压力。日本控制下的大连，由于农业的落后与农业生产者的贫困，决定了城市无法有效而充足地向城市工商业人口提供蔬菜和粮食。蔬菜即使到了20世纪40年代，当地也仅能解决65%左右。粮食从大连建城到日本投降，一直距自给水平相距甚远，一般仅能自给31%左右。殖民地当局历年都从东北输入大批

---

① 转引自王彬：《二十年代移民开发东北农业略论》，《史学月刊》1999年第6期，第98页。

② 1931年《东北年鉴》，第1270页。

③ ［日］满铁经济调查会：《满洲经济年报》（1931年），改造社1933年泰合广场，第56页。

④ 《中东经济月刊》第6卷第9期，1930年。

粮食，并从海路从日本、琉球、台湾及华北输入蔬菜。当地蔬菜与粮食生产的现状，对城市工商业也产生了很不利的影响。① 东北的许多城市也与大连相类似。

二是东北城市化的殖民化特性，造成民族资本和企业陷入绝境。工业畸形膨胀，是伪满殖民地经济的一个重要特征。它们不顾人民死活，任意扩张。发电业、煤气业、金属工业、机械工业、化学工业、窑业、制材、纺织工业、食品工业、印刷装订工业、杂工业等，1936 年到 1940 年仅隔四年即有很大扩展。同时，在 1937 年 5 月，日本通过伪满政府颁布所谓"重要产业统制法"。规定：所谓国防上或国民经济上的重要产业全由"特殊会社"或"准特殊会社"掌握，许多与日本相冲突的工业，如纸浆、洋灰、纺织、制橱、制粉、火柴等，归于统制；煤矿、汽车制造、硫酸铔、酒精等，亦全改归日伪独占②。这样一来，中国人的一些小型铁工厂和手工业小铁炉纷纷破产。大连顺兴铁工厂、沈阳的兴奉铁工厂、哈尔滨的振兴铁工厂等先后宣告歇业。由于粮棉油类农产品统制，大连、营口、哈尔滨、长春等地油坊业（制油工厂）、火磨（制粉工厂）、纺织业陆续倒闭二百多家，甚至小油房、小磨坊的碾子和石磨也被没收。1943 年，本溪市华商经营的豆腐坊八十八家的三分之一和煎饼铺三百余家的三分之二，均告歇业；哈尔滨道外中国人经营的饮食业三百三十七家，临时休业者一百四十六家③。民族工业的大批倒闭，也使得大批的工人和工商业者失业，失业大军流离失所。

三是城市居民的生存环境恶劣，无法容纳更多的移民。当时工人工资额增加低于物价上涨，实际工资收入不断下降。伪满时期中国一般工人的劳动时间也特别长，平均日工作时间为 10 小时以上，且中国工人与日本工人同工不同酬，民族歧视严重，更为严重的是，中国工人倍受超经济强制和种种

---

①　沈毅：《近代大连城市经济研究》，辽宁古籍出版社 1996 年版，第 151 页。

②　孔经纬：《东北经济史》，四川人民出版社 1986 年版，第 506 页。

③　莫柴也夫：《中国的农业》，科学出版社中译本。转引自孔经纬：《东北经济史》，四川人民出版社 1986 年版，第 509 页。

摧残，往往连生命都不得保障。工人的生存条件极为恶劣。例如，1925 年在大连寺儿沟南山北麓，盖起了 180 多栋红砖房子，专供大连港雇佣的码头工人居住。当局给这片建筑取了一个颇有诗意的名字：碧山庄。当初设计最大居住能力为24000人，而最多时住过 3 万多人。工人的床铺只有一尺多宽。夏天蚊子、臭虫叮咬，冬天寒冷刺骨，形同冰窖。大连在 1940 年曾从上海招来 3000 余名工人，不过两年，死掉者将近 2800 人①。恶劣的生存环境，也造成产业工人和城乡间人口流动频繁。如东北日本人开设的工厂里，工人的平均流动率为51.7%，绝大多数工厂里的工人工作不满一年的占50%，甚至60%以上。②

总之，东北这样的畸形城市化发展格局，城市人口过剩，使得城市无法接纳和安置大量的移民和农村人口，无法带动乡村社会发展，城市拉力明显不足。

## （二）乡村市场的萎缩及推力作用异化

城市化过程是指乡村人口不断转变为非乡村人口的过程，也是乡村社会向城市社会转型发展的过程。城市化是社会经济的变化过程，其目标是实现对乡村社会的改造与转型。但在近代中国，这种改造和转型不仅没有得到乡村自身的强有力的支持，表现为乡村对城市化的阻碍，由此便产生了近代中国城市化运动中的二律背反现象。这一独特现象是城市与乡村发展严重脱节，城乡关系的对抗性矛盾在城市化运动中的具体体现。③ 近代东北城市化的发展过程中，在近代社会转型期，特殊的畸形城市化，扭曲的城乡关系，近代城乡分离与对立所造成的结果，城市不仅在政治上占据统治地位，在经

---

① 《大连文史资料》第 6 辑，第 26—30 页。

② 何一民主编：《近代中国城市发展与社会变迁（1840—1949）》，科学出版社 2004 年版，第 434 页。

③ 蔡云辉：《城乡关系与近代中国的城市化问题》，《西南师范大学学报》（人文社会科学版）2003 年第 5 期，第 119 页。

济、文化等发展上，由商品经济的独立发展同样把乡村纳入了城市的剥削与统治范围，城乡矛盾全面扩大。导致广大的乡村社会并没有出现农村的繁荣和财富的增长，而是带来农产品价格大幅下跌，农民逐步陷入贫困和破产，农村市场萎缩，城乡贫富分化进一步加剧。迟滞了东北农业近代化的进程，乡村的推力异化，对城市化产生阻力。

### 1. 农民日益贫困化与乡村市场的萎缩

近代东北的城乡关系是城市片面掠夺乡村的关系，这种对立关系造成了传统的城乡一体化结构的破裂，破坏了近代之前中国经济与社会的高度同质性，而且使新的一体化结构无法正常建立起来。由于封建生产关系的延续及不平等的城乡关系的存在，造成东北农村的落后与农业生产者的普遍贫困，又由于大部分农业生产者经济收入低，生活贫困，从而限制了城市工业品市场的扩大。农户日常生活花销的大部分用于主食，而主食的大部分又是自己生产的粮食，副食也可以自己解决，而用于其他方面的费用极少。这就决定了农家购买工业生产的生活品的能力是很有限的。正如李富春在东北财经会议上的一次报告与总结中指出："日本帝国主义者曾利用交通便利，工商业集中城市与地主恶霸结合，残酷的剥削农民利用城市统治农民，因此在东北，特别在北满农村自然经济比较薄弱，贫雇农的生活非常困苦，农村中几乎没有手工业，许多东西非到城市购买不可。"[1] 在这种城乡关系条件下，使 "1840 年以来的中国乡村，基本都处于危机之中，并在不同的层面制约着近代中国社会诸领域的变化"[2]。亚当·斯密曾说："乡村居民须先维持自己，才以剩余产物维持都市的居民。所以，要先增加农村产物的剩余，才谈得上增设都市。"[3] 在近代中国这种对抗性冲突如此严峻的城乡关系下，由于农民的极端贫困，购买力低下，难以消化城市工业品，无形中限制了城市

---

① 《群众》1947 年 10 月，第 30 版，第 20 期。

② 张福记：《近代中国社会演化与革命》，人民出版社 2002 年版，第 128 页。

③ 亚当·斯密：《国民财富的性质和原因的研究》上卷，商务印书馆 1972 年版，第346 页。

工业品市场的扩大，进而使城市发展缺乏必要的动力。

清末民初的几次大规模移民中，早期移民抵达后，或是通过领荒或是通过承租等方式，成为小自耕农或永佃农。更有部分有财力者，大量购进土地，逐渐由小自耕农上升为小地主，甚至大地主。但自民国以来，大部分农民在地主、官僚、帝国主义国家三重势力的交相垄断、兼并作用下，移民被迫租佃于地主，以求谋生。农业的落后与农业生产者的贫困，决定了广大乡村无法有效而充分地向城市工业提供足够的工业原料。落后的生产手段无法大幅度提高劳动生产率与土地生产率，也就意味着从生产总量到商品率都不能完全满足城市工业的需要，其促进工业发展的作用也是有限的。古典经济学家亚当·斯密指出："都市财富的增长与规模的扩大，都是乡村耕作及改良事业发展的结果。"① 正是由于封建生产关系的延续及不平等的城乡关系的存在，造成东北农村的落后与农业生产者的普遍贫困和乡村市场的萎缩，从而使得城市工商业的发展受到诸多制约，不能得到应有的健康发展。

### 2. 乡村推力作用异化和对城市化的阻力

城市化过程中，农村随着其生产的逐步商品化开始从属于城市，农村经济活动围绕城市的以农产品输出为主的外向型经济的轴心运转，逐步演变成城市外向型经济的附属物，并越来越深地卷入世界资本主义市场。然而，近代东北社会特殊的历史遭遇，处于社会转型时期的近代东北，由于受到多种因素等制约，生产资料所有制并没有发生质的改变，加之殖民地、半殖民地、半封建社会的特殊社会背景，使社会在体制创新和政策更新方面，与外国资本主义相比，农村人口的流动缺乏社会政治经济条件的有效配合，没有产生应有的社会效果。并未产生出有利于传统城乡关系发生质变的社会经济条件，城乡之间固有的对立关系不仅没有本质上的改变，矛盾对立关系没有得到缓解，反而日渐加剧。城乡关系在经济方面的对立程度是比较明显的。

---

① 亚当·斯密：《国民财富的性质和原因的研究》上卷，商务印书馆 1972 年版，第347 页。

在这种城乡关系的维持下，城市不仅在政治上压迫乡村，而且通过乡村中的商业资本和高利贷资本、大地主、官僚等，以各种经济剥削手段剥削乡村，导致乡村经济的凋敝。

近代中国农民经受的破产、贫困与西欧的原始积累过程十分相似，但农村人口流动并未导致社会的蓬勃发展。这是落后的生产力与生产关系制约的结果。[①] 广大乡村的危机与衰败，不仅使城市失去了赖以生存发展的腹地，失去了城市工业品市场扩大的有效空间和城市工业必需的原料供应市场，而且成为城市发展变迁的一大阻力。在农业落后，农民贫困的基础之上，城市工商业是不可能长期迅速发展的。近代中国东北城乡间的矛盾对立关系的存在并日渐加剧，造成广大乡村经济的残破和农业生产者的贫困，农业与农民的极度落后和贫困，与工商业比较先进和发达相结合的二元经济结构阻碍了城市经济的健康发展。近代东北城市的畸形发展和近代东北城市整体发展水平受到诸多制约，使近代中国东北城市化发展无法得到必要的物质基础支撑，从而不可能健康、快速地得到发展。

在中国的这种城乡关系链中，由于半封建半殖民和殖民地社会性质的作用，后果是城市拉力不足，乡村推力弱化，这两个关键作用力发生了松弛、扭曲，甚至变形；城市没有带动乡村共同发展，非但不能充分吸收农村剩余人口，反而以乡村的极度贫困为代价促进自己的畸形繁荣；乡村没有推动城市发展，反而与城市不断拉大差距，使城市发展失去了后劲。其结果是城市与乡村在这种对抗性的矛盾关系中双双陷入一种恶性循环之中，其浅层结果是城市越发展，乡村越落后，城乡差异越大。深层结果则表现为乡村愈落后，城市进一步发展的阻力越大，整个社会经济起飞和社会转型的任务愈难以完成。[②] 在中国，这种不平衡的城乡关系正是半封建半殖民地社会的产物。

---

① 宫玉松：《略论中国近代农村人口迁移的特点和性质》，《中国农史》1989 年第 2 期，第 82 页。

② 蔡云辉：《城乡关系与近代中国的城市化问题》，《西南师范大学学报》2003 年第 5 期，第 120 页。

城乡严重不平衡，社会阶级矛盾激化，农村问题成为我国近代一切矛盾的焦点，不仅滞缓了现代化进程，甚至改变了整个中国的历史。城市化的顺利发展必须建立在一个良好的城乡关系上，城市的拉力与乡村的推力互相作用才能使城乡发展进入良性循环，使城市化平稳进行。只有彻底改变农业与农民的落后与贫困，城市经济才会有坚实的发展基础。

# 第四章　城市化推动下城乡间文化
# 网络的演变与互动

　　近代中国是一个由传统社会向近代社会转型的痛苦发展、变化的特殊时代。古代中国的城市与乡村被维系在自然经济的古老轨道之中，它们彼此直接联系在一起，城乡之间具有一致性，城市与乡村被自然地划分为政治中心和经济中心，在整个社会体系中承担着不同的社会职能，正如马克思所说："细亚的历史是城市和乡村无差别的统一。"① 中国进入近代后，城市与乡村由于在外力与内力的作用下发生了一系列的变化，因而存在于城市与乡村之间的普遍联系和相互制约、相互影响的互动关系，也因之而发生了一系列的变化。由此也派生出城乡间的文化联系亦随着城市化进程的加快发生变化。

　　由于东北特殊的社会环境和历史遭遇，使得近代东北城市化进程具有不同于内地城市化的特点，城市化发展过程中，西学的传入，新式教育在东北地区出现，给东北传统教育带来较大冲击，也使东北城乡间的文化网络的演变与互动发生改变。直接影响社会底层秩序和农村、农民生活，并最终影响着城乡良性互动关系的形成与否。

---

① 《列宁全集》第 3 卷，人民出版社 1958 年版，第 19 页。

## 一、城乡间教育与知识流动

近代以来，在外国资本主义入侵中，中国被强行推入现代化的历史洪流之中。随着西学东渐与西方现代性挑战，中国被迫走上了后发外生的"依附型现代化"之路。20 世纪初，随着"新政"的展开，清政府在教育方面改革学制，诸多举措有力地促使科举教育向新式教育转轨，东北的"教育新政"由此拉开大幕，对东北社会产生重大影响。

### （一）新式教育的兴起与东北城乡教育变迁

#### 1. 西学的传入与教育近代化起步

鸦片战争之前的东北，清统治者对于汉文化的封建教育采取消极态度，使得东北地区的文化长期处于较为落后的状态。鸦片战争后，出于维护边疆、加强东北地区统治的需要，尤其是在社会历史变迁时期，更加突显出具有先进思想的新式人才的重要性。对新式人才的需求量日益增大，改良教育、培养人才已经成为东北地区新政变革的一个重要内容。在此情况下，清政府开始加大力度，使得已经处于衰微状态下的教育在东北地区得以发展，一大批官学、书院、义学开始创办①。与此同时，在民间还兴办起大量的私学。鸦片战争以后，西方教育思想相继传入，尤其是甲午战争以后，在民族危难关头，维新运动的精英们在光绪帝的支持下开展了又一次的"救国图强"运动——"维新变法"。维新变法的领导人十分重视发展教育，积极推动清政府改科举、兴学堂、鼓励出国留学等措施，以进一步革新教育。变革思想为更多有识之士所接受。戊戌变法时期的教育改革思想的宣传，也波及东北地区。东北也开始了除旧布新的规划。

19 世纪末至 20 世纪，东北地区开始出现几所新式学堂。如 1887 年，吉

---

① 佟冬主编：《中国东北史》第 5 卷，吉林文史出版社 1998 年版，第 673 页。

林将军鉴于"晖春等处与俄接壤，交涉频繁"而创设中俄书院，后又因"俄文公牍往来者日多，非添派教习增广学额不足以育人才"而扩充该俄文书院。① 此外，北洋舰队也于1890年设立奉天旅顺口鱼雷学堂，专授学生鱼雷、数学、航海知识。1892年，在英国人司督阁创建的盛京施医院基础上设立附属西医学堂。1902年，黑龙江始"奏设俄文学堂一所为养成译员之地名曰兴育学堂"②。总体上，这些学堂数量少、规模小，学科比较单一，所办的学校主要是外国语和海陆军学校，知识程度比较浅，实为专为满足某一时期特殊或短暂的需要而设立，缺乏完整的学制体系。

真正标志着东北近代教育起步的是光绪二十八年（1902）、二十九年（1903），清政府先后颁布的《钦定学堂章程》和《奏定学堂章程》。特别是《奏定学堂章程》，形成了从初小到大学一套比较完整的教育系统。这个章程规定在这个学制中整个教育分为三段七级：第一段为初等教育，分为蒙养院、初等小学、高等小学三级；第二段为中等教育，只有中学堂一级；第三段为高等教育，分为高等学堂（或大学预备科）、分科大学及通儒院三级。除直系各普通学堂外，另有师范教育和实业教育两系。其中还规定"省会所设学堂曰高等学堂""各府必设一中学堂，州县皆设最善；先州县治设一小学堂，以为模范，地方官、商陆续依章陆续成立各级小学堂""城内坊厢乡镇村集，均应设立蒙学堂"，同时"各省应即按各章程办法迅速举办师范、实业学堂"。③《奏定学堂章程》颁布后，并在全国范围内得到了实际推行，形成了从初小到大学一套比较完整的教育系统。东北新的学校教育制度基本也以此为依据。这时东北地区教育的发展也真正开始进入了近代化教育时期。

---

① 吉林省社科院历史所、吉林档案馆：《清代吉林档案史料汇编》（上谕奏折部分），吉林人民出版社1981年版，第371—373页。

② 《考查黑龙江情形折》，徐世昌：《退耕堂政书》卷六，文海出版社1989年版，第326页。

③ 陈学恂主编：《中国近代教育史教学参考资料》，人民教育出版社1987年版，第529—530页。

光绪二十七年（1901）十一月，奉天将军增祺筹办奉天大学堂，次年正月，奉天大学堂改为省学堂。这是东北地区近代史上的第一所高等学校。奉天大学堂有正额学生二百名，常年经费五万两。奉天大学堂不仅为奉天省最早筹设的近代学堂，还是一省学务之总汇。光绪三十一年（1905），奉天、吉林、黑龙江三省均遵照上谕设立"学务处"，作为全省教育行政机关。从此，三省学务逐渐扩充。随后光绪二十八年（1902）四月，奉天大学堂筹设省城小学堂，以右翼官学作为蒙养学堂。省城小学堂开始创建。同时，各属遵照章程陆续将书院改为学堂。经奉天大学堂核准，康平县秀水书院、铁岭县银冈书院、辽阳州襄平书院均被改作当地小学堂。随后，宽甸县知县荣禧请设中西小学堂，海城知县请在城南大佛寺创设小学堂①。这样奉天创建的首批近代学堂建立起来。随着奉天新学的起步，吉林、黑龙江两地的近代教育也开始发展起来。

19世纪末20世纪初，随着东北城市化运动的兴起与发展，特别是20世纪初年，随着"新政"展开，清政府在教育方面改革学制，最明显的一个表现就是新式学堂的数量和入学人数的急剧膨胀。以学习西方文化科技的新式教育开始兴起。以奉天省为例，到光绪三十四年（1908）有专门学堂3所，实业学堂8所，优级师范学堂3所，初级师范学堂7所，师范练习所9所，中学堂3所，高等小学堂6所，两级小学堂109所，初等小学堂1925所，蒙养院2所，半日学堂5所，女子学堂23所。各类学堂在校生85244人②，其中奉天省学龄儿童入学率为11.059%。③可以看出，这一时期东北地区的教育得到了较快的发展。

### 2. 东北新政与教育文化发展

日俄战争以后，东北进一步沦为日俄的势力范围。面对内忧外患的严峻

---

① 参见金毓黻纂：《奉天通志·教育三》清下，东北文史丛书编辑委员会1983年版，第3497—3498页。

② 《东三省政略》，第9卷。转引自王立人：《略论晚清东北教育》，《东北史地》2007年第5期，第60—61页。

③ 奉天学务公所编印：《奉天教育统计表》，1908年。

局势，清朝统治者决定改弦更张，在东北推行新政。清末东北新政的开端应从赵尔巽任盛京将军时期开始，即光绪三十一年（1905），清政府开始酝酿在东北推行"新政"，光绪三十三年（1907）徐世昌督东后所采取的诸多措施，是清末东北新政改革的全面推行时期。整个东北新政历经赵尔巽、徐世昌和锡良三人的执政时期，内容涉及政治、军事、司法、经济、文化教育、外交等领域。这次新政改革的范围之广，影响之大在东北地区历史上是空前的。

兴学是清末新政中最重要的内容之一，第一，创办示范教育，培养师资，是东北新政在教育领域的一大特色。1905 年，盛京将军赵尔巽就在奉天城创办师范传习所，培养小学教员，这是东三省师范之开端。1909 年吉林省办有师范一所，学生 130 人。1906 年黑龙江省在齐齐哈尔高等小学中附设初级师范简易科，将高等小学毕业生择优培训，充实师资队伍。① 第二，兴办实业学堂是新政时期教育改革的又一特点。当时，奉天省最为活跃，在省城兴办了商业学堂、中等农业学堂、中等森林学堂、艺徒学堂，营口的官立中等商业学堂、同江厅的艺徒学堂、铁岭的工艺传习所等。吉林省有省城的中等实业学堂、农业实习学堂、劝业道实习工厂艺徒学堂、磐石县实业学堂等。黑龙江也于 1907 年将省城 10 所初等小学加以调整和扩充，改其中一部分为以实业教育为主。如将北路小学改为初等工业学堂、南路小学改为初等农业学堂、西路小学改为初等商业学堂。1908 年，呼兰设立工业学堂。②。第三，设立专门学校培养专门人才。奉天省城建立了专门学校，一为法政学堂，二为方言学堂（外国语学校，有英、日、俄三个语种），三为蒙文学堂。吉林省有法政馆和外国语学堂。黑龙江有法政学堂、同文学社（日语学校），哈尔滨有吉江译学堂。女子教育也受到重视。到 1908 年，仅奉天一省就建女学 26 所，学生 1238 人。其他各处也纷纷设立幼女学校。第四，派遣留学

---

① 赵玉杰、谭美君：《清末新政时期的东北文化教育改革》，《学习与探索》2003 年第 1 期，第 128 页。

② 《东三省政略》，卷三十一，《学务》。

生。新政时期，经多方筹措资金，向海外派出一批公费留学生。1906年，盛京将军赵尔巽选派官费留学生70人赴日本学习师范及法政。同时自费赴日本留学速成警监、法政者多至200余人。1907年，东北地方当局又选派女子师范学堂学生37人赴日本实践女学校学习。[1] 到1911年，奉天派往日本的留学生为301人。1905年起，吉林向国外派遣留学生，至宣统元年以前，共派出25人，几乎全是去日本，或入速成师范，或入法政学堂、警监等学校。[2]

经过新政改革，东北地区近代教育有了较大发展。1907年以前，东三省共有学堂一百余所，到1908年增至2400余所，增长了20倍。[3] 1908年，黑龙江省在校学生有近7000余人。[4] 到宣统年间，有学生17000多人。这些新式学校的建立具有强烈的实用色彩，旨在培养近代工业、商业、农学、法政、外语等各种专业人才，这与传统书院、学塾作为科举与官僚的养成所的培养目标以及重经术、重伦理、斥技艺的教育路数大相径庭。到宣统初年，东北三省的各级各类学校的在校生已近10万，而且毕业生也逐年增加，新式教育初见成效。这些新式学堂和学校中包括教师在内的一大批知识分子受到西学教育的培训与熏陶，逐渐接受西方的先进思想，他们构成了东北近代知识分子的主体。

新政时期，中国人自办的报刊已经占领了城市文化阵地。表现为官办的报纸开始大量出现。1907年7月，滨江厅创办《东方晚报》，1908年吉林省创办《教育官报》，奉天省也创办了《奉天教育官报》。1910年1月，《黑龙江官报》创刊，该报"以开通全省官民知识，鼓吹宪政之进行并提倡实业，

---

① 傅羽弘、魏蕾：《东北近代知识分子的形成及其日本认识》，《东北亚论坛》2008年第1期，第114页。

② 王野平主编：《东北沦陷十四年教育史》，吉林教育出版社1989年版，第18页。

③ 徐世昌编撰：《东三省政略》卷三，交涉。卷九，学务。

④ 《黑龙江通志纲要》，《教育志纲要》，成文出版社有限公司印行，民国十四年铅印本影印。转引自王建中、贾诚先：《试论清末东北"新政"》，《学习与探索》1988年第1期，第138页。

开拓利源为宗旨"①。与此同时，受新政影响，随着学校的增加和知识阶层人数的增多，一些有识之士借推行"新政"之机谋求文化建设，近代报刊开始出现。1906 年滨江道杜学瀛在东三省总督及黑龙江、吉林巡抚的支持下，创办《东方晓报》，1909 年改名为《滨江日报》；1907 年 2 月，经吉林将军达桂批准，《吉林报》创办发行。该报宗旨十分明确："主持清议，摘发狡谋，务使全省人民皆晓然于中外之情形，政治之得失，以期推行新政，共御外侮。"② 这期间，为"补助教育，启发民智"，奉天省、黑龙江省又分别设立图书馆。东北地区文化教育的发展，不仅在舆论宣传上起到了开启民智、唤醒同胞的爱国热情作用，而且将斗争矛头直指日俄帝国主义的侵略，对帝国主义文化侵略起了抵制作用。图书和报刊作为一种实效性强的城市文化样式，体现出了其工业化属性以及浓厚的商业化色彩，使得这一时期东北城市社会文化环境得到改善，形成了一个相对开放的文化氛围，使得近代西方新的文化形态、观念在更大程度上为城市居民所接受。

这一时期兴起和发展起来的东北近代学堂呈现出以下特点：第一，东北地区新式学堂的建设尚属起步阶段，由于各项资源缺乏，其结果导致学堂门类偏向严重。而且东北近代学堂维持的时间普遍较短。东北三省主要为法政学堂，偶有方言学堂，这与"奉省密迩强邻，而士子通习外国文者阒无一二，交涉繁黔，而外情不通"③ 的情况密切相关。而其他如高等实业学堂，高等商业学堂等都甚少。同时，学校的设备和设施都比较简陋，这与地方政治、经济等各方面的需要和中央的政策导向密切相关。如当时的报纸曾评价道"奉省各级学堂之构造均系一时因旧为之，颇形简陋，以津门各学堂楼宇高敞、局面宽宏、用器图书之完备，相去甚远"④。东北由于地处战争频仍、

---

① 黑龙江省档案馆编：《黑龙江历史大事记》，1900—1911 年，第 169 页。
② 王季平主编：《吉林省编年纪事》，吉林人民出版社 1989 年版，第 220 页。
③ 《秦陈筹办奉省学务情形折》，林开明、陈瑞芳、陈克、王会娟编辑：《北洋军阀史料·徐世昌卷四》，天津市历中博物馆藏，第 125 页。
④ 《学使整顿学堂之先声》，《盛京时报》1909 年 3 月 14 日。

政局动荡的年代，教育经费又严重缺乏，学堂时常由于各种原因停办、改办和归并，缺乏稳定性，这样便使得高校的发展受到严重的影响。第二，奉天、吉林、黑龙江三省新兴学堂的发展状况极不平衡。奉天省兴学要早于吉林、黑龙江两省，且数量也多。1908 年，奉天省的学堂已达 2100 余所，吉林省约有 180 所，黑龙江省则为 150 所左右。而其中高等学校的数量，奉天主要有四五所，吉林有 1 所法政学堂，黑龙江亦只有法政肄习所。而且奉天地区建立近代高等教育学堂的时间也较吉、黑两省早。1902 年奉天大学堂就正式开学。黑龙江、吉林两省直到 1905 和 1906 年才陆续有法政肄习所和法政馆的设立。其原因是，奉天较吉、黑两省距离关内近，受关内文明风气之影响较大，兴学风气较浓。第三，东北近代学堂是在一批地方官员的不断接续努力下兴办的，也是按照清廷"新政"的教育政策导向来进行的。如增祺、赵尔巽、锡良、徐世昌等都为东北近代教育学堂的筹建、发展、学风整顿等方面做了一系列有成效的工作和努力。徐世昌曾言"光绪二十四年前将军依克唐阿即有创设学堂筹有专款之奏，增祺继之于庚子后重加提倡，省城各属闻风兴起，设立多处，前属将军廷杰、现任将军赵尔巽、东三省学政李家驹皆夙以兴学为己任，诱掖奖劝不遗余力"，吉林将军多次派员赴京大部悉心考查，吸取先进经验。①

### 3. 奉系时代东北教育的勃兴

张氏父子主政东北后，面对东北政治经济发展的需要，也为了与俄、日等帝国主义的文化侵略相抗衡，随着奉系军事实力的不断增强，张作霖、张学良父子加大对东北教育的投入，积极创办各级学校，使东北的各级教育有了飞速发展，东北的教育迎来一个大提升，进入一个新阶段。其中以辽宁最为显著，据史料记载："省立各级学校，十八年度统计，共计一万〇四百〇四校。学生人数，共计六十四万一千三百四十三名，占全省人口总数百分之

---

① 《密陈考查东三省情形折》，《近代中国史料丛刊》一编，徐世昌：《退耕堂政书》卷五，文海出版社 1989 年版，第 253—254 页。

五弱（全省人数共一千六百三十六万六千余人）。较十七年度，学校约增加四百校，学生增加二万余人。其进展速度，可见一斑"。① 具体体现：

第一，在小学建设方面，加大基础教育投入。由于历史原因，东北地区基础教育相当薄弱。张氏父子把小学教育视为"教育之基本"，进行了较大的财政投入。所以东北的小学教育得到了较大的发展，到1929年，东北的小学数量大增，其中辽宁省的初等教育在全国也是名列前茅的。当时辽宁的省立小学有18所，学生人数达到了10000多，辽宁的36个县均设有高小。辽宁省1929年比1912年"小学校增加1.3倍，学生与初等教育经费均增加4倍多"②。到1929年，东北辽宁省、吉林省、黑龙江省、热河省共有小学校13609所③。特别是张学良创办的新民小学最具特色。张学良亲自发起设立了汉卿基金，决定首先在辽宁省每个县城新设一所小学，统一命名为新民小学。这些新民小学，教学条件好，配套设施完善，师资力量雄厚，注重教学质量，并注重对学生进行思想品德和爱国主义教育，收到良好的效果。从1927年上半年到1930年上半年，相继办了32所。

第二，不断发展中等教育。奉系军阀控制东北之前，东北地区中等教育不论是数量还是规模都很落后，但在张学良主政时期中等教育却得到了较大的提升。经费投入多，学校数量、在学人数和规模得到拓展。从此，东北地区开始发展中学教育，其发展势头迅猛。在教学过程中注重教学质量，树立良好的校风，注重培养学生的能力，为东北培养了大批毕业生。据统计，到1928年，辽宁省、吉林省、黑龙江省、热河省、东省特区共有中等学校258

① 辽宁省教育志编纂委员会编：《辽宁教育史志资料》第二集，辽宁大学出版社1989年版，第46—47页。

② 陈景悦、董慧云、张秀春：《张学良与辽宁教育》，辽宁大学出版社1993年版，第50页。

③ 国立东北大学编印：《东北要览·"九一八"前东北之教育》，国立东北大学1944年版。转引自齐春晓：《奉系军阀统治东北时期张氏父子的教育理念和教育实践》，《北方文物》2011年第4期，第94页。

所，学生总数达 34671 人，教职工总数达 2921 人①。其中辽宁省发展最快，一跃居于全国第二位，仅次于当时的广东省②。辽宁省有学校 198 所，学生总数达25837人，教职员 1934 人；吉林省有学校 36 所，学生人数 1940 人，教职员 354 人；黑龙江省有学校 10 所，学生总数 5213 人，教职员 586 人③。可见在这短短的几年时间里，东北中等教育发展的速度和成绩是惊人的。

第三，高等教育取得大发展。东北地区在进入奉系军阀统治时期之后，因张氏父子比较重视扶植教育，这一时期黑、吉、辽各级学校获得很大的发展。从数量上看明显增多，质量也有很大提高，整体呈现出繁荣、兴盛的景象。至九一八事变前，东北地区包括改办、新建的主要高校共有近 20 所，属省立学校的有：东北大学（1923 年成立，由高等师范和奉天文学专门学校合并）、东北交通大学（1927 年成立）、奉天公立文学专门学校（1920 年由奉天国文专修学校改名）、东北农业专科学校（1929 年成立）、同泽新民储才馆（1927 年成立）、吉林省立医学专科学校（1927 年成立）、省立吉林大学（1929 年成立）、东省特别区工业大学校（1928 年从中东铁路局手中接办并更名）、哈尔滨医学专门学校（1929 年东省特别区接管和改办原滨江医学专门学校而来）、东省特别区美术专门学校（1929 年东省特别区成立）、东省特别区师范专科学校（1931 年 2 月由原来的美术专修科扩办而成）等；私立的有：辽宁高等警官学校（1928 年成立）、辽宁艺术专科学校（1931 年成立）、奉天美术专门学校（1924 年成立，1925 年停办）、冯庸大学（1927 年成立）、奉天同善专门医学校（1922 年成立）、哈尔滨医学专科学校（1926 年成立）等。④ 其中最具特色的当属东北大学。

---

① 王鸿宾等主编：《东北教育通史》，辽宁教育出版社 1992 年版，第429 页。
② 王鸿宾等主编：《东北教育通史》，辽宁教育出版社 1992 年版，第418 页。
③ 国立东北大学编印：《东北要览·"九一八"前东北之教育》，国立东北大学 1944 年版。转引自齐春晓：《奉系军阀统治东北时期张氏父子的教育理念和教育实践》，《北方文物》2011 年第 4 期，第95 页。
④ 黄晓通：《近代东北高等教育研究（1901—1931）》，博士学位论文，吉林大学，2011 年，第37—38 页。

东北大学建于 1923 年，校址设于沈阳，是当时东北最著名的综合性大学，学校有 6 个学院，分别是文学院、法学院、理学院、工学院、教育学院和农学院。下设若干个系和专业，东北大学的办学宗旨是："本大学以研究高深学术，培养专门人才，应社会之需要，谋文化之发展。"① 东北大学在张学良主政东北之后更是得到了长足的发展。东北大学还花费重金聘请国内一流著名的专家学者来校任教。当时东北大学聘请专家有文法专家章士钊、建筑学家梁思成、国学家黄侃、哲学家梁漱溟、数学家冯祖荀、物理学家陈雪屏、化学家庄长恭、俄文翻译家曹靖华等。在当时全国高校中学生人均经费名列第一。据统计，东北大学 1929 年至 1942 年，共毕业 14 届学生，总计1983 人，东北大学为中国的高等教育提供了丰富的经验，为国家培养了一大批优秀的人才。②

总之，从晚清始至民国 30 年代，中国面对多元而丰富的西方教育模式，抱着学习的态度尝试进行各种改革和变通，探索适合自己的道路。东北的近代教育发展起步于晚清，民初承其续，在 20 世纪二三十年代达到一个较为成熟的阶段。由于九一八事件的发生，东北近代教育发展从 1931 年下半年开始处于停滞，直至抗战胜利后才重新得以恢复。

## （二）教育的城市化趋向及乡村精英向城市"单向性流动"

现代化是一个社会资源与群体利益再分配的过程，社会各阶层在现代化变迁中扮演的角色势必是不同的。在从传统社会向近代社会转变的过程中，知识阶层经历了一个整体性的裂变过程。近代意义上的城市知识阶层，是指城市中"具有现代教育背景的，从事抽象符号系统创造、传播和使用的自由职业群体，包括文学家、艺术家、自然科学家、人文学者、教师、编辑、记

---

① 王鸿宾等主编：《东北教育通史》，辽宁教育出版社 1992 年版，第 482 页。

② 参见齐春晓：《奉系军阀统治东北时期张氏父子的教育理念和教育实践》，《北方文物》2011 年第 4 期，第 96 页。

者等"①。在西方学者看来，知识阶层除了受过相当程度的教育外，还必须具备超越个人及其所属团体的私利之上，深切关心国家、社会乃至全人类利益的品格。具有这种内涵的名称，只能是近代社会的产物。一方面，他们的形成是城市近代化的结果，另一方面，他们的出现又对近代城市社会的发展起着巨大的推动作用。

**1. 新型知识群的产生**

近代中国，在近代城市社会分化的过程中，逐渐形成了一批与皇权和政治日益疏离的职业知识分子，他们进入教育、出版、新闻、科技、法律、卫生以及实业领域的新式文化机构而成为职业作家、艺术家、记者、编辑以及所谓的"六大师"——律师、工程师、医师、会计师、教师、建筑师等。这些具有专业知识结构的职业知识分子各自在特定的学科领域从事知识、文化的创造、传播和使用。这种近代城市知识阶层的专业化使他们为社会完成着不同的专门社会功能。

新型知识群主要诞生于 19 世纪末，甲午战争以后，出现的西学东渐，自然科学知识的引入，新思想的传播，新学堂的建立，留学生的派遣及其学成归国，到五四时期已逐步形成了一个新的社会群体。这个知识分子群"新"就新在这些人不仅了解和懂得一些西方政治学说，也了解或懂得一些近代自然科学。近代中国新型知识分子群体的产生和形成发展，是中国古老的知识界在经过巨大的震裂以后急骤转变的结果。若把受过中等学校教育以上的社会成员称为知识分子的话，这个新知识分子阶层及其群体可以有四部分人组成，他们分别是：接受过传统教育而后转化、投身于新式社会文化事业的人；毕业于中国自办的新式学堂的学生；毕业于外国教会在华创办的学校的学生；归国留学的学生。新型知识群与从书院、私塾出来的士大夫不同。具体体现在以下几方面：

第一，这些新型知识分子群大都云集在城市里，与现代化的都市生活息

① 许纪霖：《近代中国变迁中的社会群体》，《社会科学研究》1992 年第 31 期，第 85 页。

息相关。他们是社会各阶层中受西学影响最深，对现实感觉最敏锐的群体，有更多的独立思考能力，他们的信仰和价值取向是多元化的，不再像传统士子那样，政治意识过于强烈而形成单一的价值取向。他们不是除了做官就别无选择的职业官僚，良好的社会声望和专业知识使他们社会化程度极强，可以有自由的社会职业选择。他们在西方学者眼里被认为是："已不再像过去那样作为传统的特殊社会集团而把持着社会。他们不再因为是支持同一政治制度，或一致信仰儒家思想，或维护共同的合法特权，而团结在一起了"①。

第二，新型知识分子群有着强烈的时代责任感，有强烈的学习西方富国强民的愿望。他们都不同程度地接受了西方现代文化，接触了现代的科学知识。他们中的绝大多数人一方面具有相当坚实的国学根基；另一方面，他们大多数都亲身感受过西方文化的熏陶，他们不同于传统的旧学儒生。中学和西学毫无例外地在他们身上产生了一种自然的撞击。他们痛切地感受到中国封建专制的野蛮和落后，由此产生了一种强烈的学习西方富国强民的愿望。当西方列强用大炮震撼紫禁城的时候，他们顺应历史的发展，从时代变迁的角度唤醒尚在黑暗中沉睡的广大民众。新知识群体具有比传统士绅群体更为强烈的使命感。

第三，近代自然科学的输入和传播，改变了传统的知识结构，他们拥有较优的学识，受过各种专门的训练，因此，造就了一批新型知识分子群体，为改革社会培养了人才。在他们身上反映出相比较旧的士绅群体，最根本的是拥有知识的内容与结构的更新。中国传统士绅群体的知识结构狭窄、片面。近代社会转型的一大特点是西学的传入，自然科学知识的普及，提高了人们的文化素质，使其易于摆脱愚昧和旧思想的束缚，产生或接受变革现实的思想。他们立足于传统中学之上，开始积极地、有选择地接受西学，形成了中西合璧的知识结构。

---

① 何晓明：《百年忧患：知识分子命运与中国现代化进程》，东方出版中心 1997 年版，第18 页。

## 2. 教育的城市化与乡村精英流失

中国的近代化发展之路是被迫的、畸形的，是发生于城市社会的孤军突进，没能带动农村共同发展，与农村基层社会严重脱节。这样，中国的现代化从一开始便只能在城乡分裂的空间结构中展开。这其中一个最为明显表征：教育的城市化趋向及乡村精英由乡村向城市"单向性流动"，进而形成的人力资源方面城市对乡村的"吸纳"效应。①

在东北城市化进程中，就各城市社会而言，资本主义工商业在城市中的兴起和发展越来越需要报馆、学校等各类为其服务的新式文化机构，越来越需要各类具有专门技术并相当教育观念的人。② 因为无论是近代西学的引进与传播还是新的文化资源的聚集、新式文化机构的设置都是在城市中发生的。城市在文化的创造和传播中逐渐形成的中心地位是乡村所无法比拟的。其结果就使得大多数欲寻求新知识的士子不得不向城市靠拢，集中于城市。科举制度废除以后，除小学在乡村还有所分布外，中等教育以上的学校大都集中于县城以上之城市，高等教育则更是如此，它们大多集中于大城市。③ 在张氏父子主政时期，在沈阳新建了一批中学。如 1921 年在大东关建立的省立第一女高，1922 年在北陵建立了省立第三高中，1924 年在大东关建立的省立第二工科高中，1926 年在大南关建立了东北大学附中，1927 年在西塔湾建立的省立第一农业高中，1927 年在小南关建立了省立第二初中，在大西关建立了省立师专附中（初中），1929 年 7 月在大南关建立的省立第一初中，在大东门建立的省立第一女工职业附中等。到 1924 年，省城共有省立高级中学 4 所，工业学校 2 所，商业学校 1 所，师范学校 6 所，女子职业学校 1 所，省立初中 1 所，女子师范学校 1 所，省立小学 4 所，师范附小 2 所，

---

① 赵泉民：《从"无差别的统一"到"对抗性"形成——基于新式教育兴起看 20 世纪初期中国城乡关系演变》，《江苏社会科学》2007 年第 3 期，第 156 页。

② 陶希圣：《中国社会之史的分析》，辽宁教育出版社 1998 年版，第 7—8 页。

③ 何一民主编：《近代中国城市发展与社会变迁（1840—1949）》，科学出版社 2004 年版，第 362 页。

设立小学 7 所①。在当时的社会经济发展状况下，一座城市有如此多的学校，可以看出当时沈阳的办学规模与发展速度。就当时沈阳的学校而言，其种类和数量，在东三省乃至全国来说也是较高的。相比较而言，沈阳周边农村学校就甚少。

中国传统士人的成长和生活空间不但狭窄而且非常固定。他们多数是选择远离城市的乡野或山林幽静处，静心读书。乡村教师和未曾出仕的读书人如此，就是在外面做了官的人或是长期仕宦或经商在外的人，晚年也多半会选择回家乡。而生活在 20 世纪初的这些新知识分子们则在大城市读完书后，很少有人再回到农村和家乡去，留学生更是如此。这些新型知识分子群体之所以选择在大城市生活，一是中国城乡的二元结构差异明显，封闭落后的乡村农业社会与现代文明和先进的知识与技术相距甚远，日益衰败的农村已无其用武之地；二是城市的发展机会多，能够容纳新式知识分子的文化、教育和出版机构大都位于城市之中。知识阶层的城市化，其结果是对农村的逐渐疏离。即使是学习农业的知识分子也是如此，以致"乡间要找个能写信的人都找不出了"②。此种境况普遍存在只会使村中识文断字者数量减少，从而加剧农村文化衰落与荒漠化。这一点，教育家舒新城在论及中国教育建设时就说："清末学制改革以来，中等以上学校集中都市，而使乡村青年不能不向都市求学……所以三十年来新教育在数量上可言成绩者只有都市的教育，内地的乡村则反而日趋日下。"③ 造成乡村精英大量流失，加剧城乡间的对立与矛盾。

---

① ［日］菊池秋四郎、中岛一郎：《奉天二十年史》，奉天二十年史刊行会 1926 年版，第 373 页。

② 陈弦秋：《辛亥以来二十五年间贵州军政概述》，《文史资料选辑》第 15 辑，中华书局 1961 年版，第 161 页。

③ 舒新城：《中国教育建设方针》，《教育杂志》第 20 卷第 5 号，1928 年 5 月。

## （三）村落文化衰落与城乡对抗性关系形成

相对于城市文化而言，村落文化是最接地气的文化。村落文化的发展变化受生产力发展水平的影响和制约，不同历史时期生产力发展水平不同，村落文化景观则呈阶段性发展。20世纪初年，随着东北新政展开，清政府在教育方面改革学制，奖励留学，废除科举，兴办新式学堂。促使科举教育向新式教育转轨。东北新政全面推动了东北社会的近代化进程，也使东北城市的早期近代化由此开启。近代城市文化更深层次的进步是文化价值观念与风俗时尚的近代化。东北新政在文化上的举措，在自觉不自觉中使农业社会的一整套价值观念向工业社会的文化价值观念转化。张氏父子主政东北期间，高度重视教育，诸多举措有力地促使科举教育向新式教育转轨。与此同时，近代东北受西方列强冲击，传统的村落文化也受到影响。在西方文明没有大规模冲击传统中国之前，东北市民及乡村百姓所接受的传统教育是四书五经、纲常伦理等，他们没有机会学习和掌握近代科技与工业课程。随着东北的大门被列强打开，开埠通商后，东北深受俄、日等列强在经济、政治、教育文化势力的渗透与侵略，从而更激发了中国人学习现代科学知识和技能的爱国热情，而近代工业传入东北后极大地改变了人们的教育观念，更新了传统的教育结构，从经济多样化发展从而产生对人才多元化需求。新式学堂大量涌现，改变了传统教育空间位置和受教育者存在状态，并导致了教育功能与受教育者职能的变更[1]。正如现代化问题专家罗兹曼说："科举曾充当过传统中国的社会和政治动力的枢纽。这种考试是为了维持儒家的国家正统的运作需要而设计的，是授予特权和打通向上社会流动的手段……随着科举制的废除，整个社会失去了社会理想的中国模式。"[2] 东北城市化的推进，大批流动人口进入城市，加速了乡村社会大批读书人潮涌离乡。读书人离乡热潮中

---

① 桑兵：《晚清学堂学生与社会变迁》，学林出版社1995年版，第150页。
② ［美］吉尔伯特·罗兹曼：《中国的现代化》，江苏人民出版社1988年版，第335页。

流向之一就是他们就读于设在都市或县各级行政中心的新学堂。离乡热潮中另一流向便是从军。由此导致了村落中"人才"流失，其结果对农村乃至整个社会影响是巨大的。

村落文化衰落及精英匮乏，最终导致的是前所形成的"乡村绅治"格局的破坏乃至瓦解。并且在旧的控制模式已遭破坏而新的整合范式尚未形成之时，农村社会秩序走向恶化、无序化状态，使得广大农民不得不遭受来自各方面的压榨、剥削。受过教育的知识分子集中于城市，乡村在无形中便被遗弃了，农村与城市完全脱节。如果说，城市化是城镇在数量上不断增长的动态过程，那么，城市近代化就是城市发展的质变过程。"从近代中国历史可以判断得出，中国城市发展似乎并没有促进农村的繁荣。相反，现代中国城市的兴起是和中国农村经济的衰弱相平行的。"① 其带来后果自然使农村被抛在现代化进程之外，不但难以品尝现代化初期成果，反而必须承载现代化启动的重负，因而农村在这种境况下，陷入了严重的衰败与动荡之中②。也就是说，近代中国早期现代化在某种程度上是在打破旧时城乡一体化关系基础上，以遗弃和牺牲广大农村为代价来换取少数沿海及口岸城市的发展。③最终结果是导致村落文化衰落与城乡对抗性关系形成。

## 二、城乡民间信仰差异与认同

民间信仰是普通民众的神灵信仰，以及与此相关的仪式活动，是人们日常精神生活的一部分。民间信仰产生于民间，也可以说是传统文化不可分割的一部分。传统中国民间信仰是一种多元并存的体系，其中有些信仰属于纯粹的民间习俗，与官方礼制无明显关联；有些信仰属于官方政治信仰或宗教信仰的衍生物；有些信仰属于官方与民间的共有信仰；还有些信仰属于官方

① 费孝通：《中国绅士》，惠海鸣译，中国社会科学出版社 2006 年版，第 72—73 页。
② 吴毅：《农村衰败与晚清现代化的受挫》，《天津社会科学》1996 年第 3 期。
③ 赵泉民：《从"无差别的统一"到"对抗性"形成——基于新式教育兴起看 20 世纪初期中国城乡关系演变》，《江苏社会科学》2007 年第 3 期，第 15—160 页。

祭祀礼仪与民间祭祀习俗的综合体。① 民间信仰作用于民间，加上民间信仰更具实用性，有地缘特征，因而一个地区的民风民俗和当地的民间信仰关系十分紧密。19 世纪末 20 世纪初，大批移民的迁入导致近代东北人口迅速增加，各种类型信仰文化随着人口的增加移植过来，它朝着多元化的方向发展，打破了城乡信仰文化的单一性，形成了近代东北民间信仰的自身特色和结构。

（一）城市化推动下城乡民间信仰的多元性

民间信仰作为社会中、下阶层民众的民俗性、宗教性信仰，同时也是传统文化的组成部分，是一个国家普遍存在的社会历史文化现象。近代东北由于特殊的历史背景，随着外来移民增多，在接受佛道儒家思想的同时，许多信仰在白山黑水中交融，并且被东北的地理环境和特殊的历史背景所改造，形成了具有地域特色的民间信仰，显示出特殊的一面。

**1. 近代以来东北民间信仰的变迁**

民间信仰指那些在民间广泛存在的，具有自发性的一种情感寄托、崇拜以及随着精神信仰而发生的行为和行动。一般而言，民间信仰包括民间信仰礼俗与民间宗教这两个部分，是民俗的重要组成部分，深深植根于社会下层民众的思想中，是民间文化的重要内容，是草根社会生存状况的真实体现。它对人们的行为方式有直接影响。文化来源人类的生产活动，不同地区的人们产生的文化也不尽相同。中国文化具有很强的地域性，民间信仰也不例外，是地域性的标志之一。进入近代，清廷实行了开禁政策之后，大规模的关内移民进入东北，构成了一个新的移民社会，他们所带来的民间信仰也深深地影响了当地居民。从文化融合角度讲，如果说关内的满族被包围于汉文化的汪洋大海之中，那么东北的满族则略显强势，他们不仅保持了原汁原味

---

① 李俊领：《近代中国民间信仰研究的理论反思》，《南京社会科学》2015 年第 1 期，第 150 页。

的满族文化，而且对包括汉族在内的其他民族文化也产生了一定影响。在晚清及其后来的民国时期大规模的移民潮流中，东北的民俗文化、民间信仰也经历了中原文化和东北的以满族为代表的土著少数民族文化的相互吸收、渗透和包容的变迁过程。

宗教信仰这种意识形态是客观存在的反映，受社会发展阶段的制约和影响。东北地区的少数民族由于社会生产力的发展水平制约，其宗教信仰经历了自然崇拜、图腾宗拜、灵魂祖先崇拜与萨满宗教活动多个阶段。清初，东北地区的满族主要信奉萨满教。萨满教在北方阿尔泰语系的各族中普遍存在。"萨满"一词为鄂温克语，意为激动不安、疯狂的人之意，汉译为巫师，萨满在宗教活动中被视为人与神之间的媒介。[①] 作为一种古老的传统信仰，萨满教没有系统教义、教规，崇拜自然神，图腾及祖先，这是同当时满族落后的采集、狩猎生活相联系的。所以，人们祈求神灵的保佑，便形成了一系列繁杂的祭祀活动，如祭祖、祭天等，多在秋后举行。随着移民的大批进入，内地的民间信仰也移植到了东北。

随着东北地区的城市化兴起，到1860年东北开禁的条件已经成熟，大量移民进入东北。在进入东北移民群体中，以山东为最，河北、河南次之。"仅民国时期，山东流入东北的流民即达1836万人。"[②] 民国十八年移入东北者省籍统计，山东占71%、河北占17%、河南占11%、其他省占1%。[③] 随着移民的大批进入，内地的民间信仰也移植到了东北。多数移民是有着血缘和地缘关系成群结队地来到东北，落户之后，在信仰方面没有改变。"居民除旗族外大抵由山东、关里迁徙而来者为多，其习俗每沿用故乡惯例，不失幽冀坚强，邹鲁朴厚之风。"[④] 在汉族移民的长期影响下，满人普遍接受了在汉人中流行的佛教、道教，也供奉释迦牟尼、观世音菩萨、伏魔大帝关

---

① 马平安：《近代东北移民研究》，齐鲁书社2009年版，第213页。
② 池子华：《中国近代流民》，浙江人民出版社1996年版，第86页。
③ 吴希庸：《近代东北移民史略》，《东北集刊》1941年第2期。
④ （民国）《盖平县志》，成文出版社1974年版，第533页。

羽、玉皇大帝等。除满族外，东北地区的其他信奉萨满教的如达斡尔族、赫哲族等北方少数民族，随着和汉、满等族的交往，所信奉的神逐渐增加，如老爷神、吉星神、龙王神、娘娘神、九圣神（包括牛神、马神、虫神、药王神、城隍、土地、山神、龙王、老爷九种），并信狐仙及黄仙等，这些神有的是从满族引进，但大都是汉族移民传入的。达斡尔族最早信仰的是萨满教，但在和各族的文化交流中，又引进了佛教和其他一些民族的神，呈现为信仰上的复杂多样性。随着满人等民族的信仰结构由单一向多元转化，东北地区的一些庙宇也随之增多。据《黑龙江外纪》记载：嘉庆前期，齐齐哈尔有城隍庙、土地祠、马神庙、观音宫、关帝庙、万寿寺、三官庙、龙王庙、大悲观、药王庙、鬼王庙、普恩寺、河神庙等；墨尔根有关帝庙、城隍庙、龙王庙和马王庙；黑龙江有关帝庙、城隍庙、土地祠、观音庵、大佛寺庙、娘娘庙。① 这些寺庙多数则是移民来到黑龙江以后才修建起来的。

对于普通民众，不论是城市还是乡村，东北民间信仰结构由三部分组成：一类是信仰自然神；二类是崇拜社会神；三类是敬奉人鬼神的寺庙。在信仰自然神方面，由于东北气候寒冷，但物产丰富，从关内移居到东北的移民，依赖大自然的生存环境，从而敬畏大自然，崇拜大自然，因而更加敬奉自然神。"本境东部多山，供奉山神，以镇虎狼及诸猛兽。"② 在崇拜社会神方面，由于东北特殊的历史环境，社会神的崇拜也是相当普遍的。像是城隍庙、财神庙、子孙娘娘庙、碧霞元君庙等家家都拜，几乎行行有自己的守护神。碧霞元君是掌管生育、保佑平安之神，在东北十分受妇女的喜爱。人们利用碧霞元君之神功，面对瘟疫灾害，以求心理慰藉，求得富贵平安。"元君能为众生造福，如其愿。贫者愿富，疾者愿安，耕者愿岁，贾者愿息，祈生者愿年，未子者愿嗣。子为亲愿，弟为兄愿，亲戚交厚靡不交相愿，而神

---

① 西清：《黑龙江外纪》，《小方壶舆地丛钞》第一帙，卷六。转引自刘扬：《近代东北寺庙景观与东北民间文化》，硕文论文，吉林大学文学院，2007年，第42页。
② 戚星岩：《明清时期碧霞元君信仰的地域扩展海城县志》卷四，《人事志》，宗教，神道，民国二十六年铅印本。

亦靡诚弗应。"① 在敬奉人鬼神方面的表现就是寺庙的集中体现。近代东北的关岳庙、玉皇庙、瘟神庙、观音庙等，几乎家家都去拜。人们敬鬼神，是出于保护家人平安，远离鬼兽的愿望；敬富于正义、忠诚的人神是出于对那些体现忠义、孝悌、建功立业，为百姓谋福的人的爱戴。

总之，东北地区以满族为代表的少数民族和汉族移民在信仰上不断趋同，多种信仰在关东大地上兼行并存。这是满汉两大民族在长期的共同生活中，风俗文化相互影响、不断融合创新的体现，同时也反映出近代东北人民信仰的多元化。

### 2. 东北城乡民间信仰之特点

随着城市的扩张与工商业经济的发展繁荣，移民的到来，引起了人们一系列观念的改变。作为其上层建筑的社会风俗也发生了普遍的变化。近代东北民间信仰继承了朴素的原始宗教思想，融合了汉文化的信仰特点，它的发生是以东北自然生态环境为基础的。同时，近代东北独具特色的民间信仰文化产生、演变，受到自然生态环境的显著影响。自然资源、灾害周期、人口迁移等三大要素更加起着时空支配作用。

第一，外来文化冲击东北，移民型信仰文化显著，民间信仰多元化。

东北是满族的发源地，满族文化在东北文化体系中占有重要地位。尤其在清代，满族作为统治民族，不仅享有较高的政治地位，其在东北地区的人口比重也较大。由于清中叶大量移民的进入，满汉杂居共处，相互学习融合，加之移民来源地较为集中，因此移民不但将原住地的风俗带入东北地区，而且还扎下根来，致使东北地区的社会风俗都发生了深刻的变化，使东北地区文化水平得到逐步提升，民俗文化、宗教信仰多元化，形成典型的移民型信仰文化。表现就是东北地区的一些庙宇也随之增多，庙宇林立，数量庞大。黑龙江齐齐哈尔，"城中有城隍庙、土地祠、观音庵；城外有先农坛、

---

① 王锡爵：《东岳碧霞宫碑》，《泰安县志》，民国十八年刻本。转引自孟昭锋、王元林：《明清时期碧霞元君信仰的地域扩展》，《贵州文史丛刊》2012 年第 3 期，第 68 页。

关帝庙、万寿寺、三官庙、龙王庙、大悲庵、药王庙、鬼王庙、昭忠祠、普恩寺、河神庙、镇江阁"①。"家宅之内，皆供奉先人神位以祀之，曰'家堂'，亦曰'祖先堂'，不忘本也。且有兼祀孔圣、关公者"②。据 1932 年统计数字在大连地区庙宇数 184 个。③ 日本投降时，大连市有寺观教堂 227 座。在整个东北，到 1941 年，东北本土的寺庙数量达到了 6567 座，其中佛教寺院 2465 座，道教寺庙 1962 座，回教清真寺 223 座，无僧管理的寺庙也达 1917 座，④ 而早在移民进入东北之前，"满人不知有佛，诵经则群伺而听，始而笑之"。而随着流入的到来，移民的涌入，转而"近则渐习而合掌以拱立矣"⑤。这是东北多民族在长期的共同生活中，风俗文化相互影响、不断融合的体现。因此也使得满人的信仰结构由单一向多元转化。民国《吉林新志》载"汉人所祭之神颇多，以谓凡天、地、山、川、风、雷、雨、电、霜、雹等天然现象及人、畜、鸟、兽、户、皂（灶）、子、女、财、喜等事，无不有其神以主之，故各按时致祭。而最异者为畏敬狐及黄鼬，凡酒馆及农家多供之"。"旗人所祭之神与汉人同，而特重观世音菩萨、伏魔大帝（关羽）及土地神。故祭时磔豕献酒，必敬必虔焉"。⑥ 可见，满族和汉族移民在信仰上不断趋同，多种信仰在关东大地上兼行并存。此外，近代东北又是俄、日等国长期控制和掠夺并在此进行大量移民渗透的地区，西方的宗教也侵蚀着这块土地，西方宗教在广大的城乡百姓中具有一定的信众。例如大连，外来宗教冲击下的大连，宗教信仰复杂化，教堂庙宇林立。在近代东北民间流传最广的宗教是儒教、道教、佛教等三大教。而在大连共有 5 大宗

---

① （清）西清：《黑龙江外纪》卷 2，黑龙江人民出版社 1984 年版，第 23 页。

② 民国《庄河县志》，1934 年铅印本，载丁世良、赵放：《中国地方志民俗资料汇编·东北卷》，北京图书馆出版社 1989 年版，第 150 页。

③ ［日］松尾为作：《南满洲二於ヶル宗教概观》（日文），教化事业奖励基金财团 1931年版，第 8 页。

④ ［日］《满洲现势》，康德八年五月"宗教统计"，第 551 页。

⑤ 富育光、孟慧英：《满族萨满教研究》，北京大学出版社 1991 年版，第 115 页。

⑥ 民国《吉林新志》（二编，1934 年铅印本），载丁世良、赵放主编：《中国地方志民俗资料汇编·东北卷》，书目文献出版社 1989 年版，第 267 页。

教，即天主教、基督教、佛教、道教、伊斯兰教。佛教、道教传入大连已有千余年的历史，天主教、基督教是在 1840 年鸦片战争以后传入本地区的。[①]据 1932 年统计数字在大连地区庙宇数 184 个。[②] 日本投降时，全市有寺观教堂 227 座。由此可见，在大连地区这样小范围内有如此多的教堂庙宇，在全国也实属罕见。这时期大连的教徒也较多。如"大连市西岗区基督教会，八一五前每逢礼拜均有数百名去做'礼拜'"[③]。以至于到 1985 年统计，大连仍有天主教信徒 500 余人，基督教信徒 3000 余人，佛教、道教对一部分群众仍有影响。[④] 综上由此可见，在东北的民间信仰中，受外来宗教冲击，宗教信仰更加复杂化、多元化。

第二，城市和乡村民间信仰趋同化显著。

在中国，宗教大多是由四个方面的因素成立的：一是祈求神灵消灾祈福；二是因在此地发现佛像；三是对战争的纪念；四是对宗教进行宣传的场所。[⑤] 在东北，由于大批移民从关内涌入，无论是在城市或是偏远的乡村，孤独与思亲迫切。这些移民因为生存环境恶劣，再加之战争不断，灾害频繁，被迫离开故土到东北。他们在这片土地上进行务工或垦荒耕作，在东北艰难谋生，他们渴望在东北改善生活条件、发财致富；而面临东北寒冷的天气，并且还有近代帝国主义投资者和本土地主、封建军阀多重剥削和压榨，甚至还有胡匪的骚扰和欺凌。这种复杂的生存环境，他们更期望寻找心理上的慰藉，到寺庙上香还愿是寻找精神寄托的最佳良药。因此，许多宗教庙宇是为了给远离故乡的人们提供精神慰藉和联系的纽带而设立。如大连小岗子新起屯的清真寺，教长穆成林，天津人，当时大连信徒有百余户，大部分是天津人，其他为山东清州府人；建在大连小岗子新起街中的回教寺院清真

---

① 康积惠：《大连市情》，天津人民出版社 1988 年版，第 75 页。

② ［日］松尾为作：《南满洲ニ於ケル宗教概观》（日文），教化事业奖励基金财团 1931 年版，第 8 页。

③ 参见旅大概述编辑委员会编：《旅大概述》（内部参考），1949 年，第 35 页。

④ 康积惠：《大连市情》，天津人民出版社 1988 年版，第 75 页。

⑤ ［日］关东局编：《关东施政三十年史》（日文），1936 年，第 230 页。

寺，就是以河北人为主建立的①。天德寺，东山日厂福昌华工公司碧山庄内（贫民窟）。寺内有观音菩萨，为了苦力的精神安慰，每年的 7 月 15 日、8 月 18 日来开庙；龙华寺，在市东公园町（今北海公园），属于道教龙王庙，主要救济苦难、祈祷家运昌盛。② 这些苦难的背井离乡的中国人，靠宗教作为精神寄托和联系老乡的纽带，以解相思之苦，共度艰辛。传统中国的家族制度使人们被那种浓重的家族文化氛围的血缘关系所吸引和维系，当移民背井离乡来到一个陌生的新环境，地缘关系组成的乡帮会就自然产生，从故乡移植到东北的寺庙会成为最好的聚会地点。据《海城县志》记载：山西会馆又称关帝庙，清末为山西人"同乡会"的会址，故称为"山西会馆"。③ 它既是供奉关羽、岳飞的武庙，同时也是山西人乡帮的一个标志性建筑。仅仅在海城一个地区，还有山东会馆，即天后宫；直隶会馆，在城内大南门里三义庙内。在广大东北地区普遍信仰诸如天地、门神、灶神、张仙、观音菩萨、眼光娘娘、城隍、土地、火神、财神、药王、龙王、山神、河神……这种民间信仰普遍存在于广大城乡百姓之中，"以上神仙，皆社会所通信奉者，其他各大庙宇附祀之神，若三霄娘娘、子孙娘娘、雷公、电母等等，尤不胜纪。又，产妇临盆，则供催生娘镶、送生娘娘，小儿种痘，则供痘奶奶、痘哥哥。而碾磨、仓囤、道路、井泉，皆谓有神，过年则遍祀之。这些在城市中一些寺庙，在广大的东北乡村也普遍存在，进而达到文化信仰上一致性和趋同性"④。

第三，东北地区随着城市化的发展，民间信仰体现出世俗化特征。

随着时代的发展，社会的变迁，民间信仰体现出越来越多的世俗化。以前敬神，是觉得神灵非常神圣；现在敬神，则更多地体现出一种世俗化。在

---

① ［日］井上谦三郎编：《大连市史》，大连市役所发行，1936 年，第 746 页。

② ［日］高桥勇八：《大连市》（日文），大陆出版协会 1930 年版，第 412 页。

③ 海城市地方志编纂委员会办公室编：《海城县志》，1987 年版，文化编，第 515 页。转引自刘扬：《近代东北寺庙景观与东北民间文化》，硕士论文，吉林大学文学院，2007 年，第 42 页。

④ 民国《海城县志》六卷，1937 年铅印本，《礼仪民俗》，载丁世良、赵放主编：《中国地方志民俗资料汇编·东北卷》，书目文献出版社 1989 年版，第 83 页。

东北当地大大小小的庙会中，唱戏、娱乐不仅是娱神，更多的是通过庙会这一形式，达到亲朋好友之间的互相走动、拉近感情。使得神灵从神圣的祭坛上融入老百姓的日常生活中。在此过程中，信众对神灵也会更加地人性化。例如，灶王爷是一家之主，为了不得罪灶王爷，她们给灶王爷配祀了灶王奶奶；土地是人生存的根本，他们供奉土地神的时候，也供奉土地奶奶。城隍庙里把城隍夫人安置在城隍爷的左边或者身后。① 通常百姓家祭灶，是在腊月二十三黄昏入夜之时举行。祭灶时，一家人先到灶房，在灶台上摆上祭灶糖和黄米面窝窝，祭灶人跪在灶王爷像前，将竹（秫秸）篾扎成的纸马和喂牲口的草料靠在灶王前，再向灶王爷敬香。香点燃后，屋内烟雾缭绕，慢慢地把旧灶神连同它两边的"上天言好事，回宫降吉祥"的对联揭下。在院子里堆上芝麻秸和松树枝，再将供了一年的灶君像请到院子里，燃放新年的第一轮鞭炮，连同纸马和草料，点火焚烧。院子被火光照得通明，此时一家人围着火叩头，边烧边祷告：今年又到二十三，敬送灶君上西天。有壮马，有草料，一路顺风平安到。供的灶糖甜又甜，请对玉皇进好言……乡间祭灶除了祈福的意义之外，更像是一个标志——从这天开始，春节便进入了倒计时，传统意义上的过大年就真正拉开了序幕，年味也渐渐浓起来。城市底层社会百姓祭灶也大致如此。东北民间信仰的这些特性，大大促进了汉族同少数民族之间的交流与融合，民族团结进一步加强，民族的凝聚力得到增强，对于统一的多民族国家的发展起到了重要作用。

第四，民间信仰的杂乱化。

"中国民间信仰"指的是流行在中国民众间的神、祖先、鬼的信仰；庙祭、年度祭祀和生命周期仪式。由于东北历史的特殊性，人们的信仰混乱不清，大部分人的信仰都十分的杂乱，是典型的多神崇拜、多神信仰。一庙供多神的现象在东北十分常见。许多不相关的神灵，同样合而祀之。"祀诸神。

---

① 参见王瑞军：《民间信仰的社会功能及作用机制研究——基于社会主义新农村建设视角》，博士学位论文，南京航天航空大学，2012年，第18页。

城隍、土地、财神、山神、火神、吕祖、罗祖、玉皇阁、文昌阁、太阳庙、观音大士、斗老姆各神，乡人因事自祭之。又有地、财神、由神、火神、吕祖、罗拟、玉皇闻、文昌闻、太阳庙、观音大士、斗姥（姆）各神，乡人因事自祭之。又有以关帝、龙王、山神、土地、火神、药王、牛神、马神、虫王为九神祠，合而祀之，乡民习惯然也。"① 观音本来是佛教中的神，在道教里也同样奉为神灵供奉，民间创造的许多俗神与之合祀一庙。多神供奉于一庙，既可以节省建庙的经费，又方便了人们参拜不同的神灵，这也非常适合近代东北民众的生活习惯，导致了一些人宗教信仰多元化。

## （二）民间信仰在东北的社会功能

社会功能理论来源社会学的主要流派结构功能主义，是当前社会学、政治学研究分析社会现象的有效工具之一，可以对许多社会现象进行分析。社会功能是指某一社会子系统或社会现象在维持社会秩序、保证社会系统正常运行所具有的影响力。宗教作为社会大系统的重要组成部分，与社会生活的方方面面都发生着密切的关系，产生着重大的影响，民间信仰的社会功能是指在维持社会秩序、保证社会系统正常运作方面所具有的影响力。民间信仰的社会功能包括多个方面。它包括社会整合功能、社会控制功能、社会文化交往功能等。

### 1. 民间信仰的社会整合功能

社会整合是指将社会存在和发展的各要素联系到一起，使它们一体化。社会是有很多组织整合起来的一个整体，在东北民间社会中，组织主要就是指由血缘关系连接起来的家族、由地缘关系连接起来的村落和由业缘关系联系起来的行业群体。家族、村落和行会是当时乡村社会最主要的两个组织，任何人的行动都离不开这三者的管辖。民间信仰则是其成员的精神纽带，它

---

① 民国《黑龙江志稿》（六十二卷·民国二十二年黑龙江通志局铅印本），载丁世良、赵放主编：《中国地方志民俗资料汇编·东北卷》，书目文献出版社 1989 年版，第 374 页。

从无形之中增加了组织的凝聚性。祭祀活动在维系村社秩序上起着相当重要的辅助作用，同时，通过内在的宗教信仰外化为高度自觉的行为，使社会规范神圣化，进而达到对信众行为的整合。对家族而言，通过对祖先的信仰，家族的凝聚力大大加强了；对村社和行会而言，村社的居民通过对本村保护神的信仰来增加了村落的凝聚性，行会成员之间也同样，通过祭祀活动，加深了行会成员之间的联系，固化了行会内部的制度安排。在村社，一旦形成祭祀共同体，村社成员的命运往往就被一条无形的纽带联系在一起，宫庙就是这条纽带的中心。在绝大多数百姓心目中，宫庙是十分神圣的地方，通过各种宗教活动来密切村社成员之间的人际关系，增进村社成员之间的团结，化解矛盾，维系村社安定秩序。例如民国二十六年（1937）红门宫《义和香会碑》载有移民辽宁的山东民众组织碧霞元君香会之事，其载："天下之事，力单者难成，众擎者易举，散离者必败，团结者收成，此定理也。如王应宝等之香会亦然。于民国八年（1919）四月，香会等人在奉天西丰县高立、木子黄、草牌、齐家堂、小孤山相聚营生，深明在外做事环境之下，非团结不为功。遂于是月联络同乡，假香会名义来团结，即许愿于岱岳圣母殿前，大家如平安完全归家，愿许在岱岳圣母殿前悬木匾、建立石碑。圣母（显）灵，果佑众黎平安归。今敬献木匾、建立石碑，以消前愿。"① 他们即在辽宁以碧霞元君香会联络乡谊，结社生存。因此说，民间信仰通过教义塑造信徒的心理情感，使信众无论是城市还是乡村具有了共同的、超越世俗的、神圣的价值观，使本信仰成员的价值观得到整合。民间信仰还往往赋予社会统治者以超自然的神秘色彩，在整合社会方面发挥巨大的凝聚作用。宗教通过共同的信仰，有助于形成个体对共同体的认同感和归属感，从而使宗教组织具有很强的凝聚力。从这个意义上讲，社会整合功能是宗教社会功能的核心，是民间信仰的一项极其重要的维系社会的功能。

---

① 孟昭锋、王元林：《明清时期碧霞元君信仰的地域扩展》，《贵州文史丛刊》2012年第3期，第68页。

### 2. 民间信仰的社会控制功能

社会控制是指以社会秩序的稳定为目标，以一定的方式和手段对社会主体的行为予以约束。宗教能运用信仰、情感、仪式等手段，尤其是运用教规戒律来约束人们的行为。违反教规，严重的要受到教规、教义的惩罚，有的还会被逐出教门，从而对信徒构成强有力的约束。例如，近代长白山信仰是生活在长白山区的民众的主要信仰之一，其信仰内容中含有丰富的惩恶扬善的道德因子，对人们的行为起到了约束的功能。长白山自古被奉为神圣之地，人们不敢擅入，更不能将污秽之物留在山中①，这客观上对该地的生态环境是一种保护，长白山信仰在东北地区影响广泛，人对神的尊重、顺从、敬爱等道德感情，产生了许多禁忌、戒律，其中某些成分规范了人们的行为，它成为民众处理与自然界关系的准则。又如，近代以来东北移民增多，入乡随俗，对凶猛的山中之王老虎更加畏惧，奉老虎为山神爷，不仅不能捕杀，更不能用恶语对其进行斥责，客观上对野生动物起到了保护作用。这种社会控制作用有着和道德相似的地方，遵守教规的自觉性要比遵守道德规范的自觉性更强，越是虔诚的教徒越是自觉。教规的约束力来自神的威力。民间信仰能够通过它的宇宙学将社会共同体及其各个部分的有机关联合理化、合法化和神圣化，则它就势必对诸社会要素或部分的关系的协调有一种宏观的调节和控制作用。

### 3. 民间信仰的社会文化交往功能

交往在任何时代都是社会生活的重要组成部分，是个人融入社会并获得社会认同的必经之途。交往的途径有很多，其中宗教祭祀活动则是社会交往的途径之一。宗教信徒参加礼拜，进行集体祷告，过宗教节日，都是社会交往的重要途径。

民间信仰作为人类社会最古老的文化现象之一，是人类文化的重要组成

---

① （宋）叶隆礼：《契丹国志》卷27《岁时杂记》，贾敬颜等点校，上海古籍出版社1985年版，第256页。转引自刘扬：《近代长白山信仰的历史变迁与民众生活——以民众对民间信仰的构建为中心》，《北方文物》2014年第2期，第105页。

部分，在社会生活中扮演着重要的文化角色，民间信仰在人类历史长河中形成了丰富多彩的信仰体系，是一种独特的文化，并给所在的时代和社会以极大的影响，因此才有各地丰富多彩的民俗文化。民间信仰在很多时候影响着人们的风俗习惯，一种民间信仰的信仰者经过年长日久的流变，往往会形成自己特殊的风俗习惯。民间信仰可促进信众社会交往的增加，共同的信仰把不同地区、不曾相识的教徒联系在一起，在祭祀活动中彼此认同，感觉彼此为同一群体，因而产生出许多亲近感。如东北社会下层民众的祈雨活动多来自关内移民。汉族移民来东北垦荒的同时，也将祈雨等信仰移植到东北并影响了东北其他民族。民间祈雨祭祀对象多选择龙王。东北乡村广泛祭祀龙王，"龙王龙之为灵，昭之云行雨施，而岁之丰歉系焉，故到处立庙祀之。历代载在祀典，岁以春秋仲月，守土它致祭。"① 民众深信龙王的降雨法力。城镇乡村，"或以龙王居首，各随其地之宜。城镇乡村，多有此庙，盖汇诸神于一堂而供奉之。年节、朔望，皆往焚香叩拜。"② 祈雨成为东北民众共同的信念，也成了城乡之间联系的一种纽带。一些地方为了庆祝祈雨成功，搭台唱戏，城乡之间融为一体，演戏一经开始，城里人也会到乡间看热闹，"届时前往游观者当复不少"③。往往一村演戏，周边村落的民众也纷纷来观看，乡里乡亲、亲戚朋友借此聚会联络情感，特别是城中的一些商贩"经营小商业者，纷纷占地以备营业"④。这种民间祭祀活动使得社会文化、民族文化得以充分传播、传承与发展。宗教文化的广泛传播，也使不同文化、不同人群得以交流、沟通，从而达到相互了解、理解和谅解。

### 4. 民间信仰的心理调节功能

在人类社会的漫长发展历程中，人类生存到处充满着危机与不确定性。

---

① 《海城县志》（六卷·一九三七年铅印本），载丁世良、赵放主编：《中国地方志民俗资料汇编·东北卷》，书目文献出版社 1989 年版，第 82 页。
② 《海城县志》（六卷·一九三七年铅印本），载丁世良、赵放主编：《中国地方志民俗资料汇编·东北卷》，书目文献出版社 1989 年版，第 83 页。
③ 《演戏酬神》，《盛京时报》1919 年 10 月 26 日。
④ 《演戏酬神续志》，《盛京时报》1920 年 9 月 19 日。

而民间信仰作为一种心理调适机制，始终发挥着心理调适功能。民间信仰可以为信众缓解因紧张、恐惧所带来的精神压力提供安全感和心理慰藉，使之消除心理上的焦虑与恐惧。在东北民间社会下层为谋求生存与自然挣扎斗争的同时，人们相信有神明的庇佑，其焦躁心理也得到释放。例如，在近代的东北社会，人们利用碧霞元君之神功，面对瘟疫灾害，以求心理慰藉。民国十年（1921）红门宫《善与人同碑》载："……兹于民国十年仲暮之春，吉林省滨江县瘟疫流行，死者不计其数，见者注目寒心。有泰莱贾君联斌、郑君书箴等于斯生理诚心祝祷，祈碧霞元君之灵应，护佑苍生，不惟祷者，俱无灾恙，祷后而瘟疫遂止。乃各捐资财，树一碑以答神庥，一以著神功之大"，该碑后署名者达五六百人，可见该香会在东北移民中的影响之大。① 宗教可以通过特定的宗教信念，把人们心态上的不平衡调节到相对平衡的心理状态，并由此使人们在精神上、行为上和生理上达到有益的适度状态，为社会成员提供心理上的慰藉和安全感。

美国城市规划学家弗里德曼（John Friedmann）曾指出："城市化……既包括人口和非农业活动在规模不同的城市环境中的地域集中过程、非城市景观逐渐转化为城市景观的过程，也包括城市文化、城市生活方式和价值观在农村的地域扩散过程。"② 近代以来，在城市化浪潮推动下，东北城乡间民间信仰呈现出新特点，形成了复杂广阔的超城市、村落的社会空间、文化网络。城乡间通过宗教祭祀活动，打破了城乡壁垒，形成了多民族的文化认同。

## 三、近代东北城市化进程中城乡民俗文化的趋同与互动

近代东北城市化进程的推进冲击着原有的乡村文化生态，打破了乡村文化的封闭性，造成乡村社会秩序的重新组合，进而带来了深刻的城乡文化冲

---

① 孟昭锋、王元林：《明清时期碧霞元君信仰的地域扩展》，《贵州文史丛刊》2012 年第 3 期，第 68 页。

② 引自朱俊岭、黄序：《中国城镇化知识 15 讲》，中国城市出版社 2001 年版，第 38 页。

突和转型。城市和乡村在城市化运动的浪潮推动下，在文化层面城乡之间的相互关系也更加复杂。城乡间文化认同与异质性并存，其表现是城乡间文化生活及风俗的二元性特点和城市文化的扩张对乡村文化的冲击。美国著名社会学家帕克认为："大城市从来都是各个民族、各种文化相互混合、相互作用的大熔炉，新的种族、新的文化、新的风俗与新的社会形态就是从这些相互作用中产生出来的。"[①] 在近代东北城市化推动下，生产力水平的提高、社会的发展给人们的文化生活带来巨大冲击。无论是生活方式、价值观念、民风习俗，还是娱乐生活，城乡之间都发生改变且互为影响，而这些变化首先是从近代化程度较深的城市转向农村的。乡村人摒弃了旧有的愚陋思想，先进的思想为他们的生活注入了活力，他们不再固守在自己的家乡，而是更多向城市外界寻求更为新鲜的事物。城乡间文化交流逐步走向多元化。

## （一）城乡间文化生活及风俗的二元性特征

民俗，是一种特殊文化，是在漫长的历史中自然形成的。它一旦形成之后，便具有了超时代的稳定性，从而成为相沿成习的社会现象。在急剧变革的 20 世纪前期，由于受到外力的冲击，在各种力量的影响下，使得东北的社会结构发生变化。尤其是表现在东北城乡居民生活观念发生了曲折变化。城市居民的生活方式、社会习俗和心理本身受到外来文化的影响和冲击，这种外来冲击，一种是受关内移民文化的冲击，二来是受西式风俗的冲击，使得传统生活观念的中心思想与价值观念在外来文化的冲击下逐渐解体。"崇尚西方生活的旨趣与试图保存中国传统生活方式的努力并存"[②]。这样东北地区社会生活其文化特色呈现出传统与新式并存的二元性特点。

### 1. 城乡习俗文化的共性与差异

咸丰十一年（1861），营口开埠，营口开港加速整个东北地区近代化的

---

① ［美］R. E. 帕克：《城市社会学》，华夏出版社 1987 年版，第 5 页。

② 何一民主编：《近代中国城市发展与社会变迁（1840—1949）》，科学出版社 2004 年版，第 469 页。

步伐，城市化运动发展迅猛。可以说"营口开港，促进了东北资本主义发展"①。随之外来文化进入东北地区。同时，近代以来的东北作为一个典型的移民地区，移民的大量进入，东北的原住民由于与汉族的杂居相处，各少数民族渐染华风。社会风尚在逐渐与汉族接轨的同时也保留着本民族的特色。东北地区社会生活中的衣食住行也开始了近代化转变的历程。

（1）服饰文化。服饰是人类生活的要素，又是文明的一个标志，它除了满足人们物质生活需要外，还代表着一定时期的文化，是一种文化现象。近代以前，东北地区民风淳朴，崇尚朴素，城市男子平居常服普遍为棉袍、马褂、白袜、青鞋。材质多用棉布。外出时着长衫，其夏日多穿蓝布裤褂，也有用麻布、绸缎的。两侧开衿，长度过膝。农家多着短衣，以便于劳作。在寒冷的冬天，人们多穿毡鞋，老年人还会在毡鞋内穿上羊皮袜子。中年人出远门的时候多穿靴鞡。春秋两季大都穿夹鞋，夏天穿青色布鞋。黑龙江呼伦贝尔、布特哈、兴安岭地区的蒙古、达斡尔、鄂温克等部族多用鹿、麅等动物的皮毛缝制衣裤，而赫哲族人寒冬时节穿着狍鹿皮制成的衣服，温暖时节则穿着用鱼皮制成的衣服。东北的满族妇女不缠足，一年四季着长衫，只是两侧不开衿，梳京头，裤脚束起，穿平底鞋或底高寸许、前后微缺的"寸底鞋"。②汉族妇女在服饰上效法满族，除平日穿着的衫、袍之外，根据时令不同，还穿着棉、夹、布、丝等材质的坎肩、耳包等等。19世纪中叶后，随着东北开埠，移民增加，外来文化冲击着这片土地，"光、宣之际，政尚维新，衣喜瘦狭，束身贴肤，曲臂维艰，领高可及耳际。"③东北民众的穿着打扮日趋新化、洋化，追求新式和展现个性的服饰逐渐成为主流，最明显的表现就是在穿着和装饰方面发生的变化。大城市里中山装、西装、礼帽、皮

---

① 佟冬主编：《中国东北史》第五卷，吉林文史出版社1998年版，第47页。

② 郎元智：《近代东北社会的衣食住行述论》，《社会科学辑刊》2012年第5期，第194页。

③ 王树楠、吴廷燮、金毓黻等纂：《奉天通志》，东北文史丛书编辑委员会，1982年内部本，第2287页。

鞋逐渐被人们接受，越来越多的人选择身着西装，头戴礼帽，脚蹬皮鞋，出席各类宴会和高级社交场合。据记载："近来都市中，新式工厂、商店之工人及学生则着学生服，各官厅服务员多着西洋服矣。"① 而妇女的服饰则是花样繁多变化很大。除旗袍外，女性还"打阳伞，穿印度绸，着高跟皮底鞋"②，还有大衣、西装、马甲、长裙、围巾等。

在城市里，近代化的服饰风气在社会生活中形成了一定的影响力，但是在广大的乡村，由于条件限制，这种服饰风气尚未深入广大乡村社会，普通农民的服饰改变不大，如民国《西丰县志》记载："民国初期至若富者尚华美，贫者重朴素，此则为生活程度使然。"③ 城乡差别明显。

（2）饮食文化。饮食是人们生活的最基本需要，是人类维持生存的决定性条件，在人类生活中占有十分重要的地位。它的来源与构成由人们所处的地域环境以及所采取的生产经营方式有着直接联系。在东北社会发展中，饮食文化也发生了重要的改变。饮食结构也已经不再单一，地域性的特点在逐渐缩小，趋同化的趋势逐渐加强。在近代之前的东北地区，除了南部地区与中原接触较多深受汉族饮食文化影响之外，其余广大地区的饮食习惯则是以满族习俗为主。满族人喜欢吃猪肉，据《宁古塔纪略》记载："将猪肉、头、足、肝、肠收拾干净，大肠以血灌满，一锅煮熟，自用小刀片食。"④ 随着汉族移民大量涌入，满族人的饮食习俗也在潜移默化中慢慢改变，满族人不仅改变了传统的饮食方法，逐步学会了煎、炒、烹、炸等烹调技艺，而且在饮食结构上也发生了变化，粮食逐步取代肉食占据了主体地位。特殊的天气使得生活在这里的汉人和满人用腌制酸菜、咸菜，窖藏萝卜、白菜、土豆，晒菜干、水果干，制作蜜饯等方法来储存和腌制蔬菜及水果。冻豆腐、

---

① 《吉林新志》（二编·一九三四年铅印本），丁世良、赵放主编：《中国地方志民俗资料汇编·东北卷》，书目文献出版社 1989 年版，第 272 页。

② 《再说说重婚案》，《盛京时报》1930 年 7 月 8 日。

③ 《西丰县志》（二十四卷·民国二十七年铅印本），丁世良、赵放主编：《中国地方志民俗资料汇编·东北卷》，书目文献出版社 1989 年版，第 131 页。

④ 吴振臣：《宁古塔纪略》，黑龙江人民出版社 1985 年版，第 248 页。

冻秋梨、蘑菇、木耳、金针菜等都是他们喜欢的食品。开埠后，人们的生活习俗发生改变，"乡村有事多饮烧酒，城市多饮黄酒，至啤酒、汽水、白兰地等，尤为夏日宴饮之所尚"①。相比较其他国家而言，日本和俄国的食品对东北人的饮食结构影响更大，其中日式食品对东北南部地区影响突出，而俄式食品则在东北北部地区产生重大影响。例如，大连地区近代以玉米为主食，同时兼有地瓜、高粱米、小米、绿豆等粮薯豆类。春节人们又习惯杀年猪、灌血肠、蒸年糕、吃团圆饺子等早已成为人们喜爱的东北特色菜和食物。随着殖民者的入侵，具有西方特色的饮食特别是俄式、日式饮食引起了东北饮食习俗的较大变化。大连地区逐渐传入一些西式饮食，大连街头出现的汽水、啤酒、冰激凌、面包等被人们普遍接受。日本侵占大连后，大量的日式料理店鳞次栉比，发展速度惊人。至九一八事变前，大连全市就已有日本吃茶店100余家。日本寿司、生鱼片等受到上层社会人士的青睐。时至今日，当地人也很喜欢日式料理。从日本输入的"味之素"，各种日式酒、奶糖引起普通民众的好奇，成为有钱家庭的必需品。这些都对大连地区人们的饮食习惯产生了较大影响。据资料统计，1937年哈尔滨就有大小西餐馆260多家，中央大街就有37家之多。到宣统一年（1909），在哈尔滨已有3家冰棍厂，1938年黑龙江地区冰棍日产量已超过300万支②。

虽然西式饮食文化进入东北社会生活，在某种程度上冲击着东北人传统的饮食习惯，特别是在一些城市，这种影响甚至一直延续至今。但传统的食品品种和饮食风俗仍旧占据着绝对的主导地位。尤其是广大乡村传统饮食习俗保持至今。

（3）居住习俗文化。近代东北的居住风俗先后受到关内的汉文化、英法俄等西方文化和日本文化的影响，形成了独具特色的东北居住风俗文化，城市建筑表现出多样化、混合化的形态。在东北许多城市展现出俄式建筑体、

---

① 《安东县志》（八卷·民国二十年安东铅印本），丁世良、赵放主编：《中国地方志民俗资料汇编·东北卷》，书目文献出版社1989年版，第167页。

② 马平安：《近代东北移民研究》，齐鲁书社2009年版，第208页。

和式建筑体、法国古典学院派建筑及哥特式建筑体。而在广大农村，主要是受汉文化的影响，形成了各地结合自己传统特色并吸收了汉式建筑的民居风格。

近代以前的东北地区，散居着以满、蒙、朝鲜、鄂伦春、鄂温克、达斡尔、赫哲等少数民族为主体的土著居民。由于受自然环境和生存环境的制约，他们形成了各具特色的居住方式和居住风格。如"满族（女真）多分布于东满，由于地处森林地带，降雨量多，住房为人字型屋顶，有斜坡，多使用木材，为了防寒保暖，在上面加土挂瓦或贴石"[①]。这种建筑风格，实际上逐渐地吸取汉民族文化，汉满文化结合的结果。汉族多居住于南满及西部，由于雨量少，多住平房，用坯盖房或加上石头或砖，木材用量较少。用坯和少量木材建成漫园型屋顶，中间开门，成三间，中间是厨房兼工作间，两侧房间有坑，做寝室，这类结构称为三间房，还有的两侧增建成五间房子。但满族和汉族既住人字型屋顶的房子也住平房。朝鲜族住在有火炕的人字型房或平房中，窗户比满族民房开得大，烟囱的构造也不相同，有的烟囱顶端是木制的。在外观上也可看出和满族民房不同。

随着帝国主义侵略加剧，俄、日以军事侵略为先导，在东北地区强行划分势力范围。在这种时代背景下，俄式、日式、欧美式建筑随之出现在东北各大中小城市中。从满洲里至大连，尤其是在哈尔滨、满洲里、沈阳、长春、大连等大中城市，这种风格的建筑随处显现。如大连这个昔日的殖民地城市，俄、日殖民者占据这里长达近半个世纪，因此大连居住习俗的变迁更多地受到俄国和日本的影响。俄、日占领前，大连地区的居民住房大体保持着传统的习俗，城镇多为砖石结构的瓦房，农村近海地区主要是土石结构的海带草苫房或半截青瓦的"海青房"；北部山区多用稻草、麦草苫盖的呈"人"字型草房；多数居民多住用盐碱土压顶的平房。俄国租借大连后，开

①　［日］满史会编著：《满洲开发四十年史》下卷，东北沦陷十四年史辽宁编写组译，1988年，第610页。

发了许多住宅区，主要是低层庭院住宅，形成大连特有的洋风居住文化。日本夺取大连后，更多的日式建筑拔地而起，形成更广泛的具有日本风格的洋式住宅。受日、俄建筑的影响，一些来大连的中国达官显贵新建住宅也采用中西合璧式或纯日式风格。这些住宅大都与外面的街道环境相通透，它们与宅前的绿树，远处的山峦相互衬托，流露出自然、宁静、和谐的居住环境气氛。①

（4）交通出行。东北在大规模开发之前，东北地区交通条件相对落后，作为交通工具的有牛马，还有驯鹿和狗等。在冬季下雪过后，也有乡民乘坐爬犁出行运货物。马的使用十分普遍，尤其是在乡村，"乡人皆养马，出行则乘之"②在临近江河的地区，商户多用槽船装载粮食贩运各地。东北开埠后，随着城市化运动的推进，城市交通状况发生了明显变化。近代化的公路、铁路、航运发展起来，给人们的出行带来方便。19世纪中期，在哈尔滨和营口出现了东北地区最早的马路，它是用碎石子铺就，东北地区城市道路改造从此开始。③东北铁路以中东铁路为代表，密集的铁路网形成，公路网也随后出现，东北的航运业也发达起来。如辽宁的西丰县，"民初道路修筑渐平坦，间有雇用电车者，较前进化多矣"④。在一些大城市出现了有轨电车，"俄式马车、日式洋车在沈阳愈有增加，成为市内主要交通工具之一，连同中日合办的马车铁道，省城奉天的交通状况有所改观"⑤。1930年，大连地区有各种机动车1112辆，1935年有1984辆。⑥ 到1942年都市交通株式

---

① 荆蕙兰：《近代大连城市文化研究》，吉林人民出版社2011年版，第227—228页。
② 《呼兰县志》（八卷·民国九年哈尔滨铅印本），丁世良、赵放主编：《中国地方志民俗资料汇编·东北卷》，书目文献出版社1989年版，第412页。
③ 郎元智：《近代东北社会的衣食住行述论》，《社会科学辑刊》2012年第5期，第197页。
④ 《西丰县志》（二十四卷·民国二十七年铅印本），丁世良、赵放主编：《中国地方志民俗资料汇编·东北卷》，书目文献出版社1989年版，第132页。
⑤ 张志强：《沈阳城市史》，东北财经大学出版社1993年版，第161页。
⑥ 康积惠：《大连市情》，天津人民出版社1988年版，第118页。

会社运营车辆达 496 辆，日平均客运量 35 万余人次。① 以电车为例，1909 年 9 月 25 日，由大栈桥（今大连港码头）至电气游园（今动物园）的第 1 条有轨电车线路开始营业，线路长 2.45 公里。这期间，大连还有公共汽车、有轨马车、人力车等各种车辆。城市里的一些职员和年轻人，开始购买自行车作为出行工具。但在一些偏远地方和广大乡村，交通条件仍然很差，广大乡村依旧是土街土路，因路不好行走，只能以骡马换乘，"县民对于运输多以大车，驾以牛马，四季均用之"②。城乡发展极不平衡。

**2. 城乡间休闲文化的共享与互动**

东北的闲暇文化是在特定的历史环境和自然环境下与生产活动、生活方式密切关联，有其独特的风格和地域特色。东北的二人转与大秧歌是东北城乡认可并广泛流传的民间娱乐代表。尤其是二人转是东北民间的歌舞演唱形式之一，在东北地区有着深厚的群众基础。二人转，早期称"蹦蹦"，亦称对口、棒子戏、双玩艺儿。"多在秋末冬初农暇之时，七八人或十数人组成之，于各大车店或乡村大户之家，夜间开演。每一次出场大概两人，一则抹粉戴花，身穿彩衣，乔装妇女，一则头戴毡帽，手持小棒，装为丑角，彼此轮唱，声调各异，杂以胡琴、檀板，并各种乐器……"③。二人转在东北的广大乡村和城市的普通平民百姓中有广大的市场，受到欢迎。

东北的大秧歌是东北人娱乐的另一种艺术形式，它是集舞蹈、杂技、小戏于一体的娱乐艺术形式。《开原县志》记载"初六日后，有演杂剧于城内街市者，如龙灯、高跷、狮子、旱船等类。沿街跳舞，或唱俚曲，逐户乞钱物，谓之'太平歌'，亦称'秧歌'，……④《宝清县志》中有记载"……

---

① 顾明义等：《大连近百年史》，辽宁人民出版社 1999 年版，第 1522—1523 页。

② 《桓仁县志》（第八章·一九三七年铅印本），丁世良、赵放主编：《中国地方志民俗资料汇编·东北卷》，书目文献出版社 1989 年版，第 97 页。

③ 《安达县志》（十二卷·民国二十五年铅印本），丁世良、赵放主编：《中国地方志民俗资料汇编·东北卷》，书目文献出版社 1989 年版，第 467 页。

④ 《开原县志》（卷八·清咸丰七年刻本），丁世良、赵放主编：《中国地方志民俗资料汇编·东北卷》，书目文献出版社 1989 年版，第 124 页。

唱秧歌，扮男女古装，结队游行，按户歌唱；唱则酬以元宵或果品，亦有酬钱者。多用于正月十五及节庆日为之，下亦如之，高跷，其式一如秧歌，惟脚端缚二三尺长木棒，踏之以行耳。"① 以上这些反映了东北人节庆的情景。此外，东北近半年寒冷的天气，冰雪给东北人生活带来了乐趣。儿童在冬日可以打"冰猴"，玩"打爬犁"等。

东北开埠后，外来文化给这片土地带来了许多新鲜娱乐元素，令人目不暇接，西式艺术与娱乐形式逐渐进入民众的生活中，西式娱乐逐渐在东北社会形成潮流。一些交通枢纽城市建立了俱乐部、剧院、电影院、旅馆、茶楼、公园、保龄球馆、运动场、跑马场、高尔夫球场等设施和场馆，形成了比较完整的适应民众活动的社会公共娱乐体系。逐渐改变着市民传统的娱乐休闲方式。在奉天省城及其他城市，茶园、戏园兴建后，营业也异常发达。如"奉天驿内北街兴隆茶园营业非常发达，每夜可得票洋二三百元之钜"②。在吉林、长春等地，"自本年秋后商埠新筑戏园开幕后，每日观戏者异常拥挤，至晚六点后园内即无驻足地"③。1931 年时大连有 5 处高尔夫球场，13家跳舞场，7 处射击场，撞球场 45 处。④ 到 1933 年，大连、旅顺地区已设有田径、游泳、相扑、射击等 24 个体育协会。⑤

电影这种与近代科学技术相结合的娱乐形式，让市民感到奇妙。19 世纪末电影传入中国，首先在上海、北京等大城市上映。那时的电影是无声电影，无不引起国人的极大兴趣。20 世纪初，电影院作为一种新式的娱乐场所在东北各大城市出现。1906 年电影传入大连，1909 年旅顺大观园开始放映美国影片，使大连成为国内继北京、上海之后最早接受电影的城市。⑥ 大连

---

① 《宝清县志》，（二十三卷·1964 年黑龙江省图书馆油印本），丁世良、赵放主编：《中国地方志民俗资料汇编·东北卷》，书目文献出版社 1989 年版，第 486 页。

② 《奉天茶园兴盛》，《盛京时报》1924 年 6 月 30 日。

③ 《戏园好生涯》，《吉长日报》1918 年 12 月 13 日。

④ 《盛京时报》1931 年 10 月 14 日。

⑤ 焦润明等：《近代东北社会诸问题研究》，中国社会科学出版社 2004 年版，第 242 页。

⑥ 李振远：《大连文化解读》，大连出版社 2008 年版，第 172 页。

1906 年"在旧戏园东京座开演'西洋妇人跳舞''日本凯旋力士相扑''西人君主乘车扈从'为内容的写真电戏（即电影）"①。到 20 世纪 20 年代大连的电影业已经很发达了，普通的百姓也很喜爱电影。"大连小岗子南大龙街电影株式会社自成立以来营业颇行发达，该园专卖中国方面坐客，每日拥挤不堪，竟能赏金二百五十余元。"② 据统计 30 年代初的哈尔滨共有光明、平安、亚洲、东北、马迭尔、巴拉斯、光陆、美国、凤翔等 12 家电影院③。其数量和上座率仅次于上海。同一时期安东在当时电影业亦非常发达，"安东新市街二道沟日商福岛创设活动电影馆，名曰文化茶园。开幕以来营业非常发达，由美国纽约、日本大阪、民国天津等处运来各种侦探滑稽等影片……，每日往观者络绎不绝④"。与此同时，马戏、魔术、赛马表演在各铁路附属地亦很多，在一定程度上丰富了东北市民的娱乐生活。游泳也是百姓喜爱的运动，"大连市附近之老虎滩，星个浦等处山明水媚风景天然。每届夏日中外人士之海水浴者肩摩踵接。满铁水泳部特在星个浦之黑石礁设立水泳场，备有脱衣所、洗体所、疗伤所、贵重物品收存所，往返电车格外减价，近来加入练习者人数极多"⑤。

　　与热闹的城市相比，在一些边远乡村和城市中平民居住区，中国传统的戏园营业也非常发达，"官家屯近数日来天气和暖、微风不扬，附近各乡村农民赴官家屯观戏者人山人海。加以戏场宽大、风景清幽，车马排列数行。小贩环绕、红男绿女肩摩踵接，极形热闹"⑥。这些当时报纸的描述，反映了当年的盛况。与此同时，旧有的庙会、戏园、茶园纷纷改良，如庙会除了保留原来的娱乐项目外，还常伴以奇珍异兽展览。戏园、茶园是本地百姓特别是普通下层百姓娱乐生活的重要场所，主要为京戏、评剧、说书、东北大

---

① 《辽东新报》1906 年 11 月 14 日。
② 《电影发达》，《盛京时报》1922 年 2 月 10 日。
③ 《盛京时报》1931 年 3 月 8 日。
④ 《电影馆营业发达》，《盛京时报》1923 年 10 月 19 日。
⑤ 《海浴盛行》，《盛京时报》1924 年 8 月 6 日。
⑥ 《农安戏场热闹》，《盛京时报》1927 年 11 月 8 日。

鼓还有话剧等提供舞台。还有东北特有的秧歌也很盛行，旱船、跑驴、推车、灯官、腰鼓、龙灯舞等休闲娱乐节目在华人区还很受欢迎。"西岗华人杂居之地颇觉繁盛，旧历新年锣鼓声中又发现一群秧歌会，曾其数八九人，男扮女装油头粉面披红挂绿，音乐齐奏绕行街市。"① 这种闲暇娱乐新旧形式并存的状态，表现了大连城市特有的文化现象。这些新式娱乐项目的传入和普及，悄无声息地改变着东北城乡民众的思维习惯、生活方式和消费观念，使城市与乡村在文化中发生着近代化的改变。

### 3. 城乡集市文化的趋同与传动

集市是进行商品交易活动的公共场所，乡村集市贸易是商品流通的一种基本形式，在乡村社会中具有重要的地位。近代东北城市化推进，促进了商品经济的发展，农产品市场化率提高，这就为集市的产生、发展提供了一个好的发展契机。在东北早期的集市为不定期，随着集会人数的不断增多，后来发展为定期，最后逐渐形成集镇。集市可分为普通集市和庙会两种。

第一类：普通集市。随着城市化的浪潮、移民的增加，定期集市有固定集场和固定集期，有的还有管理机构。例如近代东北的新民县大民屯镇就是以夏历每月三、六、九为集期，即初三、初六、初九、十三、十六、十九、二十三、二十六、二十九为集期，而它临近的镇白旗堡镇就是以夏历每月的一、四、七为集期。② 一般而言，定期集市都在一天完成，高峰在上午，很受百姓欢迎。东北乡村集市按集市规模大小分为大、小集。在东北大集一般也指在集市上有牲口市出现或是有粮市出现的集市。"上市多粮油等农副产品和土产山货及工业品。一些较大集市还专辟粮市。"③ 而小集则正相反，其一般规模和赶集人数不如大集。就其功能来看，大多数定期集市都体现着基本集市的功能，在集市上进行交易的都是农副产品，参与交换的人都是集市附近的农民。随着生产力的发展，近代东北的一些基本集市发生了转变，

---

① 《扮演秧歌》，《盛京时报》1916年2月11日。
② 王颖：《浅析近代东北乡村集市类型》，《黑龙江史志》2013年第14期，第221页。
③ 榆树县地方志编纂委员会编：《榆树县志》，吉林文史出版社1993年版，第453页。

参与交易的卖主不单单是产品的生产者，在他们中间出现了一些商贩，他们主要是从事流通服务，实现农村的农副产品与城际之间消费的结合。其结果是一些农副产品不仅在集市社区内，更是扩大转向城市，进入中间集市或中心集市。

中心集市是农村集市中的高级形式，具有一些综合特征，中心集市一般地址位于各县的核心镇之中，其社会功能有时会超过县城，中心集市也是乡村城市化的突破口，更是城乡联系的纽带。如奉天在近代就是中心集市之一，奉天的北市场集市非常繁盛，它是转发各种货物的中心集市。

第二类：庙会集市。在近代东北，寺庙的宗教节日和东北当地民俗活动是分不开的。在东北城乡地区寺庙除日常的祭祀活动外，也承担着特定日期的集市活动，多数寺庙都有庙会，庙会逐渐演变成为一种民间集会，经济性质愈加明显。下列表格里显示的是东北地区比较典型的代表性的大型庙会。

表 7　东北庙会状况①

| 日期（旧历） | 庙会名称 | 备　注 |
| --- | --- | --- |
| 二月十九日 | 观音庙会 | 以是日为观世音菩萨生成 |
| 三月二十八日 | 天齐庙会 | 亦称东岳庙会 |
| 四月十八日 | 娘娘庙会 | 以盖平县大石桥娘娘庙为最盛 |
| 四月二十八日 | 药王庙会 | 以吉林省城北山药王庙为最盛 |
| 五月十三日 | 关公庙会 | 以是日为关公单刀赴会之日 |
| 六月十三日 | 龙王庙会 | 以是日为龙王生辰 |

每到庙会会期，都是商人发财的一个好时机，早早占据有利位置，"大南关娘娘庙会每月十八日为香火会期，历有年所，今岁离会期尚还而该庙前

---

① 国立东北大学编：《东北要览》，1944 年，第 768 页。转引自刘扬：《近代东北寺庙景观与东北民间文化》，硕士学位论文，吉林大学文学院，2007 年，第 35 页。

各地均被各商占满……"①。小本经营者也不会错过机会，场面热闹非凡，"小本经营者前往占领地基者大有争先恐后之势云"②。寺庙的住持在庙会之前便开始准备寺庙的地皮出租事宜，"小东关东岳庙会，请准援例开放，已志大报，兹闻该庙住持已着手支配地皮出租与小贩摊床……"③。东北地区的庙会是相当频繁的，一般会持续三五天之久，庙会的举行给百姓带来了极大的便利，且热闹非凡。"邀来京腔大戏，并韩敬文武术戏法高脚会电光影各种花炮杂耍廿余样非常热闹，一般红男绿女往观者拥挤不堪云。"④ 北镇东岳庙，三月二十八日举行庙会，赴会者络绎不绝，"庙东为说书，卖艺之场，游人麋集，其东南为赛马场会期，好驰马者齐来驰骋赛，以争胜负……"⑤。每到庙会，附近的农人妇女，甚至较近的城里人也都纷纷前来庙会看戏赶集。东北民间戏曲、舞蹈、歌曲、杂技等都得到了发展，庙会成为一座民间文艺展演的大舞台。

近代东北乡村集市的发展规模不断扩大，它满足了人民生活和生产的需要、促进乡村商品经济的发展，城乡互动加强，并加快了乡村城市化进程。

## （二）城市文化的扩张对乡村文化的冲击

近代东北城市化进程的推进为乡村社会带来了工业文明。与农业文明相比，工业文明具有自身的优越性和进步性。乡村社会是随着城市化的步伐而不断发展的，乡村的发展已经和城市牢牢地绑在了一起。城市化的过程导致社会的分化与裂变，打乱了原有的社会阶层、生活方式、道德规范和价值认定，造成乡村社会秩序的重新组合，冲击着原有的乡村文化生态，打破了乡

---

① 《盛京时报》1907 年 4 月 13 日。
② 《盛京时报》1920 年 6 月 8 日。
③ 《盛京时报》1932 年 4 月 22 日。
④ 《盛京时报》1929 年 5 月 17 日。
⑤ 《北镇县志》，（六卷·民国二十二年石刻本），丁世良、赵放主编：《中国地方志民俗资料汇编·东北卷》，书目文献出版社 1989 年版，第 220—221 页。

村文化的封闭性，进而带来了深刻的城乡文化冲突和转型。

### 1. 城市化进程中城市文化对乡村文化的强势改造

城市是人类最重要的生存载体，是人类文明的物化和象征，它记载了人类改造自然、创建文明的长久历史。① "城市本身就是一件杰出的文化产品，是文化的最高表现。"② 列宁曾经指出："城市的发展要比乡村迅速得多，城市是经济、政治和人民精神生活的中心，是前进的主要动力。"③ 综合上述，本书将城市定义为：城市是人类文明进步的结晶，是人类文明发展的象征，城市是国家政治、经济、科学技术和文化教育的中心，是在国民经济和社会发展中起主导作用的区域。并随着人类文明的进步和社会生产力的发展而同时得到发展。当然，关于城市的定义和理解将随着人们对城市的认识和城市的发展而随之变化发展。④

城市文化又是一个外延极广的概念，抽象来讲，城市文化是指在城市里发生的与城市的建设与发展相关联的文化现象，它有广义和狭义之分。广义的城市文化一般可划分为三个层次：城市的物质文化，城市的制度文化，城市的精神文化。城市的物质文化是文化的表层，它由可感知的，有形的各类基础设施构成，包括城市布局、城市建筑、城市道路、城市通信设施、公共住宅、水源及给排水设施、垃圾处理和市场上流通的各类商品，还有行道树、草地、花卉等，是人工环境所构成的城市物质文化的外壳。城市制度文化是城市文化的中间结构，城市制度是城市文化的一种实体化的表现形式。城市文化的变迁必然通过城市的各种制度的变迁表现出来。城市制度文化以城市的物质文化为基础，但主要满足于城市居民更深层次的需求，即由人的交往需求而产生的合理的处理与个人之间、个人与全体之间关系需求的变

---

① 曲晓范：《近代东北城市的历史变迁》，东北师范大学出版社 2001 年版，序言一，第 1 页。

② 朱铁臻：《认识城市本质 建设魅力城市》，《经济时报》2005 年 2 月 27 日，第 5 版。

③ 转引自汤茂林：《改革开放以来中国城市化研究概述》，载于《城市》2002 年第 3 期，第 3 页。

④ 荆蕙兰：《近代大连城市文化研究》，吉林人民出版社 2011 年版，第 4 页。

化。在城市的制度文化中，最主要的是家庭制度、经济制度和政治制度。城市的精神文化是城市文化的内核或深层结构。它包括一个城市的知识、信仰、艺术、道德、法律、习俗以及城市成员所习得的一切能力和习惯。① 狭义上的城市文化指的仅仅是城市里的文化生活。现在人们常涉及的城市文化更多的是指广义上的概念。本书所论及的城市文化就是指广义上的大文化。

城市文化与乡村文化的地位是不平等的。城市文化具有比传统乡村文化更优越的特质，生活于城市的市民在思维方式、行为方式、生活方式等方面都体现着优越于乡村文化的城市文化，其作为主流文化的地位是无可争辩的。而乡村文化则是非主流的、处在边缘的文化。城市文化通过各种形式不断向乡村灌输和贩卖自己的理念与精神，改变着乡村文化的生存现状和价值理念，农民原有的以血缘为纽带的人际关系、居住方式甚至语言习惯等都潜移默化地发生了变化。② 城市是人类最重要的生存载体，是人类文明的物化和象征，它记载了人类改造自然、创建文明的长久历史。③ 它更是新思想、新观念、新知识、新技术的摇篮。城市的现代文明不仅孕育着城市人，还辐射和带动周边地区和广大乡村社会，城市还是一个精神、文化观念的集聚体。其所具有的文化优势是乡村社会根本无法比拟的。首先，城市是社会文化精英的"集聚地"，城市发展使得乡村精英流向城市。城市生活的集聚特征给城市的精神文化生活打上了深刻的烙印，吸引着广大农民尤其是乡村精英参与城市社会文化活动中。而开放的城市社会空间造成了有利于文化精英成长的城市"优化机制"。其次，城市向人们传递着先进的文化理念。正是由于城市文化这种巨大的集聚力量，才会使城市文化不断繁荣、发展和壮大。再次，城市是各种文化资源的"集聚地"。拥有先进的文化设施，在这

---

① 潘永康：《城市社会学新论：城市人与区位的结合与互动》，天津社会科学院出版社2003年版，第168页。

② 赵霞：《乡村文化的秩序转型与价值重建》，博士学位论文，河北师范大学，2010年，第69—70页。

③ 曲晓范：《近代东北城市的历史变迁》，东北师范大学出版社2001年版，序言一，第1页。

里有图书馆、游乐园、影院、歌剧院等风格各异的建筑场所，为人们集中展示了丰富多样的文化艺术精品。例如，民国时期东北地区的崇洋趋新的社会风气是以资本主义的商品经济为基础，在一些新兴阶层的提倡下发展起来的。这种崇洋趋新之风的盛行预示着传统农业社会的道德标准逐渐为近代工商社会的观念所取代。相应地传统的道德观念也随之逐渐旁落。虽然民众的消费行为在某种程度上存在被迫性，但这的确是一种无人强制的自觉自愿行为，反映出城乡民众选择趋向的观念。

文化在城市的集聚和繁荣必然会导致文化向城市的边界蔓延，使城市成为辐射和扩散文化的中心。城市不仅是文化的生产和消费中心，同时也是文化的扩散中心。城市的辐射性功能不仅使处于城市边缘的乡村社会在经济、政治方面从属于城市，而且也使处于城市边缘的乡村社会成为城市文化的输出地。城市精神、思想、观念的扩展不断吸引乡村居民的注意力转向城市生活与工业文明，其结果是削弱了他们对乡土语言、乡村生活方式、传统习俗、宗教信仰、道德观念等乡土性传统的拥护。[1] 西风在城乡交流中不断由铁路沿线城市吹向东北各农村，农村商品经济的发展、价廉物美的机器制造消费品对市场的占领，更为农村居民物质消费的"崇洋"提供了内在的动力，从而带动了农村社会风气的变化。

中国传统的价值观念是"重农抑商"，这种观念在社会上占有绝对的统治地位。随着民国时期东北商业机构的增多和商务活动的频繁，东北地区的商业气息亦越来越浓厚。这些汹涌不断的商品逐渐导致他们生活与观念发生倾斜，愈来愈多的民众从旧的自然经济意识中解放出来，商品经济观念增强，淡化了"重农抑商"的传统价值观念和小农意识。这在一定程度上促进着人们思想的解放与观念的更新，为民族资本主义经济的发展进行着文化思想的启蒙，为民族的心理特质注入了近代的商业意识、消费态度和竞争进取

---

① 参见赵霞：《乡村文化的秩序转型与价值重建》，博士学位论文，河北师范大学，2010年，第69—71页。

精神。

## 2. 东北城市文化特征及人文精神

城市是一本打开的、立体的书，包含着丰富的内容。著名城市学家刘易斯·芒福德曾经指出："人类文明的每一轮更新换代，都密切联系着城市作为文明孵化器和载体的周期性兴衰历史。城市不仅仅是居住生息、工作、购物的地方，它更是文化容器，更是新文明的孕育所。"① 城市文化是一座城市的生命之源，它是历史的积淀与结晶，是城市形象和城市精神的集中体现。东北城市化进程中，其城市文化及人文精神也有别于内地城市。是集多种文化，尤其是三种文化碰撞交汇的结果：第一种中原文化。原创性、包容性、开放性；第二种俄国文化。兼容性、宗教性、野蛮性；第三种日本文化。忧患性、多重性、侵略性。形成独特的关东文化。但中原文化占据主导地位。

以民族文化为主体的交融多元与开放并存的新格局。东北从城市兴起到形成，在整体发展和更大范围内吸收了外来文化元素，这一时期东北不仅保持着母体文化的地位和属性，而且又发生了由传统到现代、由封闭到开放、由乡村文化到城市文化、由单一到多样的深刻变化和转型，形成了以民族文化为主体的交融多元并存的新格局。东北原住民和来自山东、河北为主的新移民，他们在这块土地上，把家族命运同民族命运联结在一起，以其坚实的人格，爽直、质实苦干的精神气质同殖民统治者抗争着。特殊的经历磨炼出东北城市文化的特殊性格，打造出与其他地区不同的文化特色。这段经历对今天的东北城市发展和定位起了重要的历史作用。

## 3. 乡村文化的断裂和边缘化

在传统社会中，由于物质生活的贫乏，生活水平低下，使得简朴节约的观念成为普遍的时尚。城市化以来，日用洋货如洋布、洋火、洋油之类，很

---

① ［美］刘易斯·芒福德：《城市发展史——起源、演变和前景》，宋俊岭、倪文彦译，中国建筑工业出版社 2005 年版（序言），第 14 页。

快就占据了城市市场，进而渗入乡村。洋货既物美价廉，又方便简洁，使人们渐渐改变对西洋事物的态度，进而促进市民生活习俗的改变。据《吉林新志》记载："民国以前，（鞋）多家制，……而夏季日本所制雨期适用之胶皮鞋，自民国十三年（1924）来即畅销于吉林全省，价廉而耐水。年销之数，当在百万双以上，盖此货下自劳工上至官吏，无不用之也……。"① 这种外来的竞争迫使近代东北社会生活发生改变，逐步向近代化过渡。东北社会风俗的变迁，不仅表现在外观的西化形式上，同时也内化为近现代生活态度以及价值观念的产生与定型，进而逐渐影响着社会风气的变化。

城市化进程中，随着新闻媒介的出现，不断革新的文化传播媒介推动了乡村民众观念的变更，它是城市文化对乡村文化进行价值颠覆的主要推动因素。东北各大报纸上的广告宣传直接刺激和引导了人们的购买欲望。翻阅当时的报刊，铺天盖地的广告这样写道："特由德英美各国选购精巧无比之照相机器以及照相一切材料，从廉出售，以酬顾客……。"② 特别是随着乡村知识精英的流失，农民作为社会中处于边缘的群体，传媒所展示的城市生活中的各式舒适、时尚感不断刺激着村民的物质欲望，引发强烈的物欲奢望。这些报纸是人们获得信息的重要途径，通过报纸人们的视野逐渐开阔，加强了与外界的沟通。这时期许多报纸都有大量广告，例如《泰东日报》作为大连地区发行量最大的中文报纸，该报纸不仅关注政治，同时对涉及百姓日常生活的一些事情，尤其是健康的生活方式也给予提倡和报道，对不健康的一些习俗也提出批评。如对旧历十二月二十三日晚清旧俗有送灶之习俗，通宵烧纸放炮污染环境等迷信之举，提出改革习俗的建议。③《泰东日报》为增加效益和利润，扩大读者群，也刊登一些广告，正隆银行和龙口银行宣传广

---

① 《吉林新志》（二编·一九三四年铅印本），丁世良、赵放主编：《中国地方志民俗资料汇编·东北卷》，书目文献出版社 1989 年版，第 220—221 页。
② 《照像机械》，《盛京时报》1922 年 6 月 16 日。
③ 《习俗宜改革》，《泰东日报》1912 年 2 月 1 日。

告、发售煤炭广告、三井物产株式会社大连支店广告等①。广播也是传播的重要载体。当时的《滨江时报》登载了一则报道东北女子的内容，"天其足，剪其发，放其胸。而更无穿耳带环之苦矣。幼即入校读书，长可自由恋爱，跳舞场、戏园子、电影院、大菜馆、公园、游戏场所等娱乐场所，均可随时随地自相赏玩"②。当时东北各大报纸上这些报道与广告，涉及城市生活的方方面面，覆盖面极其广泛。又如，随着道路交通状况的改善，各大中城市街头出现了一种新式的交通工具——公共汽车。这种公共汽车票价相对低廉，容易为广大民众所接受。为了扩大宣传，他们也在《盛京时报》上刊登了广告，如奉天自动车公司从奉天火车站至西塔（邮政局胡同），西塔至十间房、十间房至小西边门，每区间车费仅收半角，自奉天车站至小西边门七分钟即至。③ 赛马原是西方风俗，英、法等国莫不以为盛事。随着侨民的大量移入，华商也开始组织赛马会，建筑跑马厅。在洋商和华商的跑马厅，参加赛马博注的人越来越多。从上层社会的士女到下层社会的贩夫走卒，无不拿自己的金钱去"铺砌"跑马场那广阔的草坪。对这一"盛况"，当时的一些报纸也纷纷予以广告的形式进行宣传。④ 这些宣传尤其吸引着农村中的年轻人，渴望改变劳作方式来提高自己的生活水准和幸福感受。在一些乡间，在城市文化的冲击下，发生着改变，"近年以来，奢侈之风，几如都会……"⑤。大众传媒改变了中国农民思想、行为和认识，促进了农村和城市的交流，将城市里的一切带到了农村，逐渐改变着农村的消费观念、婚姻观念、价值判断，使他们的生活日益接近城市文明。总之，在物质标准与媒体效应的刺激下，农民生活所依赖的文化在社会文化当中越来越边缘化。在城市强势文化的冲击之下，乡村那种怡然自得的生活被逐渐逼退，城市生活成

---

① 《泰东日报》1919 年 10 月 6 日。

② 《今昔之女子》，《滨江时报》1929 年 9 月 17 日。

③ 《奉天自动车公司广告》，《盛京时报》1914 年 10 月 28 日。

④ 焦润明等：《近代东北社会诸问题研究》，中国社会科学出版社 2004 年版，第 271 页。

⑤ 《摩登》，《盛京时报》1931 年 6 月 14 日。

了时代的主流。

总之，东北社会生活在经历了清文化的繁荣之后，在近代科技和外来文化的冲击下发生了深刻的变革。城市和乡村在城市化运动的浪潮推动下，在文化层面城乡之间的相互关系也更加复杂，尤其是乡村文化受城市文化的冲击和影响更大。城乡间文化认同与异质性并存。出现这种状况既有外来先进经济文化冲击的外因，又有社会自身发展进步的内因，但人们对时尚、舒适、自由的新生活方式的追求和向往才是推动近代东北社会生活变革的深层次动力。①

---

① 郎元智：《近代东北社会的衣食住行述论》，《社会科学辑刊》2012 年第 5 期，第197 页。

# 第五章　城市对乡村的掠夺与农村经济的日益衰落

　　近代中国社会发展是极其不平衡的，城市发展也极其不平衡。费孝通先生在总结中国城市发展道路时曾指出："从近代中国历史可以判断得出，中国城市发展似乎并没有促进农村的繁荣。相反，现代中国城市的兴起是和中国农村经济的衰弱相平行的。"① 这句话道出了近代中国城乡关系的实质。城市发展其带来的后果自然使农村被抛在现代化进程之外，不但难以品尝现代化初期成果，反而必须承载现代化启动的重负，因而农村在这种境况下，陷入了严重的衰败与动荡之中②。近代东北城市发展，其带来的后果更为严重。在城乡的对立统一关系中，城市逐渐占据了主导地位，并开始了城市统治乡村的时期，乡村对城市的依赖性增强。城市的畸形发展，造成农村经济日趋萧条，农民极度贫困化，又使得乡村日益成为城市发展的桎梏，阻碍着城市的进一步发展。近代东北城乡之间的这种非良性循环，成为该区域发展严重滞后的主要原因。

---

　　① 费孝通：《中国绅士》，惠海鸣译，中国社会科学出版社 2006 年版，第 72—73 页。
　　② 吴毅：《农村衰败与晚清现代化的受挫》，《天津社会科学》1996 年第 3 期，第 68 页。

## 一、城市对乡村掠夺性盘剥与破坏

### （一）近代东北城市的畸形发展

近代以前，东北地区开发较晚，19 世纪末至 20 世纪中叶，在内外多种因素综合作用下，东北地区的城市则出现了飞跃式的发展。这期间中国东北的城市在俄、日的殖民统治下有较大的发展，城市数量增加，城市规模扩大，城市化水平居于全国各省之首。近代东北城市发展的进程主要表现为城市化与城市体系起步晚、发展快，城市呈突进式、非持续状态发展。九一八事变前，随着社会经济发展，东北地区不同类型和不同规模城市之间因现代机械交通的兴起，相互间不断进行物质、人口和信息的交换，产生对流、传导和辐射等空间互动作用，从而使在农业时代彼此分离的城市开始结合为有机的整体，城市体系初具雏形。1931 年九一八事变后，东北成为日本独占的殖民地。日本以东北作为进一步向东亚发动侵略战争的大后方，进而肆意掠夺东北的丰富资源，加大对东北的开发和巨额资金投入，这些因素导致了东北城市畸形而迅速发展。东北城市的发展是以社会的倒退和经济的畸形发展为代价的。

### 1. 近代东北城市"繁荣"的原因与条件

近代东北城市的兴起与日、俄等国的殖民掠夺有关。很多城市是其在掠夺中国资源的过程中逐渐发展起来的。不同类型和不同规模的城市因现代化交通的兴起，工矿业的发展和自开商埠等原因，逐步向近代城市迈进。① 东北城市畸形发展的原因：

第一，外国资本高额的投资和对资源的掠夺。截至 1930 年，外国在 32 年的时间里，共向东北投资 24 亿美元，其中日本大约 30 亿日元，俄国 2.7 亿美元，英美 8200 万美元。到了 20 世纪 20 年代末，日本在东北的投资占外

---

① 焦润明：《营口开埠与近代辽宁城市崛起》，《辽宁日报》2008 年 8 月 29 日，第 12 版。

资总额已达72%，取得了垄断地位。1932年后，日本独霸东北，来自日本的投资数额进一步加大，投资总额由1931年的5.5亿美元激增至1944年的52.7亿美元①。日本通过这些巨资投入，先后建设铁路，投资港口、煤矿、钢铁和炼油，推动东北经济的现代化。在这一时期内，东北的钢产量和发电量增长20余倍，生铁、水泥和煤矿产量也增长了1倍多②；煤炭产业等现代化工业开始飞速发展，当时的抚顺煤矿和鞍山钢铁厂都由"满铁"经营。日本资本使得东北煤炭产量在1930年达到了1004万吨，大约是1918年的3倍。1937年日本开始全面侵华战争，日本在东北的工业化和经济发展也未曾中断，东北变成了亚洲最大的钢铁工业基地之一。巨额的资本输入，使东北的城市面貌发生了深刻变化，城市空间规模急剧扩大，城市功能由商业和轻工业为主的态势转变为以重工业和能源工业为主的态势，如大连、沈阳、抚顺、鞍山等城市兴起和发展起来。但是，由于日本出于军事和政治目的，东北发展起来的现代工业基本与本土民营资本无关，侧重东北重工业发展，只受到少数几个外国财阀的控制；完全无视农业发展，导致产业结构畸形。

第二，以赵尔巽、徐世昌、张作霖为首的东北地方当局领导的市政近代化运动在东北城市近代化过程中发挥了关键性作用。1905年，赵尔巽任盛京将军，在任2年，他为人清廉，着意整理财政，开始成立财政局，铸造银元，创办东三省银号，发行纸币。1907年，东北改设行省，徐世昌被任命为钦差大臣，总督东三省兼管三省将军事务。徐世昌在任期间，在东北推行新政，采取开商埠，借国债，修铁路等一系列措施，以此来抵制日、俄对东北的控制，尤其对东北经济、政治、教育、军事等进行近代化改革，成效显著。1909年2月，锡良被授为钦差大臣，总督奉天、吉林、黑龙江三省的事务，兼任热河都统。他在任期间延续赵尔巽、徐世昌对东北的改革，政绩斐然。他对发展经济尤为重视，采取诸多举措，把新政改革又向前推进了一

---

① 吴承明：《帝国主义在旧中国的投资》，人民出版社1955年版，第162页。
② 参见何一民主编：《近代中国城市发展与社会变迁（1840—1949）》，科学出版社2004年版，第238页。

大步。

赵尔巽、徐世昌和锡良等人通过办学，培养专门人才和创办近代报纸、图书馆，使东北城市文化形态与社会习俗风尚向近代化转变。他们又对诸多城市自开商埠以及建立巡警制度。在以徐世昌为代表的东北地方督抚的一番努力下，东三省各大城市很快就出现了"货物云集、贸易兴盛"的繁荣景象。一些新兴小城镇的商业贸易也表现出一定规模，如海拉尔有杂货铺百余家，饭店 30 余家。同时，从东三省外贸出口额来看，1909 年比 1907 年约增长 2 倍①。东北地区出口贸易口岸的崛起，促进了东北内地商贸的繁荣。这些市镇贸易的发展与赵尔巽、徐世昌、锡良等人在东北的新政改革分不开。②总之，从 1905 年末开始，东北地方政府在为期 25 年的时间里，通过自开商埠、改造旧城和开发新城、招商引资，鼓励民族资产阶级绅商参与城市建设等一系列活动，使城市面貌大为改观，增强了城市的吸引力，在抵抗侵略和掠夺的抗争中起到了不可估量的作用，并为整个东北社会、经济、文化的发展培养了各种人才。他们的努力使东北地区体现出近代资本主义的工业文明，城市文明由城市向乡村、由经济向社会文化整体性推进的历史态势，这一态势对东北城市近代化乃至整个东北社会的近代化有重要意义。也在一定程上延缓了东北城市的殖民地化，特别是对东北城市早期近代化的推动作用是不可低估的。

第三，东北地区地域辽阔、资源丰富，以中东铁路为代表的铁路、公路、航运等完善的交通体系形成，使得运输成本低，工业原料就近开采和利用。轮船、铁路等现代交通工具的引进，使东北农产品市场与广阔的世界市场间的联系更加便利。另外，九一八事变后直到日本投降，东北虽已沦陷，在日本残暴的殖民统治和高压下，虽然有中国人民的不屈不挠的英勇抗争，但社会政治局面相对稳定，社会动荡和战争时间少于关内地区。这些也都是

---

① 张念之：《东北的贸易》，上海东方书店 1946 年版，第 22 页。
② 荆蕙兰、薛桂芬：《清末东北新政与东北城市早期近代化的发展趋向》，《大连理工大学学报》2013 年第 1 期，第 128—132 页。

区域城市化获得快速发展的重要原因。

第四，东北地区短时间内大量移民的到来，为东北城市经济注入了极大的活力。清末，随着东北大门的打开，"闯关东"的关内人越来越多，逐步形成一股移民洪流。从光绪二十三年（1897）到宣统末年，东北人口由 700 万左右增至 1840 万。① 民国建立后，东北各省来自关内的移民人口逐年剧增。从 1912 年民国建立到 1931 年的九一八事变止，20 年时间，仅东北地区的人口比清末增加了 1 倍多，总数达到了近 3000 万人。特别是在 1923 年至 1930 年的 7 年间，由于关内的北方诸省连年遭灾，致使贫苦农民迁徙到东北的潮流达到高峰，在此期间大约有 500 多万人移入东北各地。② 人首先是生产者，是一切社会财富的创造者，是社会经济活动的主体。没有一定的最低限度的人口，就不可能有任何社会的经济活动。随着移民增加，经济开发，东北的城市得以快速发展。

### 2. 城市对乡村的掠夺和破坏的加强

毛泽东在谈到近代中国城乡关系时曾经指出，这种关系是"外国帝国主义和本国买办大资产阶级所统治的城市极野蛮地掠夺农村"的关系③，城市在经济上剥削农村，在政治上统治农村。这是中国城市自产生以来，便被赋予的双重功能。这种城市功能被延续到近代而变得更加强化。近代东北城市发展更是如此。近代中国城市所固有的浓厚的封建性以及近代以来强加给中国城市的殖民地性，使城市对农村的剥削程度更高，剥削手段更加完备和多样化。它不仅延续和强化了农业时代的剥削方式，而且还增加了新的殖民掠夺和资本主义的剥削手法，这种对立在经济上主要表现为城市对农村剥削程度的增强和城乡间发展差距的进一步扩大，城乡间形成极不协调的发展景观。其结果使近代城乡关系变得更加残酷与不协调，城乡之间严重对立。使

---

① 参见何一民主编：《近代中国城市发展与社会变迁（1840—1949）》，科学出版社 2004年版，第 238 页。

② 马平安：《近代东北移民研究》，齐鲁书社 2009 年版，第 43 页。

③ 《毛泽东选集》（合订本），人民出版社 1964 年版，第 310 页。

得由于近代农村依然保持前近代的半自给自足的生产方式和生活方式，以及日益恶化的农村经济，使区域为城市工业发展所提供的市场相当有限。这样，农村消化城市工业品的能力很弱，极大地制约了城市工商业的发展，进而使城市的发展缺乏必要的动力。原本为城市的重建和复兴做出过重大贡献的乡村，已经大大地拖了城市前进的后腿。因此说："在鸦片战争以前，中国经济一般地以旧式土地资本、商业资本、高利贷资本的'三位一体'作为剥削者，自帝国主义势力侵入后，'帝国主义资本、买办资本、旧式资本'形成新的'三位一体'，……'新的三位一体'中帝国主义资本是太上皇，对封建的"旧的三位一体"是无孔不入的基层组成分子，透过它而向广大农村进行露骨的剥削，……无论'新的三位一体'或'旧的三位一体'，其剥削的最后落着点均在广大的农民，他们日趋贫穷，被压得喘不过气来。"①东北城市的畸形发展，是以牺牲农村农民为代价的，相比较中国的关内状况，东北地区的农民所受压迫之深、城乡差别之大，也是最突出的。高利贷资本对农村的支配不断加强，剥削也趋于加重，导致农民愈加贫困。据记载：1920—1924年间，东北北部地区经营土地15垧以下的佃农，种一垧地可以收入67.19元，但须支出生产资料费用12.32元，生活费用49.64元，地租17.22元，合计79.18元，入不敷出竟达11.99元②。据1930年调查，普兰店一带有三分之二的农户负有债务。③放贷者有地主、私人高利贷者、粮栈、油坊等商业资本，当铺、储蓄会及金融组合，以及外国金融资本。其中以地主及私人高利贷者的盘剥最为严重，其利息有的年利七八分，也有10分、20分的，月利一般为3分至6分。④总之，东北城市的发展，被完全纳入商品经济关系中的农民并没有从中获得多少益处。相反，商品经济的发达

---

① 万兴武：《从"城""乡"对立论中国经济的症结及其出路》，载《中国建设》第6卷第1期，1948年，第33页。

② 东三省铁路经济调查局：《北满农业》，哈尔滨中国印刷局1928年版，第164页。

③ ［日］关东州普兰店民政署：《关内支那人の农家经济》，1932年，第126页。

④ 参见衣保中：《东北农业近代化研究》，吉林文史出版社1990年版，第384页。

反倒是刺激了地主和官府的胃口，对农民的地租赋税剥削日益增长。近代中国统治者从农村榨出的田赋、地租、杂税等财富，通常被分作三种用途：一部分留在农村，成为地主贵族购买土地、扩充家产的资本；另一部分则被政府抽走，为城市统治集团维护其统治机器运转的费用；还有一部分进入城市流通领域，成为商业资本。这种社会财富的不合理流向，造成农村农业经济日益走向衰落和崩溃，与部分城市的畸形繁荣形成十分鲜明的、极不协调的强大反差。

## （二）农村经济日益走向衰落与崩溃

鸦片战争后，近代中国城乡关系是城市在经济上剥削乡村，在政治上统治乡村的对立的城乡关系。这种关系下，城市对农村的剥削、掠夺和破坏，一是通过苛刻的赋税、地租、利息等，维持落后的生产关系剥削农民；二是不等价交换，主要是通过工农产品剪刀差的形式来盘剥农村农民，其结果不仅造成农村经济的衰败，也使城市发展受到限制，更造成城乡之间发展的恶性循环。东北地区表现更为明显。

### 1. 地租、田赋、杂税盘剥的苛重，农村经济走向衰落

近代中国，由于土地所有制关系并未发生变革，土地的使用权与所有权仍分属不同的农民阶层，存在于土地使用者与所有者之间的租佃关系并未有任何动摇，而维系这种租佃关系存在的核心便是地租。① 由于东北地区特殊的历史遭遇，其城市发展是随着俄、日等帝国主义国家的殖民掠夺、资源开发，使得东北地区殖民地化程度加深且城市畸形发展。随着近代中国殖民地、半殖民地半封建社会的形成，农村农民所遭受到的盘剥日益加重。

就地租而言，民国初年，东北的租佃经营南部盛于北部，1917 年奉天省自耕农占农户总数的 40.7%，佃农和半佃农则占 59.3%；而黑龙江省则是自

---

① 何一民主编：《近代中国城市发展与社会变迁（1840—1949）》，科学出版社 2004 年版，第 438 页。

耕农占 55.7%，佃农及半佃农仅占 44.3%，吉林省则介于二者之间。① 东北土地集中程度北部高于南部。但无论是南部还是北部，地租剥削率都有加重的趋势。例如，榆树县谷租租额，1910 年每垧纳粮 2 石，1916 年增至 2.5 石，六年间即增租 40%。1905 年，呼兰等地的钱租平均为田价的十六分之一，1915 年即增至七分之一稍弱。呼兰县的分成租额 1909 年仅占产量的 40%，1914 年后就增加到 50%。② 地租形式有以下几种：其一是实物定额租，占优势的地租形态。1914 年，本溪地租额占产量的 40%。怀德县地租额占产量的 46%。③ 因此，佃农的劳动果实往往是拿出一半的收获给地主。其二是钱租，这在东北南部钱租比较盛行。奉天省钱租租额 "田地则之高下，地价之低昂而异。以现时租价之大概言之，在繁盛地方上地每天 20 元以上，中地每天 15 元以上，下地每天 10 元以上"④。九一八事变后，伪满洲国建立，租税额更是逐年增加，人民的负担日益加重。一个驻伪满洲国的日本情报处长曾说过："我们日本人是非常穷的，我们负担不起占领满洲的费用，所以我们总要想法使满洲国的中国人偿付全部账单，这就是我们的主要工作。……我们必须使中国人出钱。"⑤

在近代中国，国家赋税与地租是分开的，这种封建性的租佃制度是近代中国所特有的，是建立在封建的土地所有制基础之上的。民国初年，东三省对田赋制度进行了改革，统一了旗、民地的税制和税率，政府的财政税收得到提高。1914 年 5 月 31 日，奉天省国税厅通令各县："所有奉省田赋，规定划一办法，自民国三年度开始，一律实行。"同时颁布《奉省划一田赋等则章程》，规定："划一田赋等则，无分民地、旗地，均照新章一律办理。惟皇

---

① 南满洲铁道株式会社：《满蒙全书》第三章，农业，满蒙文化协会出版社 1922 年版。

② 陈翰笙、王寅生：《黑龙江流域的农民与地主》，中央研究院社会科学研究所 1929 年版，第 7—8 页。

③ 满铁调查部编：《满洲经济年报》第 2 部第一章，1935 年。

④ 徐霖：《奉天民事类存》，第 9 页。转引自衣保中：《东北农业近代化研究》，吉林文史出版社 1990 年版，第 370 页。

⑤ 《伪满洲国史料（二十七）》，全国图书馆文献缩微复制中心出版，第 52 页。

室庄头地、王府庄头地、及蒙王自行设局收租之地，不在此限。新民县自田赋划一后，人民赋税负担较前增加10倍。① 吉林省田赋"向分收银、收钱两种，银租每坰1钱9分8厘，钱租每响660文，补平补底在外"。1914年，吉林省"奉财政部命令，饬将通省民、旗地亩一律按坰征收大银元3角，小租平底悉行蠲免"。② 黑龙江省从1913年起，田赋一律技每响征银1钱9分8厘。1914年8月，又改为按耕地等级征收，废止了银两单位，改征大洋。上则地每坰征收大洋5角，经费1分5厘；中则地征3角5分，经费1分5毫；下则地征2角，经费6厘，③ 除了正额田赋外，还要征收包括巡学堂费、警费、保卫费等项内容的地方税。奉天省地方税的税率，一般是每亩纳密察费小银元8分4厘，保卫团费4分，教育费8分。此外还有一定数额的村费需要负担，例如祠庙、桥梁的修筑，看地钱等。地方税及村费一般要由佃农承担。④

在东北，军阀连年混战，巨额的军费开支被转嫁给农民。据载，东北国税收入的8.4%出在农民身上。农民出卖各种农畜产品须缴纳成交金额0.5%乃至2.5%的出产税。官府对棉布、盐、火柴等农民生活必需品所课的关税和其他各种税捐，实际上亦转嫁到农民消费者身上。九一八事变后，东北的农民所遭受的苛捐杂税更重，伪满通过多如牛毛的捐税来搜刮广大的百姓。"东北的捐税很多，其中比较重的与农民有直接关系的，有作谷税、搬出税、地方税、谷物税、卖谷税、检征税、剿匪税等。"⑤ "屯中房地，与课地捐外，又加税数种，每亩地年需付捐税共约十余元。户口极严，远行无证不行，家中有车、马、牛、犬、鸡、鸭一概登记，课以重税。又新增户别捐，凡未饿死之家，按人口用度，必须纳税，比地亩还多。即街上卖豆腐、青

---

① 民国《新民县志》卷4。
② 《吉林公报》，民国三年四月十二日。
③ 《黑龙江公报》，民国三年八月十九日。
④ 南满洲铁道株式会社：《满蒙全书》第3卷，农业，满蒙文化协会出版社1922年版。
⑤ 冯和法：《中国农村经济资料（续编）》，黎明书局1935年版，第376页。

菜、鱼果之商贩，亦一并领营养许可证，其亦不少。近口妇人剪发，月税四角后髻两角；……宰猪及年节红白等事，亦必上捐上税，不能少减……。"①

农村经济状况急剧恶化，呈全面亏损状态。早在 20 世纪 30 年代，就有中国学者对东北农村进行了深入研究后指出："（安东）本埠春耕，因遭水灾浸渍，及由洪陡发之灾害，淹没枯萎可居耕地十分之五六，农民生活已陷绝望。虽于秋后天气顺调，各种稼禾得以复苏，而其秋收，亦不过只有六七分而。至于农民所收米谷之数量，尚不足自己之食用……。惟日伪官方，毫不之顾，追捐迫税，急如星火，因此，最近此间农村金融益常紧滞，以地偿债，而无受主，一般农民生活，已陷于不堪言状之痛苦中。"②

### 2. 工农产品价格上剪刀差，加剧乡村的贫困

城市化是一个由传统的农业社会向现代城市社会发展的自然历史过程。是社会经济结构发生根本性变革并获得巨大发展的空间表现，是经济发展和社会进步的综合体现。而处于近代社会转型时期的中国，由于生产资料所有制并没有发生质的改变，加之特殊社会背景并未产生出有利于传统城乡关系发生质变的社会经济条件，矛盾对立关系没有得到缓解，反而日渐加剧。在近代中国城市化、工业化进程中，资本原始积累的一个重要途径就是加重对农民的盘剥。在近代东北集中地反映了在外国资本主义经济的入侵下，农民被迫越来越深地卷入了不平等的交换关系中，即近代中国工农产品交换价格上的剪刀差问题。农民低价卖出农产品，高价买进城市工业品，造成工农矛盾、城乡对立关系日益加剧。不仅如此，农民在生产过程中和生产出产品后，在购入生产生活资料，出售产品的过程中，还要遭受商业高利贷资本的盘剥，从而造成了近代东北商品经济的繁荣和农民生活贫困化的强烈反差。价格是商品交换关系的基础，城市在与乡村进行商品交换中始终处于价格上的主导地位，农民始终是价格被动的接受者，两者在市场竞争中存在着一种

---

① 《日本帝国主义在中国沦陷区》，解放社：《时事丛书之二》，1939 年，第 39 页。
② 《黑白半月刊》第 2 卷第 9 期，1943 年，第 44 页。

极不平等的关系。

九一八事变后，广大农民从工农产品剪刀差日益扩大而形成的农产品价格低落中所受的灾难日益加重。农民出售农产品和购买工业品之间存在着价格剪刀差，前者偏低，后者偏高，而且在伪满后期这种剪刀差又不断加大。如以1936年农民贩卖品和农民购买品的价格指数为一百，则1937—1943年的不同变化如下：

表8　1937—1943年农民剪刀差情况表①

| | 1937年 | 1938年 | 1939年 | 1940年 | 1941年 | 1942年 | 1943年 |
|---|---|---|---|---|---|---|---|
| 农民贩卖品 | 111.6 | 110.3 | 154.0 | 189.6 | 190.1 | 201 | 235 |
| 农民购买品 | 119.0 | 146.5 | 170.5 | 215 | 247.8 | 267.1 | 291.4 |
| 平均 | 117 | 137 | 166.2 | 203.3 | 232.6 | 249.7 | 276.5 |

剪刀差的拉大，不仅加剧了农村经济日渐破产和农民的日益贫困，而且也使得本来就狭小的农村市场进一步萎缩，城乡矛盾进一步加剧。满铁和东省铁路通过政治权力取得运输资源垄断权，然后通过超额运费等手段极大地实现了对东北农民收入的压榨。例如，根据1932年一车大豆从佳木斯运往大连后获利分配的分析可以看出，佳木斯农民仅能分得32.8%，而67.2%是被帝国主义控制的铁路系统及依附于它们的粮栈攫取了。② 其结果是"东北自九一八事变后，遭暴日铁蹄之践踏，破碎已不堪目睹，其中最苦痛者莫如农村，两年以来，耕不得其田，居不得其所，流离颠沛，贫苦无告，辗转死于沟壑者，不可数记矣！当九一八事变之翌年，东北可耕之熟地，荒源穷涸，即三千万民众，赖以维持生活之食粮，亦求之无处，农村之破落自不待言矣"③。

---

① 转引自孔经纬：《东北经济史》，四川人民出版社1986年版，第548页。
② ［日］近藤康南：《農民経済の諸問題》，日本評論社1934年版，第234—235页。
③ 应麟：《苦不堪言的东北农村近状》，《康藏前锋》1934年第8期，第34页。

近代中国的城乡关系是城市片面掠夺乡村的关系，这种对立关系不仅直接破坏了前近代中国经济与社会的高度同质性，造成了传统的城乡一体化结构的破裂，而且使新的一体化结构迟迟无法建立。使"1840 年以来的中国乡村，基本都处于危机之中，并在不同的层面制约着近代中国社会诸领域的变化"①。在这种城乡关系条件下，广大乡村的危机与衰败，不仅使城市失去了赖以生存发展的腹地，失去了城市工业品市场扩大的有效空间和城市工业必需的原料供应市场，而且成为城市发展变迁的一大阻力。总之，城市的畸形发展，加剧了农民的贫困，严重阻碍城市正常发展，正如学者评价道："都市的发展，其反面就是农村的崩溃，使农村加速崩溃的种种事实，同时就是使都市发展的事实。……这个事实，使都市繁荣起来了，因是显而易见；但同时把农村中的资本及农民吸收到都市上来，便是直接破坏了农村。……总而言之，中国近几十年都市发展的事实，恰恰是破坏农村的。农村加速度的崩溃，便促成了都市的发展。"② 近代东北城乡之间的这种非良性循环，成为该区域发展严重滞后的主要原因。

## 二、"粮谷出荷" 制度与农民的贫困化

"粮谷出荷"是日本占领东北后，通过伪满政府在东北农村推行和实施的一种粮食掠夺政策。"出荷"一词来源日语，是指运出货物，这里主要指的是对地方农产品的出售。"粮谷出荷"的主要目的就是通过政治和经济手段强制性的以较低的价格征购收买东北地区的农产品，用于支持战争和日本国内的需要。"粮谷出荷"政策于 1939 年末制定，1940 年全面实施，1945 年日本战败投降，该掠夺政策随即退出历史的舞台。它给东北农民带来了巨大的灾难。

---

① 张福记：《近代中国社会演化与革命》，人民出版社 2002 年版，第 128 页。
② 周谷城主编：《民国丛书》（第一编，第 77 册），《中国社会之变化》，上海书局 1989 年版，第 181 页。

（一）"粮谷出荷"制度的实施

### 1. "粮谷出荷"政策的出台

九一八事变日本占领东北后，遂将东北作为其农产品供应基地。随着侵略战争的扩大，其对东北农产品的统制与掠夺也不断加强。七七事变后，日本侵略野心更加膨胀。与此同时日本对农产品的需求日益增加，其掠夺手段日益残酷，对粮食的掠夺提上重要位置，日伪开始对农产品实行统制。1939年公布了《重要特产物专管法》，决定对大豆的价格施行统制，并创立满洲特产专管会社。随后又颁布了《主要粮谷统制法》，1938—1940年间又相继成立了三个农产品统制机关，即"满洲粮谷株式会社""满洲特产专管公所""满洲谷粉管理株式会社"，按农产品的种类分别实行统制与"搜荷"（征购）。主要通过实行"统制"政策，控制所有粮食的流通。特别是太平洋战争爆发后，粮食成为一级战争物资，日本对粮食的掠夺更是到了疯狂的程度。随着侵略战争的持久和扩大，日本帝国主义为了加强粮食掠夺，满足庞大的战争需要，实现变东北为"大东亚粮谷兵站基地"的目的，将粮食购销由严格"统制"变为强制购销，即推行所做"粮谷出荷"政策，强迫农民售粮。1940年全面实行农产品统制，包括主要粮谷和一些特产品，设立所谓"农产品交易场"，搞"粮谷出荷"，强征粮谷。由于日本政府调集庞大的兵员和马匹开往太平洋战争前线，加之，日本国内粮食不能自给，在朝鲜、中国华北地区日本侵略势力所缺粮食都要从东北调拨，故此东北就成了日本的"大东亚粮谷兵站基地"。日本加快了掠夺东北农产品的步伐，由此，"粮谷出荷"政策随之出台。所有粮谷都在"出荷"之列，具体包括的粮食作物：大米、高粱、苞米、谷子、糜子、稗子、大麦、燕麦、小麦、小豆、绿豆、豌豆、荞麦及其制品等16种；经济作物：大豆、苏子、小麻籽、花生、芝麻、棉籽、亚麻仁、向日葵等 34 种。① 在 1940 年农产品上市期，伪满政府公布一系列的法律来保障和加强"出荷"粮的收购。1940 年 9 月，伪政府公布《农产品交易场法》，从法制上来整顿交易市场，因而在法理上强化了交易场的作用。该法禁止农民自由买卖粮谷的行为，只有在政府开设的交易场内才可进行交易。若有违反者，不仅所有粮谷都会被没收，还要处以罚款和判刑等严厉的惩罚。② 与此同时，日伪政府又对之前颁布的一些法律进行修改、修订，如对 1939 年公布的《粮谷统制法》《特产物专管法》《米谷管理法》进行了修订。1940 年 9 月 30 日，伪满政府将《主要粮谷统制法》全面修订，公布《粮谷管理法》，自当年 10 月起实施。③ 伪满政府还对《重要特产物专管法》进行修订，于 1940 年 10 月 17 日公布《特产物专管法》，于同年 10 月开始实施。该法的统制范围基本统制了全部的油料作物。至此，在法律上，全部农产品都已实现了"国家"统制。至 1941 年 7 月 21 日，合并满洲特产专管公社、满洲粮谷株式公社、满洲谷粉管理株式会社而组成满洲农产公社，以统辖农产励统制。④ 1942 年以后，更加实行强制摊派，设"出荷督励班"分赴各地进行"搜荷"督查并进行四处监视，并禁止农村往城里私运粮谷。"粮谷出荷"政策的出台，标志着日本的掠夺到了最疯狂的阶段。

### 2. "粮谷出荷"的具体实施

"出荷粮"政策，从 1940 年实施到 1944 年结束（1945 年还未来得及秋收，日本即战败投降），其间也经历了许多变化，其掠夺手段越来越严酷，掠夺数量越来越巨大。

"粮谷出荷"是通过官办农村组织兴农合作社具体实行的。一般是在年

---

① 参见郑素一：《日伪"出荷粮"的掠夺本质》，《汕头大学学报》（人文科学版）1995 年第 3 期，第 3 页。

② 滕利贵：《伪满经济统治》，吉林教育出版社 1992 年版，第 152 页。

③ 《满洲产业经济大观》（上），吉林省图书馆伪满洲国史料编委会：《伪满洲国史料》卷 4。全国图书馆文献缩微复制中心 2002 年版，第 153 页。

④ 《满洲国现势》，康德九年，满州国通信社，第 432 页。

初，先确定当年各省"搜荷"数量，随后分摊到各市县旗，依次再分配到乡村，最后分配到农户。指标是层层加码，对农民的分派一般高出指标的10%。每当春耕之前，县里发给每个农户一张"农产物种植面积、预收量、出荷量登记表"，详细填写户主姓名、年龄、家庭人口、劳动力状况、雇佣人数、牲口数、耕地面积、自种多少、租种多少等，同时也发一张粮谷"出荷证"。指标确定后，随后就是跟踪和监督，以促进"搜荷"粮食的指标完成。具体是春播以后，由县公署统一组织人员到各村、屯，与村长、屯长、警察等依表到地头查看，以确保所需农作物的种植。从春耕到秋收，从指定作物种类到面积，完全服从于行政分配，受地方权力的干涉和武装警察的监督。① 为了获取更多的"出荷粮"，日伪最初曾采取一些诱骗手段。1941年起，实行了"先付钱后交货制度"。即在播种至收割期间，强迫农民订立收买契约，规定大豆、高粱、苞米、燕麦、苏子、大麻籽、谷子、小麦、大米每卖100公斤，先付现款1元。秋收季节一到，日伪政府都要按所签的契约进行征购。从1943年起，改为实行生活必需品特配制度，规定每交售1吨粮食就奖售一定数量的棉布、棉纱等生活必需品。如每出售1吨大豆、稻米或小麦奖售棉布12平方码，棉线2米，棉花1市斤；每售出1吨高粱或苞米奖售棉布7平方码，棉线2米，棉花1市斤②。用这种方法，诱迫农民交粮。但是，这些欺骗手段无法满足日本人的贪婪欲望，日伪便改为武力搜刮为手段。太平洋战争爆发后，为了贯彻《战时紧急经济方策要纲》第三条，"在农产物方面，于图谋积极增产和彻底搜荷的同时，更须加强国内配给体制，努力扩大对日输出的余力。"③ 实行所谓"决战搜荷方策"。从1943年起，实施"村落集团出荷制度"。即每逢年初开始，由伪国务院，各省，各县、旗，层层分派"粮谷出荷"数额。最后，以各村、屯为单位，由村、屯长同

① 参见梁发芾：《从"粮谷出荷"到"统购统销"》，价值中国网，2014年9月26日，http://www.chinavalue.net/Finance/Article/2014-9-26/203805.html。

② 张揭全：《辽宁近代经济史》，中国财政经济出版社1989年版，470页。

③ 《兴农部关系重要政策要纲集》，1942年，第12页。

各户订立"出荷"契约，每户"出荷"多少，有固定数字。① 每到"粮谷出荷"季节，从日伪统治中枢的伪满政府，到各伪省、市、县、旗直到街村的大小官员以及督励班、警察署、协和会、兴农合作社的成员一齐出动，推行所谓"总力集结体制"的"粮谷搜荷"政策。例如，号称"全满第一谷仓县"的榆树县就设有庞大的所谓"搜荷督励本部"，由县长、副县长任本部长及副本部长，由日军部队长任顾问，由县协和会事务局局长、县各科科长、合作社理事长、法院审判官、检察厅的检察官、铁道副社长、税捐局局长、专卖局局长、商工会会长、农产公社社员、粮栈公会会长等人参与，在本部长直属下还分别设立搜荷工作班、取缔班、情报班、配给班、宣传宣抚班、青年特别工作班、少年特别工作班等等。② "搜集担当者元旦和假日都不休息"③ 他们下到各村、屯，用武力催逼农民交"出荷"粮。凡未交或未交足"出荷"粮的农民，要按户进行搜查，翻箱倒柜抢夺粮食。

从"粮谷出荷"出台实施，到政策终止，可以把 1939—1941 年段划为实施前期，1942—1944 年划为实施后期。前期基本上没能完成所摊派的出荷任务量；后期由于疯狂的掠夺而完成了目标。1943 年、1944 年两年度，甚至出现了实际的出荷量大于计划的分配量的情况。两年度的分配数分别是732 万吨、803 万吨，而实际的出荷量达到了 769 万吨、879 万吨。④ 当时，全东北粮食年总产量约为 1600 万吨，农民自用口粮约为 1200 万吨，八九百万吨的出荷量超过粮食总产量的一半多，使农民自用口粮严重不足。

---

① 郑素一：《日伪"出荷粮"的掠夺本质》，《汕头大学学报》（人文科学版）1995 年第3 期，第3 页。

② 伪榆树县战时农产物搜荷督励本部：《榆树县战时农产物搜荷对策要纲》（康德 10年），第 1—3 页。转引自姜念东等编：《伪满洲国史》，吉林人民出版社 1980 年版，第 373 页。

③ 《康德十年五月经济情报》，伪满档案，第 285 号。

④ 姜念东等编：《伪满洲国史》，吉林人民出版社 1980 年版，第 376 页。

### （二）"粮谷出荷"政策的实质

#### 1."粮谷出荷"特征与实质

"粮谷出荷"政策自 1939 年末出台，至 1945 年 8 月，随着日本的战败而结束，实际实施了五年。在这五年时间里，日伪当局通过该政策从东北农民手中掠夺的粮谷量逐年增加，最后达到疯狂抢夺的程度，从实行"粮谷出荷"制度起到日本投降，预计强征粮谷三千五百九十万吨，实际强征了三千六百六十万吨。[1] 农民处于食不果腹的状态。巨大的出荷量充分证明了日本侵略者的贪婪与残暴。日本对东北粮食的掠夺实质就是一个殖民国家对其殖民地的残酷掠夺，其殖民主义特征十分明显。

第一，手段卑劣、欺骗性强。为了获取粮食，伪满政府采取的手段是先欺骗后靠行政强权掠夺农产品。伪满经济部于 1942 年 11 月 6 日出台了《关于配给棉制品以促进农产品出荷的临时措施之件》，决定从 1942 年 11 月到翌年 3 月末为止，对"出荷"农产品的农民，每"出荷"1 吨农产品，以公价配给棉布 15 平方码、棉纱 1 轴、毛巾 1 条、袜子 1 双。以唤起农民对增产的热情。这一措施对"靠正常手段无法弄到手，不得不以高出公价几倍（3 倍乃至 5 倍）的价格购买生活必需品"[2] 的大多数农民来说，确实有一定的吸引力，发挥了效力。当年"搜荷"的农产品数量超过了预先付款契约量，最终大约完成"搜荷"目标的 93%。[3] 但是，达到"搜荷"目标的只有粮谷三品，杂谷、大麦和燕麦，而重要的大豆、油料作物、小麦和大米的"搜荷"量不但没有达到目标，还低于 1941 年的收购实绩。1943 年度为保证"搜荷"目标的完成，伪满再次修改了"搜荷"政策。日本采用诱骗、强

---

① 引自孔经纬：《东北经济史》，四川人民出版社 1986 年版，第 538 页。

② 满洲农产公社理事长室调查课：《关于康德八年度主要农产品生产费的调查报告书》（1942 年），第 191 页。

③ 孙彤、郑敏：《论太平洋战争时期伪满洲国"粮谷出荷"和"粮食配给"政策》，《大连近代史研究》第 7 卷，第 301 页。

抢、威逼等各种手段，每年都从东北农民手中强夺几百万吨粮食，而且一年比一年多。1940年"出荷"粮食492.0497万吨，从第2年起，每年则以100万吨数目在增加，到1944年，年"出荷粮"达到879.17万吨，比1940年增加了78.7%。日本人重点掠夺的作物"出荷"率竟高达50%—80%①。自实行严格的粮食"统制"的1940年起，至1944年止，平均粮食产量为一千八百多万吨。"出荷"量所占的比率也是很大的。例如，1943年，伪吉林、龙江、北安、滨江、四平、通化、三江、东安、间岛、新京等省市"出荷"都在40%以上。其中，如伪北安省占53.5%。②

第二，粮食出荷范围大、种类多。日本为了全面控制东北的粮食作物，在法律上终于实现了国家对粮食管理。在1940年9月30日，伪满政府将《主要粮谷统制法》全面修订，公布《粮谷管理法》，自当年10月起实施。"适用品种为一、高粱，二、包米（苞米），三、粟、精白粟，四、大麦，五、燕麦，六、黍、精白黍，七、稗、精白稗，八、荞麦，九、小豆，十、绿豆，十一、豌豆"，基本上包括了全部的杂粮。③伪满政府还对《重要特产物专管法》进行修订，于1940年10月17日公布《特产物专管法》，于同年10月开始实施。该法的统制范围不仅包括大豆、豆油、豆饼，还包括苏子、苏子油、苏子饼、小麻子、麻子油、小麻子饼等油料籽实及加工品，基本统制了全部的油料作物。④在伪满临近垮台的几年里，日本侵略者对东北农村的搜刮已达到疯狂的地步。除粮食作物外，连谷草、高粱秸等也在"搜荷"之列。据有关资料记载，当时的日伪政府曾规定每顷地需纳高粱秸1000

---

① 中国人民大学农业经济系主编：《中国近代农业经济史》，中国人民大学出版社1982年版，第172页。
② 满洲农产公社总务部调查科：《满洲农产物关系参考资料》，转引自姜念东等编：《伪满洲国史》，吉林人民出版社1980年版，第376页。
③ 《满洲产业经济大观》（上），转引自吉林省图书馆伪满洲国史料编委会：《伪满洲国史料》卷4。
④ 《满洲产业经济大观》（上），转引自吉林省图书馆伪满洲国史料编委会：《伪满洲国史料》卷4。

斤，谷草则全部上缴。此外，每户农家还要上缴蛋 100 个，肥猪 1 口，无草、蛋、猪上缴的农户，折时价交款①。

第三，农户受害深，影响面广。农民生产的粮食几乎一半被强迫出荷，剩下的还要用于种子、饲料和交租。真正能够作为农民口粮的为数不多。一般情况尚且如此，遇有灾害，更加悲惨。据记载，1943 年 6 月，伪龙江省拜泉县各地遭受雹灾水害，农产物减少约至三成，仍按摊派数量 14.968 万吨强逼"出荷"，农民不得已将口粮、饲料和种子都交出去。② 自实施粮谷"出荷"以来，日伪政府更加变本加厉。如有私人买卖粮食，一经警察密探查知，不但要没收粮谷，还要严加处罚。为防止农民藏匿粮食，他们派警察密探深入调查，并用各种办法威胁欺骗，一旦查出"便照情节"处理；如被认为是"恶质隐藏"者，则从严处办。据伪满警务部门统计：1942 年 10 月 1 日—1943 年 3 月末，全东北被检举的"出荷"案件就有 55992 件，没收粮谷达 6360 吨。③ "粮谷出荷"给农民带来了巨大灾难，每到粮谷出售期，各地均发生暴力殴打农民事件，演出种种"交售悲剧"。在 1942 年的粮谷出荷中，90% 以上的农户惨遭浩劫，只有极少数地主、富农和当地有权势者幸免于难，大户人家卖车卖马买粮食出荷，小户人家逃荒要饭，流离失所，甚至卖掉妻子儿女，走死逃亡。"粮谷出荷"造成的悲剧，触目惊心。

第四，"粮谷出荷"是日本侵略战争的战略支撑。日本通过"粮谷出荷"政策，掠夺东北的大量粮食，为战争服务。武部六藏对伪吉林省省长的训示指出："吉林省出荷好坏，直接关系到大东亚圣战。"④ 他们把掠夺来的"出荷粮"一大部分外运，供应军需。据统计，1940 年，输出大豆、高粱、苞米、谷子、荞麦等粮谷往日本、朝鲜、中国台湾、华北等地 95.91 万吨，

① 郑素一：《日伪"出荷粮"的掠夺本质》，《汕头大学学报》（人文科学版）1995 年第 3 期，第 5 页。

② 《警务报告要旨》，1943 年关宪司二课档案，第 301 页。

③ 东伪警务总局：《经济警察调查的农村特殊事情》，转引自姜念东等编：《伪满洲国史》，吉林人民出版社 1980 年版，第 377 页。

④ 腾利贵：《伪满经济统治》，吉林教育出版社 1992 年版，第 158 页。

1942 年增至 332.03 万吨①。1942 年至 1944 年，运往日本 970 万吨，运往朝鲜 100 万吨，运往华北 110 万吨②。1940 年至 1944 年，关东军用粮谷达 500 万吨之多③。资源贫乏的日本，正是通过此政策掠夺东北的粮食，去进一步扩大侵略，占领更广阔的领土，夺取更多的财富，达到"以战养战"的军事目的。

第五，人口地位不平等、民族压迫深重。为了掠夺更多的粮食，日伪不仅用武力强迫农民交"出荷粮"，还从人民口中抢粮，压低民用口粮的数量。从 1941 年起，对于民用的农产品实行配售，即实行粮食配给制度。这种粮食配给制度其配给量不是均等的，体现出严重的民族不平等。例如，东北的日本官吏、日本移民、伪满官吏用粮，不论数量、品种、质量都远远优于中国老百姓。广大的东北人民，其配售量被压到了难以生存的程度。粮食配给制度开始实行的时候，大人每月配给 15 公斤，老年人和小孩则减量配给。1942 年，改变了配给数量，由原来的 15 公斤减少到 9 公斤。1943 年，又改为成年人每月 7 公斤，青少年 4 公斤，幼儿 2 公斤④。不仅配售数里少，而且所配给的粮食都是低劣的杂粮——高粱米、玉米面，当杂粮不足时，就配给豆饼和橡子面。自配给制开始，就取消了中国人吃大米的资格。大米、面粉是日本军民的御用品，只配给日本人和一部分汉奸。到伪满后期，粮食配售不仅数额越来越少，而且其质量也越来越差，违规者严惩。日本对东北粮食血腥的掠夺，给东北人民造成无穷无尽的灾难。

## 2."粮谷出荷"产生的影响

自"粮谷出荷"实施以来，从整体上看，东北各省农产品的出售量在逐

---

① 《满洲国统计年报》1941 年。

② 中央档案馆、中国第二历史档案馆、吉林省社会科学院合编：《日本帝国主义侵华档案资料选编东北经济掠夺》，中华书局 1991 年版，第 549 页。

③ 中央档案馆、中国第二历史档案馆、吉林省社会科学院合编：《日本帝国主义侵华档案资料选编东北经济掠夺》，中华书局 1991 年版，第 502 页。

④ 中央档案馆、中国第二历史档案馆、吉林省社会科学院合编：《日本帝国主义侵华档案资料选编东北经济掠夺》，中华书局 1991 年版，第 545 页。

年增加，而农村的保留量却在逐年减少。出售率由 1940 年的 27.4% 增长到 1944 年的 48.9%，农村的保留率由 1940 年的 72.6% 减少到 1944 年的 51.1%。① 日本推行的"粮谷出荷"政策，掠夺"出荷粮"，把东北人民逼上了绝境，使东北农业生产遭到严重破坏。

首先，劳动力遭到严重破坏。由于粮食不足，造成人们健康状况的严重下降，疾病、死亡率急剧增高，人口锐减。据报道：当时新民县"后营子村 1299 户中，食粮完全断绝的 50%，存有不足一个月食粮的 20%，缺粮不多的 30%。中农以下的农民，以豆饼、土豆充饥，妇女老幼要饭的特别多"②。日本投降前夕，东北劳动力遭到破坏，粮食更加紧张，日伪政府对东北农村的掠夺更加疯狂。鞍山市由于劳动力需要急剧增加，"到八月底食粮就完全断绝了。所以，对劳动者的家属和一般市民，减少了 4 成配给量，以调整供求关系"③。严重的饥荒，使农民体质状况急剧下降，疾病、死亡率增高，导致许多骇人听闻的惨案。依兰县自 1942 年 1—6 月以来，因粮食缺乏而厌世自杀者已达 9 人。鹤立县因为缺粮，自杀者已达 300 人。佳木斯市郊一家四口，因为缺粮而相继自杀。很多地方以糠和草根充饥，在通河地区已陆续出现饿死人之事。延寿县各村屯从 4 月起就"不得不把灰菜、白菜、糠作为主食"④。如此恶性循环，即使勉强活下来的东北农民，也丝毫没有了劳动热情。许多农户因"出荷"任务不能完成，被迫逃离土地，致使许多土地撂荒，无人耕种。农业生产力遭到杀伤性破坏。

其次，生产资料基本丧失。由于日伪掠夺非常疯狂，甚至在农村连种子

---

① 东北物资调节委员会研究组编：《东北经济小丛书》（3）农产流通篇（上），中国文化服务社 1948 年版，第 8 页。

② 《伪满警务总局经济情报》1943 年 8 月，第 285 号。

③ 中央档案馆等编：《日本帝国主义侵华档案选编》第 14 卷，中华书局 1991 年版，第 613 页。

④ 《佳木斯宪兵队长出口元关于三江省食粮异常缺乏而发生民心动摇的报告》（1942 年 6 月 4 日）佳宪高第 508 号，载中央档案馆等编：《日本帝国主义侵华档案选编》第 14 卷，《东北经济掠夺》，中华书局 1991 年版，第 602 页。

都"出荷"了，牲畜也被掠夺所剩无几，致使农业再生产无法进行。对此景象，当时人评价道：农村之收入，除田地所收获者外，副业亦居重要之一，所谓副业者，即畜牧等是也，东北之农家，所豢之家畜家禽，如猪羊鸡鹅等，多则数百，少则数十，不论城乡，无家无之，每年收入，对于农家经济之辅助实亦不少。但自被暴日摧残后现已凋敝不堪，十之八九，家中猪羊悉已绝迹，盖均被日军吃用一空也，言之不胜痛心！[①] 同是，日伪只顾掠夺，不重视农业生产技术的改进，致使劳动工具简陋，经营方法落后。这些无疑使东北的农业生产面临巨大倒退。主要农作物每公顷平均产量不同程度均有下降。以 1935 年的产量为 100，到 1943 年，高粱为 89.4%，谷子为 99.1%，苞米为 88.3%，小麦为 62.4%，水稻为 94%，大豆为 88.7%，棉花为70.9%[②]。1944 年以后，农业生产更一落千丈。

再次，农村农民的极端贫困影响城市发展。农民所能支配的粮谷大多数被政府以"出荷粮"的形式征购，东北农民在日伪涸泽而渔、杀鸡取卵式的强力搜刮之下，丧失了赖以为生的土地，民不聊生，成为无产者。但这些农民并没有像西方的现代化、城市化进程那样走进城市工厂成为产业工人，由于城市的吸纳能力不足，这些破产的农民而是被强力纳入日本的社会生产轨道，日伪统治者只需提供给他们生产资料和能维持生命的最低限度的生活资料，然后便可以榨取他们的最大劳动成果，从他们身上获取最大利润。因此，在日伪统治时期的农村，农民的极端贫困，形成的失业大军，并没有给城市的发展带来活力，相反，被破坏了的乡村秩序，却更加限制了城市的发展，造成城乡关系的恶性发展。此外，日伪还对城镇中无业者和丧失劳动者实行少配给或不配给粮食，将其赶至农村的政策。如伪牡丹江，1942 年 12 月至 1943 年 3 月，从外地流入所谓"游民"21333 人。除对有劳动能力的6600 人考虑给以配给外，老弱妇孺均不配给[③]。其结果，导致大批失业大军

①　应麟：《苦不堪言的东北农村近状》，《康藏前锋》1934 年第 8 期，第 36 页。
②　东北财经委员会调查统计局编：《东北经济参考资料》（二）（1），第 14 页。
③　伪满警务总局经济保安科：《经济情报》1943 年 6 月。

返回到农村，人口回流，阻碍城市良性发展。

总之，东北农产物的产量面临倒退，出荷量却迅速增长，东北的人口处于自然增长的状态下只能用日益减少的粮食去养活逐步增多的人口，这本身就是矛盾体。致使农民的生活越来越走入绝境。当时的学者就一针见血地指出："截至去年春季，无论自耕农或佃农，均已无力耕种，虽有日本饮鸩止渴之所谓春耕贷款拨下，得支持于一时，下种于地，但因无地照作抵押品，未能借得春耕贷款，以致耕地荒芜者，仍有十分之四之多，此影响于农民之经济，实亦非浅，降至最近，于农村经济凋敝之上，又益之以种种苛苦条件，及不正常之杂税，因之最近东北农村状况，实有苦不堪言者矣！"[①]

## 三、扭曲状态下的农村社会发展趋势

近代中国特殊的国情决定了近代中国的城乡关系是"外国帝国主义和本国买办大资产阶级所统治的城市极其野蛮地掠夺农村"[②]的关系。近代中国城市对农村的掠夺和破坏除了在经济方面日益加强外，在政治和军事方面也逐渐加强了对农村的摧残和掠夺，加剧了农村经济走向崩溃的边缘。城市在经济上剥削农村，在政治上统治农村的传统格局并未发生本质上的变化。在这种城乡对立关系作用下的近代中国农村，只能以不协调的畸形样态来实现从传统向现代化的过渡变迁。[③]东北特殊的社会历史环境，造成乡村社会更加扭曲和衰败。

### （一）农村社会变迁缓慢与城市发展脱节

#### 1. 城乡发展日益两极分化

东北开埠以来，由于外国资本主义在沿海、沿江、铁路一带的地域落

---

① 应麟：《苦不堪言的东北农村近状》，《康藏前锋》1934 年第 8 期，第 34 页。
② 《毛泽东选集》（合订本），人民出版社 1964 年版，第 310 页。
③ 何一民主编：《近代中国城市发展与社会变迁（1840—1949）》，科学出版社 2004 年版，第 442 页。

地、建市，凭借在交通、资金、技术等方面的便利条件，资本主义近代工业便首先在这些城市中发展起来，将这些城市逐渐推向早期现代化的发展行列。而当晚清王朝在大势所趋的情况下，不得不进行口岸自开后，更多的中国城市汇入早期现代化的发展浪潮之中，并通过这些城市，沿着近代交通网络，将早期现代化的因素辐射向更为广阔的地域空间。不可争辩的事实是，近代东北城市的早期现代化发展水平存在着发展上的不平衡性，铁路沿线、沿海城市与广大内地城市之间存在着巨大反差。近代这些发展起来的城市，尤其是铁路沿线、沿海大城市商业迅速发展，各类大小工厂和商业机构纷纷设立，西方的文化影响等因素，使得居民的消费水平和生活方式发生了相应的变化，呈现出一派畸形的资本主义繁荣，而同时期在广大农村，尤其是内地农村，其变化甚小，或者根本谈不上什么变化。他们在土地上沿袭着古老的耕作方式，远离现代文明，在交通工具上这些农村的广大地区，则仍是用牛车、帆船等旧有交通工具来沟通各个地域之间的联系。而此刻的城市则是另一番景象：铁路沿线、沿海大城市文化设施齐全，生活节奏日益加快，昼夜区分已经不很明显，火车、汽车等各种现代化交通工具构筑起崭新的交往框架。例如，中东铁路沿线的哈尔滨，1905 年，俄国人在哈尔滨组织了北满赛马协会。1908 年，俄国人阿列克谢耶夫在哈尔滨南岗开办了一座大型电影院（后称敖连特电影院，该影院的营业一直延续至 1949 年。今称和平电影院），有 708 个固定座位。1909 年又有俄国人在道里区开办的托尔斯泰电影院。由于电影院上座率高，一些中国商人也陆续在此开设了电影院。据统计，20 世纪 30 年代初，哈尔滨共有光明、平安、亚洲、东北、马迭尔、巴拉斯、光陆、美国、风翔等 12 家电影院[1]，其数量和上座率在全国仅次于上海，居第二位，形成了很有特色的城市电影文化[2]。又如，港口城市大连，与人们日渐增长的娱乐需要和兴趣相适应，也为了满足统治者生活的需要，

---

　　[1]　《盛京时报》1935 年 3 月 8 日。
　　[2]　参见曲晓范：《近代东北城市的历史变迁》，东北师范大学出版社 2001 年版，第 157—158 页。

更多的新式娱乐场所在大连出现。日本在大连修建了大量的俱乐部、跳舞场、高尔夫球场、射击场、赛马场、棒球场等。大连街头出现的汽水、啤酒、冰激凌、面包，大量的日式料理店鳞次栉比，发展速度惊人。30 年代，大连的市内交通方便快捷。如有从大连始发直达哈尔滨的快速列车：途径大石桥、奉天、四平、新京，直达哈尔滨的汇集了美、英、法、德等国家的先进技术，时速最高的蒸汽机"特超急"列车——亚细亚号。当时，世界各国的铁路运营均速为时速 82.5 公里。而"亚细亚号"则达到了最高时速 130公里的纪录。成为真正意义上，连接伪满洲国各大经济、政治都市的超特急号营运列车。大连 1909 年建成有轨电车，全长 2.45 公里。由 37 辆木结构车身的四轴电车承担运输。到 1925 年末，全市有轨电车客运路线总长 37.2 公里。运营车辆增加到 99 辆。到 1942 年最高达 148 辆。1939 年有轨电车客运路线总长达到 65.32 公里，营运路线 10 条。日平均客运量 6 万多人次。① 再如，东北大城市沈阳，1925 年第一条有轨电车线开通，深受沈阳推崇，"市政公所之无轨电车，行驶以来，日益发达，自小东门迄北市场间，其值既廉，乘容遂伙……但时下之车仅有八辆，殊不足用，乘客时有见遗之，叹市所当局即宜力谋扩充，以应市民之需要也"②。到 1944 年，沈阳全市有电车线路 6 条，营运车辆 46 台。在休闲娱乐方面，随着奉天满铁附属地的建设和商埠地的开辟，新式娱乐方式，如跳舞、赛马、赛船、溜冰、听音乐会、参观画展、游公园、打网球、打扑克、看电影等种种娱乐方式，以其新奇、高雅的特点，吸引了沈阳人竞相模仿。③ 这些大城市拥有大型图书馆、各类优质学校、医院、文化娱乐设施、公园、林荫绿地以及现代化的通信设施等等。反观远离城市的乡村则是另一番景象，下陷的屋顶，倒塌的墙壁，成堆的垃圾，污池、泥坑、粪堆……与城市形成强烈反差。尤其是在九一八事变

---

① 荆蕙兰：《近代大连城市文化研究》，吉林人民出版社 2011 年版，第 61—63 页。

② 《奉天·电车发达》，《盛京时报》1925 年 6 月 18 日，第 4 版。

③ 孙鸿金：《近代沈阳城市发展与社会变迁（1898—1945）》，博士学位论文，东北师范大学，2012 年，第 186 页。

后，东北农村更是处于黑暗状况之中，早在 1943 年就曾报道过安东农民生存状况："安东通讯 本埠春耕，因遭水灾浸渍，及由洪陡发之灾害，淹没枯萎可居耕地十分之五六，农民生活已陷绝望。虽于秋后天气顺调，各种稼禾得以复苏，而其秋收，亦不过只有六七分而已。至于农民所收米谷之数量，尚不足自己之食用，遑谈出粜而偿捐税。惟日伪官方，毫不之顾，追捐迫税，急如星火，因此，最近此间农村金融益常紧滞，以地偿债，而无受主，一般农民生活，已陷于不堪言状之痛苦中。"[①] 中国进入 20 世纪，文明的景象很难在广大乡村中反映出来，广大农民依旧贫困、无助，在生存线上挣扎。

### 2. 农村的破败及成因

近代以前，由于中国小农业和家庭工业相结合的自然经济结构，造成了城乡人口相对分离的状况，自给自足是中国社会经济的特色，安土重迁是人们的普遍观念，甚至有人"终其身未尝入城市与人相往来者"。但自进入近代以后，由于资本主义因素的发展，乡村自然经济已开始逐步解体，加之天灾人祸多种因素的影响，大批农民甚至连最低的生活水准也难以维持，由于农村经济的日益衰败和贫困化，使广大农民和手工业者被剥夺了生产资料，纷纷走向破产，遂成为一无所有的过剩人口，被迫向城市流动以寻求出路，在这部分人口中，多为靠出卖劳动力为主要生活手段的壮年男性，[②] 广大东北农民的悲惨处境，是由东北特殊的社会环境以及农村商品经济的殖民地半殖民地半封建属性所决定的。1912 年清朝灭亡、民国建立，随着清室及八旗王公贵族政治权力的丧失，他们对土地的占有权也随之消亡。但是代之而起的，是官僚地主、商人地主和大小普通私人地主。广大农民受外国资本的掠夺，本国军阀政权的压榨，封建地主及商业、高利贷资本三位一体的盘剥，严重地摧残和压制着东北农业资本主义因素的成长。造成农民极端贫困。

---

① 《东北农村生活不堪设想》，《黑白半月刊》1934 年第 2 卷，第 9 期，第 44 页。
② 张庆军：《民国时期都市人口结构分析》，《民国档案》1992 年第 1 期，第 129 页。

首先，帝国主义资本的欺诈和掠夺。一是垄断贸易。九一八事变后，东北国外贸易，几乎都被日本人所垄断和掌控。除满铁会社和东亚拓植公司外，私人经营者，商业共 350 所，转运业共 70 余处，一切农产品的出售，消费品购入，都在日本的操控之下，他们对农产品任意剥夺，使一般农民廉价出售生产品，又以高价购得消费品，结果使农民血汗所得被剥夺殆尽。二是操纵金融。日本很久就想对东北实行金本位，以操纵东北金融，达到其货币侵略之目的。在田中内阁奏章中，就可知其野心，但其操纵之工具，则为银行，据 1931 年调查，除正金朝鲜银行外，日本总行设在东北共有 19 家，分行 42 家，总资本为 4267.5 万日元。据 1929 年调查，1928 年度，收入存款 14900 万元日金，钞票 1330 万元日金，放款 17600 万元日金。据 1930 年调查，1929 年度，收入存款 20549 万元日金，钞票 1531 万元日金，放款 20000 万元日金，放款钞票 2300 万元日金。① 由上可知，日本银行在东北金融市场上，实则占有重要位置，由此导致东北金融异常紊乱，奉票贬值，货币变动无常，这都是日本对金融操纵、影响的结果。处在东北的农村和农民所受其影响更是难以尽述。三是独占东北运输。东北国外运输几乎都被外国势力把持，而最主要的是南满与中东二线，每年都有惊人之收入，南满线在 1925 年至 1926 年，总收入为 9740 万元日金，消费为 3504 万元日金，纯收入为 6236 万元日金，1926 年至 1927 年，总收入为 10792 万元日金，全消费为 4045 万元日金；中东路 1927 年，总收入为 6400 万金卢布，开支为 3900 万金卢布，纯益为 1000 万金卢布，其吸收东北之金钱可谓巨大，这些对于货币缺乏，不无影响，又因金贵银贱，运费增加，也成为出口减少的主要原因，同时对于农村经济，更加剧其衰落的步伐。② 四是助长内战。帝国主义为了实行其侵略政策，常常助长中国内战，借此机会以求得军用品在中国销

---

① 吴庆丰：《东北农村经济衰落之原因及影响》，载《东北新建设》1931 年第 3 卷，第 4—5 期，第 75 页。
② 吴庆丰：《东北农村经济衰落之原因及影响》，载《东北新建设》1931 年第 3 卷，第 4—5 期，第 76 页。

售，战争既起，苛捐杂税又都强压在农民头上，东北饱尝战争痛苦。在东北数十万的军队及兵工厂开支，此款项来源大多出自农村，农村的负担愈加沉重，严重影响了农村经济发展。五是帮助土匪滋扰农村。东北土匪猖狂，其主要原因是因为帝国主义的帮助，供给军火，资以金钱，故离帝国主义愈近，则土匪愈甚，其结果导致农村人口日减，农村经济受之影响，难以尽述。

总之，帝国主义资本的欺诈和掠夺是造成东北农民极端贫困的最主要根源。在帝国主义压迫下，农村经济难持续发展，原料被剥夺，粮食跌价，消费品价高，商品推销困难重重，货币缺乏又不统一且变动无常，社会紊乱，农民不得不出卖财产，典当房屋。因此，帝国主义资本的欺诈和掠夺，是造成东北农村经济衰落的最主要根源。它造成了东北农业发展的严重倒退和农村各阶层居民生活水平的大幅度降低，不少原来的地主破产为自耕农，大批自耕农破产成为贫雇农。

其次，官僚军阀、封建大地主的盘剥和压榨。进入民国以来，经过10余年的大规模丈放和变卖，清代东北占主导地位的官荒旗地土地占有制基本上被消灭了，东北土地占有关系发生深刻的变化，普通私人地主土地占有制成为东北占主导地位的土地占有形式。而且在丈放官荒及官庄旗地过程中，官僚地主经济急骤膨胀。许多达官显贵如退职之各部总长、国会议员以及督军省长等趁机占有大量土地，成为东北新的土地主人。他们"悉用公司堂号名义领垦荒地。其初稍出资本，嗣后或安居他处，坐收田租；或出售田地，另营他业"①。他们有段祺瑞、张作霖及其奉系军阀的其他高官显贵等，这些高官显贵，无不利用自己的权势和雄厚的财力在东北各地广占良田。段祺瑞在1917年以"德政堂"的名义在五常县报领大青川及大肚川林荒9645方里。1920年，张作霖以"三畲堂"及东北军二十七师的名义，在通辽县的

---

① 陈翰笙、王寅生：《黑龙江流域的农民与地主》，（上海）国立中央研究院社会科学研究所，1929年。

辽河南、北两岸占地 889 方 37 垧①。部下吴俊升在任黑龙江省省长期间，掠夺土地遍及全省，军事部参谋次长于国翰、奉天陆军被服厂厂长潘桂庭、东省特别区行政长官张焕相等都占有大量的土地②。东省特别区行政长官张焕相在桦甸、抚顺两县占有土地 1400 余垧，省长王树翰在吉林省占地 5000方。黑龙江省省长常荫槐在哈尔滨及双城堡附近占有价值 60 万元的土地。③这些官僚地主运用手中的特权，通过低价包领或压价强买等手段，低价领官荒或购置地产而获得大量土地。这样，东北大量土地就集中到这部分官僚大地主手中。

民国时期在东北掌握大量土地的另一类人是商人地主，这些人他们一般靠雄厚的财力大规模包领官荒，广置地产，成为新兴的大地主。他们中许多人兼营工商业又经营土地从而变成商人地主。这些商人地主大多居住在城内，并不直接经营土地，因而称为"不在地主"。如奉天纺纱厂总理孙祝昌在黑龙江省占地 300 方，东三省官银号总办彭贤在辽阳、辽中两县占有价值95 万元的土地。"满铁"松树站的大地主王宪章占田 15240 亩，兼营杂货店"德顺成"；徐德玉占田 82400 亩，兼营杂货店"德顺东"；郭宣三占田 6500亩，兼营油房"福源涌"；王中山占田 89841 亩，兼营杂货店"中和堂"；于继臣占田 12416 亩，兼营油房"公和隆"④。

这些官僚、富商热衷于向土地投资，使得土地买卖日趋频繁。据记载：本溪县 1926 年有土地买卖 3224 件，到 1929 年增至 37792 件⑤。土地买卖频繁的结果就是促使地价的不断上涨。据史书记载，从清末到 1919 年，农安县地价由每垧 120—144 吊曾至 1500—3500 吊；宁安县则由 18—30 吊增至

---

① 张作霖专题档案，第 12 卷。
② ［日］天野元之助：《满洲经济之发达》，满铁经济调查会昭和 7 年版，第 39—41 页。转引自衣保中：《试论民国时期东北农村经济发展的基本态势》，《北方文物》1992 年第 3 期，第 79—83 页。
③ 衣保中：《东北农业近代化研究》，吉林文史出版社 1990 年版，第 114 页。
④ 满铁庶务部调查课：《满铁沿线的豪农及粮栈》，1924 年，第 1—15 页。
⑤ 刘祖荫：《满洲农业经济概论》，建国印书馆 1944 年版，第 91—92 页。

500—600 吊。沈阳县五里台子村每垧上等地的价格，1916 年为 250 元，1921 年涨到 359 元，1925 年又涨到 600 元。辽阳、沈阳两县六个村上、中、下三等地的地价指数，如果以 1916 年为 100 的话，那么 1921 年就分别为 154、165、170；1925 年则分别涨到 284、293、325。[①]。吉、黑两省 24 个县的平均地价在 1925—1927 年的两年内即上涨 22.3%[②]。土地买卖的频繁还导致另一个结果，就是土地的高度集中，大地主经济更是迅速扩展。东北北部新垦区是官僚、商人的土地投资最集中的地区，土地集中程度高于南部，因此，东北北部地主的土地占有量远远超过南部。据 1923—1925 年调查：木兰县占田 1600 亩—1 万亩的地主有 12 人，宾县占田 5000 亩以上的地主有 20 人，方正县有一户地主占田 4 万亩，勃利县占田 1.8 万—3.6 万亩的大地主有 6 人，桦川县占田 2 万亩以上的大地主有 43 人，肇州县有占千亩以上的地主 900 人，密山县有占田 9 万亩的大地主 4 人，宁安县有占田达 112 万亩的大地主。[③] 八面通大地主张昆程，占田地竟达 40 方里[④]。随着土地日益集中，其结果是大量农民沦为无地、少地的佃农，遭受地主阶级的地租剥削。九一八事变后，东北沦为日本的铁蹄之下，农村、农民陷入更黑暗的深渊。

再次，各种苛捐杂税的重压，农民难以承受。特别是日伪统治时期这种状况更胜一筹。当时有学者谈道："现在满洲国政府"奉日人之命，传令于农村，每家至少须养猪两口，多则更好。每口猪课以两元钱之捐税，如不养者，亦照样课以两口猪之税（四元），他如鸡羊等亦有类似之苛税，此法一行，则已经破产之一般穷苦农民，欲养猪又无力，欲不养猪，又有苛税临头无不大感左右为难！进退狼狈。养猪者抽税犹可说也，不养猪者亦抽税未之闻也，在此农村破落之情形下，农民实已无力担负此项苛税，但受武力之强

---

① 参见衣保中：《东北农业近代化研究》，吉林文史出版社 1990 年版，第 116 页。

② 满铁产业部编：《满洲经济年报》1934 年，第 57 页。

③ 满铁产业部编：《满洲经济年报》1934 年，第 44—45 页。

④ 《东北土地问题资料》，第 7 页。转引自衣保中：《东北农业近代化研究》，吉林文史出版社 1990 年版，第 115 页。

迫，弱小者又无力反抗，只有仰天长叹!① 仅此一例，可反映出东北农民所受各种苛捐杂税之苦和无奈。加上掠夺式的军事徭役，以及世界经济恐慌的袭击，都使窒息在旧的生产关系下的东北农村更陷绝境。

最后，高利贷资本对农村的支配不断加强，剥削也趋于加重。由于城市外国资本主义及为之服务的买办、商人操纵并垄断了各级市场农产品销售，致使广大农民在继续遭受原有封建剥削的同时又面临了外国资本主义的残酷压榨。东北农村，以小地主自耕农占大多数，尤其是以四十亩以内者为最多，其次则是佃农，租种他人土地，而百亩以上自耕农则为数较少，此类耕农，资本较多，一切生产费用的开支，莫不求诸于地主，或土豪劣绅拥有资本者，在秋收后以粮食清偿之。今年春，货币并未缺乏，物价高，生产费较多，及粮食上市，而粮价却大跌，不足清偿债务，借钱无（门）者，缓期又不可得，于是就不得不低价出售田屋，拍卖家具，或以最廉之价格，抵消债务。"于是一般拥有现款者，就可以用极少金钱，获得多数财产，结果，多数自耕农，变为无产阶级，为他人之附庸，或佃户，地主渐趋集中，而形成地主（有产阶级）庸农佃户（无产阶级）之分立，使社会发生种种不平等，地主便享一切特权，不工作可得优越之生活，而庸农佃户，碌碌终年，八口之家，不免饥寒之迫，农村衰落之影响，未有甚于是者也。"② 因此，长此以往，造成普通农民越来越贫困，土地和财富愈加高度集中。针对这种现象，当时就有学者指出"东省农人的经济，近来很是困难，在乡间借款，不但利息很高，并且还不容易借出来，利息每月多半是由 2 分 5 到 3 分。"③ 在东北，对农民的剥削形式上，是金融资本和商业资本合二而一，共同盘剥农民。

---

① 应麟：《苦不堪言的东北农村近状》，《康藏前锋》1934 年第 8 期，第 34—37 页。
② 吴庆丰：《东北农村经济衰落之原因及其影响》，《东北新建设》1931 年第 3 卷，第 4—5 期，第 76 页。
③ 柳国明：《改良东三省农业之我见》，《东北新建设》第 1 卷第 3 期，1928 年。

## （二）农村发展日益衰败不可逆转

城市和乡村是一定空间范围内缺一不可的组成部分，城市的发展变化很大程度上取决于广大乡村的支持力度；乡村的发展依赖自身的条件，也需要城市发展带来的联系和互动，最终达到城乡的共同发展，城市化水平的提高。城乡关系是通过经济、政治、社会、技术信息等具体方式来体现两者之间的互动共进和互为因果。[①] 然而，近代中国城乡发展并未按着这一良性互动形态向前发展，却呈现出一种畸形发展势态。即近代中国城市发展的畸形在一定程度上促进了农业生产的商品化，但并没有因此促进农村经济的繁荣发展，结果是"都市的发展，其反面就是农村的崩溃"[②]。中国近代东北农村的社会发展环境更为恶劣，在帝国主义、官僚资本主义、封建地主阶级的联合掠夺和摧残下，呈现出日益衰败的不可逆转的趋势。"乃年来，农业跌价，市场壅塞，利息增高，金融奇紧，致使一般耕农不但生产费无从开支，最低生活费亦难维持，民困民病，痛莫堪言，倘不设法补救，势必农村经济破产，影响东北全局，当有日矣，仆本轻材短绠，所得无殊，仅就农村经济衰落之因果，與夫救济之方策申诉于后，为忧心东北经济问题者，略以鉴赏耳。"[③] 具体表现：

### 1. 耕地大量荒芜，农业生产萎缩

东北在这种城乡关系的维系下，城市在政治上压迫乡村，通过乡村中的商业资本和高利贷资本、大地主、官僚、买办等，以价格、利息、地租、赋税、徭役等经济剥削手段剥削乡村，使得农民因粮食跌价，一年所得不足所支出费用，导致乡村经济的凋敝。对此情况，时人忧虑地写道："农村破产，

---

[①]　张利民：《城市史视域中的城乡关系》，《学术月刊》2009 年第 10 期，第 136 页。

[②]　周谷城：《农村的崩溃》，载《中国社会之变化》，《国民丛书》（第一编，第 77 册），上海书局 1989 年版，第 181 页。

[③]　吴庆丰：《东北农村经济衰落之原因及影响》，载《东北新建设》1931 年第 3 卷，第4—5 期，第 69 页。

死亡率大于生活率，人口日减，是以荒地增加，农户减少，乃自然之现象也，结果土地渐趋集中，地不能尽其力，且内地移民，因耕种赔本而离去者，日有增加，故垦地不但不能开发，抑或渐少，长此以往，东北粮食，或有缺乏之一日，亦未可知也……"① 近代中国城乡间日渐加剧的对立关系，造成广大乡村经济的残破和农业生产者的贫困，导致近代城市的畸形发展和近代城市整体发展水平受到诸多制约，也使得近代城市化发展无法得到必要的物质基础支撑。农民长期生活在贫困之中没有任何改观。关于农民的贫困状况，当时的一位大学教授有过报道："近几十年来，东三省农人的生活困苦已到极点。即就作者的家乡而言，一般号称为小康的人家，辛勤了终年，累尽了汁血，仅能混足衣食而已。他们平日的饮食非常粗劣，今日吃高粱米和咸菜，明天还是照样，一年到头，总是如此。……我想这种现状，并不只限于敝乡一处，大半在东省各地，都是如此。"② 这样一来，许多农民只能转就他业，另开谋生之路；与此同时，因长期贫困导致死亡率增加，人口减少、农户减少、荒地增加，结果是土地渐趋集中。内地迁移来的移民，因耕种赔本逃离者众多，因此，垦地不但不能开发，严重影响东北农业生产发展，并且这种状况日趋严重。特别是九一八事变后，在日本殖民统治下，东北农村发展走向更是成为下降趋势。亚当·斯密在论述城乡关系时曾这样说："乡村居民须先维持自己，才以剩余产物维持城市居民。所以，要先增加农村产物的剩余，才谈得上增设都市。"③ 城市与乡村在这种对抗性的矛盾关系中双双陷入一种恶性循环之中，其浅层结果是城市愈发展，乡村愈落后，城乡差异愈大。深层结果则表现为乡村愈落后，城市进一步发展的阻力越大，整个社会经济起飞和社会转型的任务愈难以完成。

---

① 吴庆丰：《东北农村经济衰落之原因及影响》，载《东北新建设》1931 年第 3 卷，第 4—5 期，第 77 页。

② 柳国明《改良东三省农业之我见）》，《东北新建设》1928 年第 1 卷，第 3 期。

③ 亚当·斯密：《国民财富的性质和原因的研究》上卷，商务印书馆 1981 年版，第 346 页。

## 2. 农村阶级分化严重，农民贫困日趋严重

广大农民的辛勤劳动，造就了 20 世纪 20 年代东北经济的繁荣，但农民的生活没有改变。根据当时哈尔滨市的行情统计，东北北部耕种每顷田地的平均收入额，1922 年为哈大洋[①] 76.56 元，1927 年为 140.29 元，1928 年为 167.31 元，1929 年为 122.19 元，1930 年为 92.27 元，1931 年为 81.41 元。农民收入额在 1929 年之前呈增长趋势，此后则渐趋下降。[②] 据 1920 年对盖平、庄河、岫岩诸县农户的抽样调查，大农（包括经营地主和富农）平均每户经营土地约 70 垧，年收入 4971 元，各项费用支出 3701 元，纯收入 1270元；中农平均每户经营土地 10 余垧，年收入 1792 元，支出 1581 元，纯收入 211 元；小农平均每户经营土地 3 垧 7 亩余，年收入 836 元，支出 781.2 元，纯收入仅为 51.8 元。[③] 据 1925 年的记载，大连一带农民多种高粱、苞米，平均每户耕地不过 23 亩，每年收入不过百六十元至二百数十元。因此，生活费用 1/3 要靠在外打工补助。[④] 据学者统计，20 世纪 20 年代辽南地区的普兰店农民生活水准很低，他们把生活费用的 93.3% 用于解决温饱方面，用于吃饭占到 66.0%，其中副食仅占 10.7%，这说明食物构成还是在满足填饱肚子的需要，其质量和营养根本没有能力去提高。至于在文化、卫生、教育等方面的支出，几近于零。[⑤] 这些贫困的农民一无技术，二无资金，不可能使农业生产在土地生产率和劳动生产率方面有大的突破，追加劳动超过一定程度，就会出现劳动力边际报酬递减。其结局必然是农村阶级分化严重，农民贫困日趋严重。

---

① "哈大洋"是流通在哈尔滨及其周围地区纸币的简称。由于它是以"大洋"（银元）为本位并印有发行地"哈尔滨"字样，故称为哈尔滨大洋票，简称"哈大洋"。这种纸币于 1919 年由中国、交通两银行首先发行，接着东三省银行（号）等也相继发行，流通于吉林、黑龙江两省。九一八事变后，被伪满洲国中央银行的伪国币所取代。参见任浩然：《"哈大洋"流通概述》，《北方文物》1987 年第 3 期。

② 参见衣保中：《东北农业近代化研究》，吉林大学出版社 2000 年版，第 387 页。

③ 铃木小兵卫：《满洲の农业机构》，东京白杨社 1936 年版，第 126—127 页。

④ 衣保中：《东北农业近代化研究》，吉林大学出版社 2000 年版，第 387 页。

⑤ 参见沈毅：《近代大连城市经济研究》，辽宁古籍出版社 1996 年版，第 135 页。

### 3. 农村金融日渐紧迫、货币缺乏

由于近代东北城市发展，资金不断流向城市，尤其是向大城市集中，使得农村金融日渐萎缩、货币短缺。其造成的影响也是深刻的，主要有：其一，出口减少。东北自民国以来，随着大规模的开发，对外贸易都是出超，而出口最主要的就是粮食，每年农村社会中，流入大量现金，农村经济日趋发展。但"今年以来，因粮食出口减少，故现金之流入骤减，故金融市场上，颇感货币缺乏之现象"①。其二，进口商品增多。东北主要工业品，多由国外进入，本地供给者为数极少，特别是九一八事变后工商业大批倒闭，对于必需品，也是高价输入再转嫁到消费者身上，结果是大量现金流出，造成货币的缺乏。其三，工商倒闭、工资降低，失业日增。在劳工市场上，人员过剩现象明显，又加之货币缺乏，造成工资低减，结果使得雇佣农收入大减。即使是自耕农也受到相当大的影响，"盖自耕农除自己工作外，也常从事他人之耕作，或工厂中之粗率工作，于其每年收入中，亦占相当位置，今因工资降低，或不能出售，故工资跌价，对于农村衰落，亦有相当之影响焉"②。

造成农村金融衰败的原因有很多，主要有：第一，城乡工农产品不等价交换，造成工农产品比价的"剪刀差"，使得农村资金大量流入城市。农民低价卖出农产品，高价买进工业品，造成农村贸易严重入超。以大连为例，1929 年开始的经济大恐慌曾造成普遍的物价下跌，但"以衣料和建筑材料等工业品为主，价格的下跌速度，远远比粮食价格的跌落缓慢"③。1939 年 6 月到 1943 年，连谷子的收购价格不但没有上涨，反而下降 3.7%；高粱的收购价格从 1939 年 11 月至 1943 年间，仅 1939 年至 1940 年上涨 8.6%，其余

---

① 吴庆丰：《东北农村经济衰落之原因及影响》，载《东北新建设》1931 年第 3 卷，第 4—5 期，第 74 页。

② 吴庆丰：《东北农村经济衰落之原因及影响》，载《东北新建设》1931 年第 3 卷，第 4—5 期，第 74 页。

③ ［日］满史会编：《满洲开发四十年史》下卷，东北沦陷十四年史辽宁编写组翻译，1987 年版，第 64 页。

三年均维持原价。1942 年至 1943 年，大连市场包括燃料、建材、纺织等工业品的批发与零售价格上涨指数（以 1930 年 1 月为 100）高达 200 多，甚至接近 300。农产品价格上升缓慢，工业原料上涨，工人生活费用上涨，导致包括农民生活消费品和农用生产资料在内的所有工业品价格的上涨；同时，流通系统及运输系统为城市垄断组织所控制，肆意压低农产品价格，这些因素导致"剪刀差"不仅无法避免，甚至在 30 年代末到 40 年代初还在明显扩大。[①]  由此造成东北农民苦不堪言。第二，日益加重的地租、田赋、杂税等，大部分转化成货币流入到城市。农民处境艰难，第三，银行、钱庄等金融机构主要集中于交通枢纽和港口城市中，其主要职能是为城市"供血"。由于农业货款周期长，收益低、风险高，因而金融资金很少投向农村，因而农村信贷数额极其微小。相反，由于银行的利率有越来越高的趋势，故农村流向城市的资金也越来越多。城乡资金的单向流动，其结果是农村金融枯竭，不仅严重地阻碍了农村农业的再生产，农村购买力下降。而且造成农村高利贷的猖獗，典当业的兴盛。"东三省有几处地方，年息须出六分……"[②]。

综上，近代东北，随着城市化的推进与城市的发展，工业化畸形发展，非但没有给乡村广大农民带来发展的机遇，农民在苛重的田赋、地租、杂税、高利贷、工农产品剪刀差等的层层盘剥下，已成民不聊生之势。同时，频繁的自然灾害更使广大农民雪上加霜，农村经济破败不堪。城市越发展，乡村越是加速衰败，这是中国半殖民地半封建社会特有的现象。尤其是东北地区，在外力的作用下，城市化、工业化的畸形发展，农业也得到大规模开发，但是随后的社会发展却是工农差距拉大，农村农民贫困加大。当时的人们感叹道："粮食，为农民唯一之滋息，生产费之开支，生活费之维持，莫不赖之。故收入之多寡，影响农村经济之盛衰，关系至为密切。东北自民国以来，农产丰饶，销路畅旺，故农村经济日有进展，今年来，出口大减，粮

---

①  参见沈毅：《近代大连城市经济研究》，辽宁古籍出版社 1996 年版，第 142—143 页。

②  参见何一民主编：《近代中国城市发展与社会变迁（1840—1949）》，科学出版社 2004 年版，第 450 页。

食跌价，一般农民之所得，生产费尚不足开支，生活费之困窘，可想而知，……所生滋息，生产投资，尚不足支付，生活之痛苦，勿庸论矣，即自耕农，虽无佃租之支付，但减除封官纳税重重花销外，最佳者亦不过足补生产费耳，此较前几年每斗一元八九时，所投之生产费同，而所得之收入，则相差几半，其影响农村经济之衰落，不待言矣。"① 这种恶化的农村经济，使得为城市工业发展所提供的市场相当有限。这样，农村消化城市工业品的能力减弱，极大地制约了城市工商业的发展，进而使城市的发展缺乏必要的动力。大大地拖了城市前进的后腿。

---

① 吴庆丰：《东北农村经济衰落之原因及其影响》，《东北新建设》1931 年第 3 卷，第 4—5 期，第 69—70 页。

# 第六章　城市化进程中乡村社会分层与社会结构历史性变动

近代的中国，正处于急剧的社会动荡时期，也是中国社会由传统向现代的转型时期。城市化的推进，在外来因素的冲击下，东北乡村一些社会群体在近代社会变迁中经历了一个剧烈的解体与重构的过程。这种冲击对中国传统乡村的宗族组织机制和村落聚合力造成巨大冲击，造成传统国家的间接治理机制渐次失效。同时，这一时期又是中国社会阶层体系走向开放化，社会流动呈现多样化的重要阶段，社会群体的变动促使阶层体系开始由传统"四民"结构向近代职业结构转变，城市化过程还加剧了城乡文化疏离，乡村固有的社会结构失衡陷入总体性危机中，它从根本上动摇了传统社会的根基，造成乡村社会分层与社会结构历史性变动，使得乡村社会结构改变与彻底重组。

## 一、近代乡村社会阶层与结构由传统向近代转变

农民离村进城是近代中国面临的一个重要的社会问题，就其正面影响而言，农村剩余劳动力进入城市，为城市经济发展提供了一支庞大、廉价的劳动力队伍，有利于工商业的繁荣与发展，增强传统政治城市在工业化中的重要地位，但是，近代中国农民大量进城，引起城市恶性膨胀，带来了许多城

市社会问题。[1] 社会结构是指一个国家或地区占有一定资源、机会的社会成员的组成方式及其关系格局，它包括人口结构、家庭结构、社会组织结构、城乡结构、区域结构、就业结构、收入分配结构、消费结构、社会阶层结构等若干重要子结构，其中社会阶层结构是核心。社会阶层结构的实质，是拥有不同社会资源和社会机会的社会位置，社会阶层就是指占有同样位置的社会成员所构成的社会团体和社会群体。自秦汉至清末的两千余年的中国，社会生产力发展十分缓慢，城市和乡村的建筑物及日常生活其他方面差别极小，甚至连印刷业都是城乡一体化的。始终没有摆脱低水平循环的状况。"原来中国社会是以乡村为基础，并以乡村为主体的；所有文化，多半是从乡村而来的，又为乡村而设，法制、礼俗、工商业莫不如是"[2]。但在政治上却形成了一套相当完整的集权化的行政科层系统。这种集权型的政治却是建立在由小农所形成的分散的经济、社会结构的基础上。"中国经济的基本结构是一个个并存排列在无数村子里的独立小农"[3]。以礼治为核心的中国文化形态长期稳定，共同的价值观念链条把各社会阶层黏合在一起。相对于近代中国政治上的剧烈变动而言，经济与社会的变动较为缓和，农业生产中保留了较多的传统因素，工业化道路虽以"突发式"的移植型方式为主，但并未实现对传统社会的全面取代，绝大多数传统手工业不仅保存下来，而且在生产技术与经营方式上出现了积极变化，与此相应，经济性的社会组织，即商人团体或在延续中开始转化，或在转型背景下重新集结，总之，传承与变动在经济与社会领域被赋予了新的内涵。[4] 传统乡村社会的稳定与秩序有赖于国家、士绅和小农结构之间的均衡。然而，近代以来在外来现代化因素的冲击下，东北城市化过程中，国家、士绅和小农均衡互动的结构格局难以

---

[1] 彭南生：《传承与变动：近代转型时期的城乡经济与社会》，湖北人民出版社 2008 年版，第 150 页。

[2] 梁漱溟：《梁漱溟全集》第 2 卷，山东人民出版社 1991 年版，第 150 页。

[3] 费孝通：《费孝通文集》第四卷，群言出版社 1999 年版，第 328 页。

[4] 彭南生：《传承与变动：近代转型时期的城乡经济与社会》，湖北人民出版社 2008 年版，第 2 页。

维持下去了，其乡村的社会结构都在发生着改变。

近代中国由于外国资本主义的侵入，使传统的自然经济解体，造成了上层建筑的变化。随着城市化的推进，造成的影响直接表现为乡村社会结构的变迁，以血缘关系为纽带的宗族势力的衰弱。原来那种乡村聚族而居，严守族规的制度也慢慢地解体。社会转型是以经济转型为基础的社会全方位整体性的结构变化过程，到 20 世纪上半叶，乡村固有的社会结构严重失衡，组织机制破坏，乡村社会陷入了总体性危机中。

## （一）东北村落体系的演变

历史上，东北地区是一个少数民族聚集的区域，他们是东北的主人，世世代代在这里繁衍生息。清代以前，东北地区地广人稀，大部分少数民族过着游牧和渔猎生活，他们形成了东北传统意义上的非汉族的同族族群，且居住形式继承原有的聚族而居的历史传统，形成一些家族制度。最典型的就是满族哈拉莫昆制、鄂温克族毛哄制以及黑龙江中下游的姓长制度。① 近代以来，东北开禁，随着大规模的土地开发，城市化推动，使得大量汉族移民流入东北，形成了一些同族群体，具有鲜明的地域特色。

### 1. 村落的形成与演变

乡村社会是以农业为主体的包括其他产业在内的社会区域。虽然近代东北乡村社区包括农村（狭义农村）、林村、渔村、牧村等，但在传统乡村社会中，农村是主体。农村是农民及其家庭成员从事经济、政治、文化和社会活动的场所，是他们从事共同生活的社区。近代以来"闯关东"的汉族移民，通常是部分家庭成员先来东北，定居后其余家庭成员才跟随迁移。近代东北地区的关内移民大致划分为三个阶段：第一阶段：清末移民时期（1861—1911）。第二阶段：民国移民时期（1912—1931）。第三阶段："满

---

① 赵英兰：《近代东北地区汉族家族社会探究》，《吉林大学社会科学学报》2008 年第 4 期，第 71 页。

洲国"移民时期（1932—1945）。这些迁入新的定居地的移民，一般仍保持了聚族而居的传统。他们携带家眷，流入东北后"占有广漫无垠的土地，招亲集友，日增日多，遂结成血族关系的自然部落"①，随着人口的增多，至民国时期东北地区的汉族移民已形成一定规模的家族共同体。如在东北北部，每村居住的农户少则 10 家，多则 50 家左右，"其同一族姓之单独村庄亦不少"②。随着东北移民人口的增多，这些关内移民从辽沈地区到向松嫩流域扩散，然后再向整个东北平均化发展。在村落的分布上，农村大多位于适宜农业种植的中部大平原，也是人口最稠密的地区，"东省之村落，以农村为主""而海滨及岛屿之上有渔村，西部则为游牧人民之移动村落"③。从发展态势上看，东北地区农村呈逐步扩大的趋势，而林村、渔村、牧村等则呈逐渐萎缩或停滞状态。

真正意义上农村的开拓与开发始于清朝，当时东北设立官庄、旗屯、民屯三大不同类型的农村村庄体系，其中官庄主要是裁汰兵丁和发遣人丁。清廷为了保证"满洲根本"，又实行了"旗民有别"的政策。但随着大量移民涌入东北，清初以来的旗界逐渐破坏。民国之后，移民大量涌入，村屯大量出现，旗民开始混居。清末随着州县体制的建立，旗制为主的乡村体系开始变为州县体制为主导的乡村体系。到了民国时期，在农村基层实行了区村体制。④

东北最早的村落为土著村落，大多为少数民族地区，他们世代居住，一直保留着原有的风俗习惯。清末，随着对东北实行全面封禁，东北开放，华北各省农村人口移往东北的人数逐年增多，在东北广大地区几经散合，最终形成了一定规模的汉人村落。这种村屯往往以首到者、创建者的姓氏命名，

---

① 刘祖荫：《满洲农业经济概论》，（新京）建国印书馆 1944 年版，第 17 页。
② 东省铁路经济调查局：《北满农业》，哈尔滨中国印刷局 1928 年版，第 47 页。
③ 张宗文：《东北地理大纲》，中华人地舆图学社 1933 年版，第 127 页。
④ 王广义：《近代中国东北乡村社会研究（1840—1931）》，光明日报出版社 2010 年版，第 38—41 页。

或者以本村屯人口较多的姓氏命名。也有根据居住条件、聚落外貌和分布状态来为村子命名。如"窝堡""马架""间房""平房""家子""堡""营子""围子"等比比皆是。"清初为御租荒地,于乾隆末年,方出荒招垦。时有姜、程、马,王四姓购荒来垦,以椽数株立架,复草土为屋,俗称'马架',因其有四,故名"①。这类村名遍布东北各地,同样是东北村名诞生时期的主要特色之一。

### 2. 村落的分布与类型

就整个东北地区村落的分布来看,农业村落出现的顺序与农垦发展、移民的流向一样,是先南后北,由中间平原向四周发展。接近内地的辽宁、热河地区,农垦发展较早,农业村落也最先出现,村落也相对比东北其他地区较稠密。并且就某个地区而言,多是以一个出现较早的农村或商业点为中心,呈放射状向四周发展。在东北许多村落由于发展迅速,在其村落多派生一些村落,而且多以大中小,东西南北等来划分。即以一个初有的村落为中心地,向四周发展为若干个子村落,有些子村落再发展为母村落,产生新的子村落。这样不断扩展的结果,新旧村落星罗棋布,犹如无数颗行星围绕着一颗恒星,在东北地区构成新农业社会。由于东北是移民社会,东北大多为移民村屯,大多经历了一个由小到大的过程,即由一家或数家发展到数十家的过程。在这一过程中,子孙的繁衍和亲朋、同乡的招致都起了重要作用。村屯大多是血缘、地缘或业缘的结合体。

总体上看,东北乡村村落随着东北社会的变迁,城市化运动的带动下,在其形成过程中其来源有以下几类:第一类是土著村落。这类村落大多分布在少数民族地区,如吉林、辽宁等地的满族居住地。还有东北西部的原蒙古族居住的蒙荒地区,以及兴安山地,黑龙江、乌苏里江流域原"边民"地区。民族包括满族、蒙古族、赫哲族、鄂伦春族、鄂温克族村等。他们世代居住,一直保留着原有的风俗习惯。第二类是由占山户而发达的自由移民乡

---

① 《吉林乡土志》,《长白丛书本》,吉林文史出版社1986年版,第148、151页。

村。这种形式的村落大多较为普遍，大多在东北地区封禁时期，乾隆五年（1740）到咸丰十年（1860），很多流民流入东北，或租佃土地，或私自开垦，慢慢人口集聚起来，形成了一些村落，大多在吉林、黑龙江西部的蒙荒地区。第三类是招民开垦而形成的乡村。这主要是依清初招民例和旗人屯田招租佃户所形成的农村，以及清末、民国前期的移民招垦而形成的乡村。具体表现为辽东招垦形成的村落、京旗屯垦形成的村落、晚清及民国以来政府招垦形成的村落。第四类是驿站及驻防而形成的乡村。驿站始于元太祖，至清朝颇盛，其主要业务为传达文书及驻扎官兵。其中有兵站、台站、补递站（民站）三种。清政府把当时由云贵方面所掳俘者并流罪人充当站丁，平时叫这些站丁在附近屯田，使役牛马耕种，渐渐形成自然的村落。清代在盛京地区置驿站29处，吉林设驿站52处，黑龙江建驿站44处。每一驿站的站丁，一般在二三十丁左右，多者可达50丁以上，以每站平均35丁折算，东北清代站丁约5000丁。在清末，站屯人口在黑龙江人口中占有很大比重，除驿站之外，有官兵之驻屯，以此为基础而发展起来的村落也不少，后来随着民屯兴起，官屯形式废弃，但一些地名却得以延续。①

东北地区外来移民家族居住形式与分布状况有以下类型：

一类，杂姓混合型居住村落。这种居住形式一般是由多个没有血缘关系的姓氏家族，或原族内的邻里、同乡聚集而居。这种类型，多出现在东北新开发地区，这类村落，各家族势力比较小。如黑龙江地区巴彦西太平庄，全屯由8个家族组成，各家族在2—3户之间；兰西石家围子，全屯由5个家族组成，各家族均为2—4户之间。② 二类，单一家族型居住村落。这种居住形式一般是以一个大姓、有血缘关系的家族为主聚族而居。在东北，大族的姓氏常常作为村落的名称。这样，就出现了以孟、孙等姓氏命名的"屯"

---

① 参见王广义：《近代中国东北乡村社会研究（1840—1931）》，光明日报出版社2010年版，第41—45页。

② （伪满）实业部临时产业调查局：《农村社会生活篇——农村实态调查报告》，满洲图书株式会社1937年版，第63—64页。

"堡""店""窝棚"等村落，大多是清以后汉族移民较集中而形成家族的地方。如辽宁开原县孟家屯，孟姓占大多数，杂姓则很少，多为雇农出身家族。① 吉林怀德县榆树林屯魏家洼子，魏家是最大家族，黄家和高家仅仅几户。② 三类，多姓亲族联合型居住村落。这种居住形式一般是几个大姓、有血缘或亲缘关系的家族聚族而居。据调查记载，黑龙江海伦县后三马架屯全屯主要由 5 个家族组成，全屯 52 户中，仅有 13 户是当初投靠亲戚来到本屯的。③ 东北这些村落通过多年联姻，全屯几乎都成为亲戚关系。

### 3. 乡村集镇发展

乡村集镇是指人口聚居规模较大，拥有一定的工商服务业设施、集市的一类农业社区，是比村落高一层次的社会实体。明末至鸦片战争，东北地区社会处于自然发展阶段，城市处于萌芽时期，集镇作为朝廷强化地区统治的产物而存在。集镇多以军事防御为目的，沿驿道、河流及边疆分布，呈方整、封闭、单核的城堡。在边墙北部（边外）黑龙江、吉林及内蒙古东部地区，处于原始游牧、狩猎时期，散居着逐水草而迁息的少数民族部落，没有固定的居住地。作为边墙内外中介的关市，虽然具有明显的军事性质，但在客观上密切了边墙内外人民的经济交往，促进了地区经济的发展。④ 集镇社区是乡村的经济、政治、文化等的小型中心，又是联系城乡的枢纽点，是城乡的结合部，有人通俗地称小城镇，它是历史上的小村落，有可能发展成为未来的大城市。特别是清末民初，由于关内移民大规模进入东北后，使东北开垦土地面积增加，人口逐渐聚集，流民搭建的窝棚在某地聚集，逐渐形成村落，为后期变成集镇又演变为城镇奠定基础。如奉天（沈阳）、辽阳、海

<hr />

① （伪满）实业部临时产业调查局：《农村实态调查报告书——户别调查之部》第 4 册，满洲图书株式会社 1938 年版，第 136—49 页。

② 《农村驻在调查报告》，《满铁调查月报》1943 年第 23 期，第 11 页。转引自赵英兰：《近代东北地区汉族家族社会探究》，《吉林大学社会科学学报》2008 年第 4 期，第 74 页。

③ （伪满）实业部临时产业调查局：《农村社会生活篇——农村实态调查报告》，满洲图书株式会社 1937 年版，第 63—64 页。

④ 吴晓松：《近代东北城市建设史》，中山大学出版社 1999 年版，第 32 页。

城、锦县（锦州）、广宁（北镇）及开原等城镇均是移民聚集而后逐渐发展起来的。而在吉林、黑龙江两地，清廷为巩固对边疆的统治，采取军事移民及官庄垦殖，建立军事城堡，亦是东北城镇形成的基础，例如，宁古塔（宁安）、吉林乌喇（吉林）、伯都讷（扶余）、瑷珲（黑河）、墨尔根（嫩江）、齐齐哈尔及呼伦贝尔（海拉尔）等城镇均属此类。新民原称新民屯，本属苇塘河，因河流迁徙积淤而成旱地，地当商业孔道，村落聚集而成市镇。乾隆初年移巨流河巡检驻此，是为新民屯之始。万宝山，嘉庆初年有朱姓到此垦种，有土城一座，故名朱家城子，嗣以垦民日多，嘉庆十三年（1808）立集市；包家沟，嘉庆年间有包姓到此耕垦，嗣以人烟渐密，遂立集市。① 清末民初，随着大片土地的放垦，关内移民东北者络绎不绝，在原来人烟稀少的地区出现了许多村屯，这些移民聚集点逐渐发展为城镇。这种在招民垦荒中出现的城镇，主要集中在吉林、黑龙江两省。近代东北乡村集镇的发展带动了乡村经济的发展并加快了乡村城市化进程。

集镇是高于普通村落的乡村社会体系，是高层次的社会实体，因此，它在乡村社区发挥着重要作用。"这种社会实体，是以一批并不从事农业生产劳动的人口为主体组成的社区。无论从地域、人口、经济、环境等因素看，它们都既具有与农村社区相异的特点，又都与周围的农村保持着不能缺少的联系。"② 它们与村落在政治、经济上联系较为紧密。首先，集镇是农村的经济中心。集镇作为乡村的经济中心，既表现为它是商品生产的中心，也是商品交换的中心；同时又是小商品的销售中心。在东北最早出现的集市是自发的不定期集市。随着集市周围村落的增多，集会人数的不断增多，自然也就导致商人的汇集，定期集市也就自然形成。集市上进行的交换活动，都是"以其所有，易其所无"的农民和手工业者。集市分为不定期市、定期市两种。在东北最早的集市应是不定期市，但这种集市持续时间并不长，后来多

---

① 孔经纬：《东北经济史》，四川人民出版社 1986 年版，第 169—172 页。

② 费孝通：《小城镇 大问题》《行行重行行：乡镇发展论述》，宁夏人民出版社 1992 年版，第 9 页。

半发展成半定期市或定期市。在东北集期大多都是以农历为准，并且一旦集期确定就不会轻易更改。例如近代东北的新民县大民屯镇就是以夏历每月三、六、九为集期，即初三、初六、初九、十三、十六、十九、二十三、二十六、二十九为集期，而它临近的镇白旗堡镇就是以夏历每月的一、四、七为集期。① "翁声镇集市日期原定阴历每月之二七近经本镇商会议决为图商业发达起见特行更改日期每月中多添两集为一六四七共八个集该会除呈县商会备案外并布告商民知照。"② 其次，集镇是农村的政治中心。集镇大部设立农村基层政权机构，一般是区公所所在地。这里有区公所、保卫团、邮政局，教育机构，学校等部门等。乡镇管辖范围不仅是集镇本身，还包括周围若干农村。再次，集镇是农村的文化中心。此处所谓文化主要是指教育、娱乐等精神生活及其设施。在这里集镇有较多的文化设施，周围农村的居民到这里聚集、娱乐、聚会等。这是普通乡村所无法比拟的，最主要的表现是形成了极具特色的庙会文化，"鸣金鼓，放火树，挂灯烛。群游过桥，曰'散百病'。美男子数十人，衣文衣，唱俚曲，观者如堵，曰'秧歌'"。③ 遇到大的节庆日庙会更是热闹非凡（关于庙会文化其详情第四章已有论述）。

总体上看，集镇基本上经济功能比较突出，是一个经济的范畴，它依赖乡村的发展，近代东北的乡村集市，在数量上呈现一种上升的趋势，这说明农村的商品经济水平已经开始发展。集镇在性质上介于城市与乡村之间，是城市在乡村的延伸，又是乡村中的雏形城市。

## （二）乡村居民人口结构的改变

我国东北地区地处边疆，直到近代一直是天然的相对独立的区域。移民的到来使得东北农村人口迅速膨胀，使得东北地区的人口发展速度相对来说

① 王颖：《浅析近代东北乡村集市类型》，《黑龙江史志》2013年第13期，第221页。
② 《延吉：每月添二集》，《盛京时报》1931年11月27日，第5版。
③ 《开原县志》（八卷·清咸丰七年刻本），丁世良、赵放主编：《中国地方志民俗资料汇编·东北卷》，书目文献出版社1989年版，第117页。

是全国最快的地区，独特的东北农村社会与文化迅速成型，在短短几十年间快速地完成了由移民社会向本土社会的转变，人口结构也相应发生了深刻的变化，形成了新的农村社会结构，从而使东北农村进入一个史无前例的大发展时期。

### 1. 民族构成变化

清代以前，东北逐渐形成了以满族为主体，包括蒙古、鄂伦春、鄂温克、锡伯、赫哲、达斡尔，以及少数汉族共同聚居的民族共同体。有人推算，清朝入关时满人近百万，[1] 占主体地位。但东北又是一个由汉族移民为主构成的社会，清中后期以来，关内各地区的汉族开始大规模移民东北，改变了东北地区的民族格局，汉族成为主体民族。据统计，民国时期，出现了民族间交错杂居的现象。以热河乡村为例：汉族占 83.2%，满族占 5.7%，蒙古族占 9.5% 人，回族占 1.6%，总计乡村人数5593428人。[2] 这样，移民使东北又逐渐形成了以汉族为主体，包括满族、蒙古、鄂伦春、鄂温克、锡伯、赫哲、达斡尔族等相对稳定的民族分布格局。以黑龙江省呼兰地区为例，1780 年汉族人口 1711 人，占总人口的 38.7%，到 1907 年为665336人，占 98.9%，百余年汉族人口增长近 40 倍。[3] 清末东北人口中，移民来自关内各省，除原有人数和自然增长外，由鲁、冀、豫三省移民大致有一千万人，而其中以山东为最，约占 70%—80%。[4] "以华北人士居多，山东为最，河北、河南次之。"[5] 据统计，1840—1930 年，90 年间东北地区人口增长了近 10 倍。到 1930 年，东北地区的移民总数应该有 2400 万左右。[6] 他们共同构成东北汉族民俗文化体系。由于移民的大量涌入，与当地民族相互学习共

① 李德滨、石方：《黑龙江移民概要》，黑龙江人民出版社 1987 年版，第16—17 页。
② 满铁经济调查会：《满洲经济年报》，改造社 1934 年版，第 167—168 页。
③ 赵英兰：《清代东北人口的统计分析》，《人口学刊》2004 年第 4 期，第 51 页。
④ 路遇：《清代和民国山东移民东北史略》，上海社会科学院出版社 1987 年版，第98 页。
⑤ 吴希庸：《近代东北移民史略》，《东北集刊》1941 年第 2 期。
⑥ 于首涛：《民国时期东北农村的社会结构浅析（1912—1931）》，《内蒙古工业大学学报》（社会科学版）2012 年第 2 期，第6—7 页。

处、杂居，因此移民不但将原住地的风俗移入东北，并且扎下根来，致使东北地区的社会风俗都发生了深刻的变化，形成了一些同族群体，具有鲜明的地域特色，东北地区的发展逐渐地接近内地文化水平。

**2. 家庭与家族结构改变**

（1）家庭结构。中国传统家庭结构的典型特征，是以婚姻与血缘关系为纽带来维系的。相应地，家庭中父母与子女之间、夫妻之间关系，是家庭诸多关系中的最基本关系。近代东北地区家庭结构，随着社会经济、文化的发展而不断变化。由原来的大家族形态为主，到后来的核心小家庭为主，体现了经济的商品化、婚姻观念的自由性等对传统家庭的冲击。近代东北地区的乡村家庭结构也反映了东北社会的变迁过程。

东北少数民族本身就有数世同居的传统，"旗籍多数世同居，故有一户百口者。旗籍民籍，皆择一人主家政，家事悉听指挥，虽尊辈不之违"①。一些关内汉族移民也大多承继原有的大家庭聚居的传统，"初山东人入境者即集合同族，建造所谓家屋之窝棚，以为根据地……聚族而居，其语言风俗一仍旧贯，他省人民入境亦效仿之。此实为汉人将关内家族制度介绍于东北之始，即汉人拓殖东北最初之社会模型也"②。据记载："在黑龙江一般人都以大家庭为乐事，所以一个家族成立一个家庭的很多，这种家庭十、二十口以至七八十口人不等，都集居在一个院子里，过那熙熙皋皋的大家庭生活。"③ 在中国，传统家庭结构的典型特征是以婚姻与血缘关系为纽带。东北农民家族构成的内容，同中国本部是一样的。农民也是大家族制，一家之内，拥有很多组成员。据中国官厅的推算，通常农家每户约为8人，北满地方，家庭的构成员数目更多，据中东铁道经济局的调查，一家平均有16.4

① 魏毓兰：《龙城旧闻》，黑龙江人民出版社1986年版，第72页。
② 龚维航：《清代汉人拓殖东北述略》，《禹贡》第6卷，1936年。
③ 应麟：《黑龙江的家族制度与风俗》，《新青海》第3卷第2期，1935年。

人。① 相对来说，东北的大家庭大多属于中农以上家庭。土地多少与人口养育多少成相应比例的，非地主、贫穷家庭是不能维持一个庞大的家庭的；反过来，地主、富农为了维护其经济实力和社会地位，一般也倾向于建立累世同居的大家庭。在汉族家庭内部分工明确，"家庭内男女分工合作，室外之操作以及重笨之事，由男子任之，女子所任者，皆家庭内轻便之职务，如饲养猪牛、看守家禽、烧茶煮饭、缝纫育儿诸事"②。这也与关内农民家庭社会分工相一致。

近代东北处于社会转型时期，家庭新观念、新思想逐步开始深入人心，特别是城市化推动下，农民分化与农民离村严重，宗族、姻亲关系的纽带逐渐涣散，内与外合力因素加剧了东北地区大家庭分家的趋向，许多大家庭出现分家别居的现象。

从总体上看，东北地区的农村家庭与其他地区没有多大差别，这也是由传统社会农业生产结构决定的，也是以婚姻与血缘关系为纽带，家庭中父母与子女之间、夫妻之间关系，是家庭诸多关系中的最基本关系。大家庭中家长对家庭财产享有支配权，对子女婚姻有支配权和决定权，家长同时处处维护着尊卑有序的历史传统。从姻缘关系上来看，夫妻关系是家庭中最亲密的关系。但由于东北正处于社会转型时期，又呈现出固有的特点。由于人口来源的多样性，改变了传统的聚族而居的生活习惯，也相应地改变了"安土重迁"的思想观念。这时家庭人口规模有所减小。例如，辽、吉、黑三省1820年的人口平均户量分别是 9.16、5.07、5.89，到 1911 年是 6.48、7.29、7.56。③

（2）家族结构。在东北地区家族又称为"一家子"，是具有血缘、亲缘关系的家族共同体。东北的土著人口家庭大多土生土长，多年生聚，世代传

---

① ［日］冈川荣藏：《满蒙农业的发展》，因名译，《新平半月刊》1931 年第 8 期。转引自王广义：《近代中国东北乡村社会研究（1840—1931）》，光明日报出版社 2010 年版，第81 页。

② 朱乃一：《辽宁随笔》，1929 年，吉林大学图书馆藏，第 62 页。

③ 刘淑英：《中国人口史话》，辽宁人民出版社 1987 年版。

承，自然形成了家族共同体。而近代以来"闯关东"的汉族移民，通常是部分家庭成员先来，定居东北后其余家庭成员才迁移跟随。这些新移民一般仍保持了聚族而居的传统。他们携带家眷，流入东北后"占有广漫无垠的土地，招亲集友，日增日多，遂结成血族关系的自然部落"① 至民国时期东北地区的汉族移民已形成一定规模的家族共同体。在东北北部，"每村居住之农户，以由十家至五十家上下者，其同一族姓之单独村庄亦不少"②。对黑龙江 19 个村屯 681 户 4961 人进行调查，有 78 户 1864 人有同族关系，占全村人数的 37.6%。③ 这些移民家庭，初入东北后即集合同族，聚族而居，"此实为汉族将关内家族制度介绍于东北之始，即汉人拓殖东北最初之社会模型也"④。

东北地区家族特点：其一，由于东北地区人口的移民特色，使得东北地区汉族移民家族与关内家族相比，规模小，代际短，没有形成大家族与宗族。东北土著少数民族家族大多和内地家族代数相近，但从内地迁徙来的汉民族则不一样，他们自内地来到东北后，从本家族分离出来，成为分支家族，代际相对较短。他们一是迁移东北"移住未久"；二是移住东北后仍"迁徙无常"，因此，很难形成像关内那样的宗族规模。

其二，大多家族聚居，族长统治全族。且村落的政权大多掌握在"大户"的手中。如双城府的"族长者是一族中之领率，凡族中事件皆得干预。"⑤ 长春地区"凡族长之办事，其族中有田产之竞争、房宅之清理、或过继子嗣、分析家产以及与外人偶有致动交涉，则必延请族长，公同商议，

---

① 刘祖荫：《满洲农业经济概论》，建国印书馆 1944 年版，第 17 页。

② 东省铁路经济调查局：《北满农业》，哈尔滨中国印刷局 1928 年版，第 47 页。

③ （伪满）实业部临时产业调查局：《农村社会生活篇——康德元年农村实态调查报告》，满洲图书株式会社 1937 年版，第 59 页。

④ 赵英兰：《近代东北地区汉族家族社会探究》，《吉林大学社会科学学报》2008 年第 4 期，第 72 页。

⑤ 国立中央图书馆筹备处：《旧吉林省旧惯调查报告》（下），立花印刷株式会社 1944 年版，第 38—39 页。转引自王广义：《近代中国东北乡村社会研究（1840—1931）》，光明日报出版社 2010 年版，第 89 页。

令伊支持，以定可否。"① 在东北乡村中，大家族势力庞大，掌握村里的实权。如记载，在1931年前后，奉天省海城县晌堂村拦河山屯55户白姓占14户，光绪三年村长白日升，民国七年村长白国太，就是到了康德元年，村长虽然另一大户孙家人氏孙桂林，但村董就有白国仕。可见大户白家势力之大！② 这样的格局，进一步加大了农村大族势力。

其三，家族通过"招赘""拜干亲""过继"等途径，扩大维持家族的发展。由于生存环境的特殊性，东北地区汉族家族与关内家族相同，在族人不旺的情况下，采取"招赘""拜干亲""过继"等形式，使其非血缘、非亲缘的人际关系发生转变，转变成一种类似的血缘、亲缘的关系。使得家族能继续传承和扩大规模。招婿，指家庭中招养老女婿，继嗣，指家中妻室不能生子，需择子为后。"我国自古以宗祀为重，无子之人多以兄弟之子或本族昭穆相当之人为嗣。承继之法：双方商议允谐，邀集族长以下亲族及村长、戚友等，写立过继证书（俗称'过子单'），然后祭告祖先。礼成受贺，主人设宴款之。"③ 东北地区一些家族为了壮大本家族的"势力"，大多是同姓"认本家"，异姓"认干亲"。通过以上等形式，使得支股家族后继有人，家族的势力得以广延和加强。

其四，东北家族一般都在年终进行族祭、族宴，用来加强家族联系与团结。甚至为了加强本族的凝聚力，他们制定本族家规，要求族人遵守族规。族祭仪式很是庄重，反映出家族对此活动的重视。"民户岁时报本，率皆悬宗谱于堂前，设几案，罗列祭品；小户为居舍所限，皆书红纸宗亲牌位，供于壁间。祭祀以元旦为最盛，其余节令随时荐新。每遇朔望，或有旦夕焚香两次者。他如院中供天地牌，厨中供灶神，其祭仪略同祀先。再有特别祭

---

① 国立中央图书馆筹备处：《旧吉林省旧惯调查报告》（下），立花印刷株式会社1944年版，第39页。

② （伪满）国务院总务厅统计处：《乡村社会调查报告》，康德图书印刷所1936年版，第37—42页。

③ 《海城县志》（六卷·一九三七年铅印本），载丁世良、赵放主编：《中国地方志民俗资料汇编·东北卷》，书目文献出版社1989年版，第73页。

祀，或有因病许愿，夜间束牲神前，以酒灌耳，祈神领荐……俗呼烧香的，舞于家祖神位之前，作清语以祷荐。亲友来往，有送香者，有上礼者，亦视交谊之厚薄，而礼物随之轻重焉。"[1] 有的家族还成立了专门的组织，筹划祭祖事宜。如刘氏宗族每年都在从山东移民来海城的始祖的坟前举行联宗祭祖活动。清明、农历七月十五和十月初一共进行三次。联宗祭祖有一个组织叫作"坟搭子"，由各村刘氏的代表组成。族谱的续编是否由作为宗族的唯一组织的坟搭子进行。[2] 以上可见东北家族有其特殊的一面。

### 3. 同乡关系结构

东北地区不仅大量人口迁入相对较晚，迁入方式更是以小家庭和个体为主，即使后来有移民进入和人口的自然增长，也很难形成像南方那样的强宗大族，甚至也不如华北的宗族规模。这些移民他们迁移到新居住地后，因力量薄弱而自发聚族、聚乡而居，以备自卫或集体生产与生活，所以仍然保持聚族而居的习惯。但他们在原居住地本身就是邻里、宗族、同乡关系。在东北乡村村民之间经过长期的生产、生活的交往，通过联姻不断扩大和深化家族间关系，形成了千丝万缕的联系，通常形成了几大家族的联合体屯落。从村屯内居民家庭间的关系来看，由于村落是血缘、地缘、业缘的结合体，东北地区很多村落大致经历了由氏族单一型村落，亲戚联合型村落，最后到复杂联合型村落发展的过程。

著名学者费孝通曾指出：乡土社会是靠亲密和长期的共同生活来配合各个人的相互行为，社会的联系是长成的，是熟习的，到某种程度使人感觉到是自动的。只有生于斯、死于斯的人群里才能培养出这种亲密的群体，其中各个人有着高度的了解。[3] 东北乡村普遍存在着一种将正式的人际关系转化

---

[1] 《桓仁县志》（十七卷·民国十九年石印本），载丁世良、赵放主编：《中国地方志民俗资料汇编·东北卷》，书目文献出版社 1989 年版，第 88 页。

[2] 聂莉莉：《从小传统看儒家文化的影响》，《社区研究与社会发展》（中），天津人民出版社 1996 年版，第 899 页。

[3] 费孝通：《男女有别》，《乡土中国》，人民出版社 2008 年版，第 53 页。

成非正式的人际关系的拟亲化现象。在农民原本可以通过契约的关系达到合作或获得资源的情况下，却倾向于通过拟亲化的途径来解决。而其途径，不外认同宗、认干亲、拜把子等形式，这样基于利益关系的业缘关系就转换成一种类似的血缘关系，从而纳入"差序格局"的范围。① 这样导致乡村的亲戚关系的承继性扩大化。在同族同乡关系的相处中，在进行房地、房屋等不动产的买卖交易中，一直延续传统做法，卖物"先问亲邻"：一般来说先是同族，然后是邻居、亲戚，其次是屯里人，最后是屯外人。在同族中远近不同，又有不同的优先购买权，更有甚者，四邻因方位南、北、东、西依次由强到弱拥有不同优先购买权。② 在近代东北历史演变过程中，人们有了契约意识，亲邻、族人、同乡之间往往成为承担契约上的见证、担保义务权。在民间买卖中，出现订立契约的趋向，改变了以往口头约定的习惯，这也反映了人们传统经济、民事活动由民间旧有习惯朝着契约化、规范化、法制化发展的轨道演进，体现出时代和社会的进步。

在东北一些村落，也存在某些村民之间毫无家族、亲戚关系。这种杂姓混合型居住村落，其这种居住形式一般是数个没有血缘关系的姓氏家族，或原族内的同乡、邻里聚集而居。这种类型，多出现在东北新开发地区，杂姓聚居，各家族势力比较小。如黑龙江地区望奎县后四井屯，全屯由 7 个家族组成，各家族几乎均为 2 户；巴彦西太平庄，全屯由 8 个家族组成，各家族在 2—3 户之间；兰西石家围子，全屯由 5 个家族组成，各家族均为 2—4 户之间。③

---

① 参见王广义：《近代中国东北乡村社会研究（1840—1931）》，光明日报出版社 2010 年版，第 92 页。

② ［日］梶原子治：《满洲に於ける农地集中分散の研究》，满洲事情案内所 1942 年版，第 117—120 页。转引自王广义：《近代中国东北乡村社会研究（1840—1931）》，光明日报出版社 2010 年版，第 94 页。

③ 参见赵英兰：《近代东北地区汉族家族社会探究》，《吉林大学社会科学学报》2008 年第 4 期，第 74 页。

## 二、乡村社会阶级分层与职业结构分化与重构

中国进入近代，由于外国资本主义的侵入，使传统的自然经济逐步解体，必然造成上层建筑的改变。表现为农村社会结构的变迁，以血缘关系为纽带的宗族势力的衰弱。原来那种乡村聚族而居，严守族规的制度也慢慢地解体。宗族对人们日常生活的限制与束缚力逐渐减弱，人们可以相对自由地交往、安排自己的生活。传统乡村社会基本社会群体是农民，这一群体是乡村社会的主流。由于各种内外复杂因素，主流群体或分化重新整合，部分农民向上流动而成为地主、士绅官僚或商人；还有部分农民则向下流动，成为破产者、土匪等，从而构成了边缘群体。近代东北乡村各个阶级、阶层的分化与分流，社会力量的重组与互动，动态地展示着东北乡村的社会结构变动和演进的过程。

### （一）乡村社会阶级的分层与分化

东北乡村社会结构是多元的，特殊的地域多元的移民社会，不同的种族、文化、宗教在这里交汇、碰撞，演绎了多元的社会结构。传统乡村社会的稳定与秩序有赖于国家、士绅和小农结构之间的均衡。当然，三方均衡互动、长期稳定，有其必不可少的外在条件。

#### 1. 不对称的橄榄型乡村社会

20 世纪上半叶的中国，乡村固有的社会结构严重失衡，组织机制破坏，乡村社会陷入了总体性危机中。近代以来在外来现代化因素的冲击下，国家、士绅和小农均衡互动的结构格局难以维持下去了。"传统中国的社会结构从其延续的稳定性来看，似乎达到了一定的平衡。当中国开始和有着工业优势的西方打交道时，这种平衡被打破了。机器时代给中国人带来了现代

化，同时，中国被迫进入世界社区。这使中国社会结构发生了变化。"①

近代东北农村社会——不对称的橄榄型社会。东三省人口职业结构以农民为主。而这些农户几乎全部分布于乡村。民国 21 年国民政府主计处统计局农户统计，黑龙江总户数是 624468 户，农户数为 489927 户，农户占78.5%；吉林总户数是 1260907 户，农户数为 941454 户，农户占 74.7%；辽宁总户数是 2157705 户，农户数为 1775150 户，农户占 82.3%；热河总户数是547473 户，农户数为 437232 户，农户占 79.9%；全国 25 省总户数是78568245 户，农户数为 58569181 户，农户占 74.5%；可以看出东北农户的比重高于总体全国水平，甚至分列前位。② 民国时期，东北的官庄、旗地被丈放，官荒转变为私田，旗地转化为民田，大量土地从身份性地主手里转到充满生机和活力的普通私人地主和自耕农手里。城市化推动下，近代东北农业农产商品货币经济的发展使得农民阶级迅速分化，这时候，"东三省之农民种类凡五，即地主、自耕农、半自耕农、佃农，雇农是也"③。在这五种农民成分中，其中又以自耕农为主体，形成稳定的群体，又向上或下不断分化、分流，呈现了动态的"橄榄型"结构。据资料统计，在近代东北农村各阶层中，户均占地在 200 亩左右的富农中农阶层是东北社会阶层的主体，他们占农村人口 50% 的以上，拥有全部土地的 60% 左右；其次是小农阶层，户均拥有土地不超过 50 亩，整个阶层占有的土地不足全部土地的 10%，却占了农村人口的 1/3 左右；而作为富裕与贫苦的两极，地主阶层与雇农阶层的人数都不多，相加起来约为农村人口的 10% 左右，雇农基本不占有土地，而地主阶层却占有全部土地的 1/4。因而整个近代东北农村社会总体上是一个不对称的橄榄型社会，中间由富农中农构成，下端为小农阶层，顶端为地主

---

① 费孝通：《中国绅士》，中国社会科学出版社 2006 年版，第 124 页。
② 言心哲：《中国乡村人口问题之分析》，商务印书馆 1935 年版，第 4 页。
③ 王药雨：《东三省租佃制度》，《政治经济学报》第 3 卷第 1 期，1934 年。

阶层呈梯形，底端为雇农阶层呈倒锥形。[1] 据1928年北满地区农村土地占有情况的具体数字显示充分说明了这一点：北满地区户均占地在200亩的富农中农阶层是北满不对称橄榄型农村社会的中间力量，该阶层占有了65%的土地，集中了53.5%的人口；小农阶层属于橄榄型偏下部分；而地主阶层和雇农阶层处于橄榄型的两端，地主阶层只占有3.6%的人口却占有全部土地的26%，雇农阶层集中了7.2%的人口却只占有0.3%的土地，因此造成了橄榄型两端的不对称。[2]（但九一八事变以后的东北，情况就不一样了，农民普遍贫困。）东北的一些地主靠自己的勤劳致富发展起来，还有一些官僚、商人投资土地，形成新兴大地主。他们大多成了不在村地主，本身不直接从事农业耕作，一般直接转手倒卖给其他农民，从中获取利润，或是雇佣农工，出租土地给别人。

就东北而言，有一个特殊的群体——军阀地主阶层，他们是在东北开禁以后依靠政治势力通过各种手段大量占有土地而形成的一个利益群体。军阀地主阶层最初由清末东北驻防军的军官及其亲属裙带发展而来，开垦之初，他们利用身份的便利率先攫取大量土地，这以张作霖、张学良家族最为典型，光他们父子在东北的土地就有160万亩之多[3]；随后，一般有势力的当地达官显贵，也纷纷加入囤积东北土地的行列中来。军阀地主阶层就数量而言在人口中是极少数，他们并不居住在农村，他们占有土地的目的仅在于投机，并不开垦，坐获厚利。他们的存在对东北地区的开发是有害无益的，阻碍了普通移民招垦农业发展。

此外，在乡村还有部分土地被日本所窃取。日本为达到侵略渗透的目的，往往用私人名义或团体名义在东北地区大肆收买土地，仅在1929年之

---

① 于首涛：《民国时期东北农村的社会结构浅析（1912—1931）》，《内蒙古工业大学学报》（社会科学版）2012年第2期，第7—8页。

② 东省铁路经济调查局：《北满农业》，哈尔滨中国印刷局1928年版，第39页。

③ 李文治、章有义编：《中国近代农业史资料（1912—1927）》第二辑，三联书店1957年版，第17页。

前，已达 225 万 9 千亩①。

### 2. 近代乡村职业更为多元

在东北，大量人口的增加，移民的到来，使乡村村民的阶级分化更加复杂，尤其是职业的选择和观念更加多元。

农民人口比重大是由于早期大量移民的涌入，并且农民到东北后也多务农。

随着农村自然经济发展，农民的生活和需求逐渐发生变化，使得一部分农民从农业生产中分离出去，从事手工业、商业及其他行业；另有一部分富有者或地主、商人、官僚等，在乡村投资，开办小型作场、作坊、商号，生产或销售生产资料和生活资料，他们大多经营与东北农村密切相关的买卖、店铺，如烧锅、油坊、火磨、粮栈、豆腐坊等等。随着农村人口增多，从事手工业、商业及其他行业人口也在增多，促进了这些店铺、作坊、商号的生意兴隆，经营品种增多，于是在其周围形成了较大的村落或集镇。再有就是一些从关内省区来的行商、匠人，迁入东北农村落脚后，仍从事旧有职业。其结果是农民的生存路径有了较为多的选择，乡村职业更加的多元化。榆树县黄烧锅村"于乾隆年间，有刘姓富户来此，开设一大烧锅，生意非常兴隆。及至嘉庆末年，闽人事变更，买卖折本，营业停止。自此之后，始有民户来此居住，渐成村落，因以黄烧锅名其村"②。东北高粱、大豆、麦类产量之多，它对东北民族资本主义经济的兴起有着广泛的影响。因此，各种酿酒、榨油、磨粉行业兴起并普遍分布。但这些群体在广大乡村阶层中毕竟是少数，最终还是属于边缘群体。主流群体还是农民，且是自耕农。

尤其是在东北城市化运动推动下，随着城市的快速发展和变迁，移民增多，其城市周围乡村也受其影响，农民的职业也产生较大变化。一部分人流

---

① 李文治、章有义编：《中国近代农业史资料（1912—1927）》第二辑，三联书店 1957 年版，第 27 页。

② 《吉林乡土志》，《长白丛书本》，吉林文史出版社 1986 年版，第 151 页。

向新兴城市，从事泥、铁各匠，瓦、木，各种手工业和力役的工作，成为新的城镇居民。也有部分移民进入矿区或林区，谋生于伐木、淘金、采矿、狩猎等各行业之间。

从近代乡村农民职业的多元化发展变化可以看出，这是社会发展、城市化运动影响的结果。它改变了清末进入东北的广大关内民众，由于清廷政策的变化与时代的发展，其职业选择也由过去在封禁时期大多以从事采参、淘金、伐木、狩猎等单一性的采集经济为谋生手段转变为从事农业，以农垦为主，兼有其他各业的经济。① 所有这些，使得东北地区的乡村农民职业结构发生较大变化，也使得东北地区社会经济结构发生重大的改变。

### （二）士绅群体分化与蜕变

在前现代化中国社会，主要存在着三大社会阶层：官僚阶层、士绅阶层与农民阶层。中央王权借助官僚阶层维持着一个庞大的统一的中华帝国，士绅阶层在底层维持地方的治安与教化，而农民阶层向帝国交赋纳税。中国各阶层之间具有开放的性质，通过科举制度，农民在理论上可以跻身于士绅阶层，而取得功名的士绅入仕之后成为官僚帝国中的一员，官员告老还乡之后又重新复归于地方士绅行列，如此构成一种井然流动的社会关系。② 近代以来，在外来因素和城市化运动的冲击下，国家政权不断向乡村渗透，使得士绅阶层发生剧烈分化与蜕变。士绅问题反映了近代中国的社会变迁。这引起了乡村政权的蜕化，使传统国家的间接治理机制渐次失效。现代化过程更加剧了城乡文化疏离，使乡村社区丧失凝聚力，从根本上动摇了传统社会的根基。

#### 1. 士绅群体的转变

士绅阶层作为中国传统社会的一个特殊角色，是维护封建制度的社会基

---

① 马平安：《近代东北移民研究》，齐鲁书社 2009 年版，第 41 页。
② 许纪霖：《近代中国变迁中的社会群体》，《社会科学研究》1992 年第 3 期，第 84 页。

础。在重视身份与荣誉的传统乡土社会里，有着共同的价值取向和利益需求的士绅阶层，既是乡土社会的代表，也是国家政权与基层社会的连接环节。在地方政府——士绅——村民的权力网络中，士绅在完成国家权力对村落共同体的社会控制职能方面起着不可小视的作用。"……绅衿上可以济国家法令之所不及，下可以辅官长思虑之所未周，岂不使百姓赖其利，服其教，畏其神乎？"①"绅为一邑之望，士为四民之首"②，"官于朝，绅于乡"形象地说明了士绅阶层独特的社会地位，进入士绅阶层，通过科举考试获取"功名""身份"，这是社会阶层间垂直向上流动的唯一通道。士绅（或称绅士）是传统中国非官非民的一个特殊社会阶层，他们享有制度赋予的特权，包括参加特殊的礼仪、免除徭役、不受刑罚、减税等优待，并有特殊的生活方式。③ 他们知书明理，在乡村积极参与社区公共活动的组织，承担起社区秩序和社区凝聚的公共责任。他们在乡村有一定威望，既是官治民的工具，又是民对付官的代表，成为官民中介，填补了县衙与农户之间治理上的真空。"中国科举时代的乡绅，很大一部分都受过儒家思想的教育。这种教育一般都培养两种责任：一是对政府的责任，二是遵循儒家思想的利他主义为地方服务的责任。而这两种责任基本上是靠科举制这种人才录用制度支撑的。科举制消亡以后，无论是官员队伍还是广大乡绅，这两种责任感都基本上丧失。"④

　　鸦片战争后，在近代社会矛盾和民族危机等因素的刺激下，士绅阶层经历了一个痛苦的分化过程，士绅阶层不再是其他社会阶层的主要流入方向，并且开始流向其他阶层。传统乡村绅士的分化表现在：除了部分继续钻营仕途外，大部分开始向工、商、军、学甚至下层社会分流，造成乡村士绅向城

　　① 王先明：《近代绅士——一个封建阶层的历史命运》，天津人民出版社 1997 年版，第 61 页。

　　② 徐世昌撰：《将吏法言》卷五，知事二，民国八年（1919）静远堂铅印本，第 8 页。

　　③ 张仲礼：《中国绅士》，上海社会科学出版社 1991 年版，第 32 页。

　　④ 何清涟：《现代化的陷阱》，今日中国出版社 1998 年版，第 310 页。

市大规模的单向迁移。具体表现为，其一，自 19 世纪六七十年代开始士绅阶层向商阶层流动。在西方经济方式和思想观念的冲击下，使得东北社会经济生活出现了多元化的趋向，使得士绅阶层的价值认同发生了新的变化。一批敏感士绅纷纷投入近代商业活动中。绅商成为商阶层的重要组成部分，甚至一度成为商阶层的核心力量和代表，"绅商"一词成为 19 世纪末使用频率很高的一个流行词汇，这在很大程度上反映了绅士向商阶流动的趋势。① 其二，传统士绅以新式教育体制为中介向近代知识分子或自由职业者转化。传统士绅流入近代新兴知识分子阶层，一部分成为既有"旧功名"又有"新学历"的新阶层。他们从事创办新式教育、兴办报刊、出版书籍、组织立宪自治等活动。另有一部分"投笔从戎"成为晚清士绅阶层分化的一种新时尚，有甚者加入秘密会社或反清组织。20 世纪初，传统士绅阶层的分化更具有实质意义的还表现在其政治态度和政治取向的变化上。中国传统士绅阶层历来是专制皇权统治的基础。戊戌变法维新运动前，传统士绅与专制皇权基本上保持着政治思想上的高度一致性。而 20 世纪初的社会条件使士绅阶层再也无法与专制皇权保持政治上的一致了。结果是广大士子失去了对专制政府的向心力并开始产生一种离心倾向，而且离心倾向随着民主思想的传播和士子们价值观念变化的加剧而不断扩大。

从近代中国社会结构转化的整体趋势来看，由绅而商是一种最有代表性的社会转型。但从数量上来看，传统士绅向近代工商业的转化是有限的。相对于大多数中下层士绅而言，他们更具有向文化教育领域流动的能力和优势。从量上来说，流向近代教育文化事业的士绅比流向近代工商实业的士绅数量要多。

近代东北社会，在其近代化变革过程中，随着移民大军的到来，城市化的推进，人口的增加，士绅作为一个特殊阶层——乡村中的精英，其力量的

① 赵英兰、吕涛：《转型社会下近代社会阶层结构的衍变》，《南京社会科学》2013 年第 1 期，第 133 页。

消亡是一个渐变的过程。社会的变迁使得乡绅数量不断减少，此外，新体制会产生新一类的精英与之竞争。作为阶层的乡绅是在 20 世纪 30 年代初中期在农村社会影响力明显下降。其最直接的结果是在这个特殊时期，许多土豪恶霸跃居乡村社会的中心地位，成为农村衰败的一个重要原因。

### 2. 乡村精英群体流失与分化

传统的中国社会是一种具有乡土性的社会。"乡土社会是一个生活很安定的社会"①，传统文化也是一种具有典型意义上的乡土文化。这种文化的乡土性、城乡一体性的形成，也使得科举制度成为选拔人才模式得以长久存在的一个重要因素。在传统社会旧学教育制度下，官学、儒学、社学、义学和私塾等教育机构几乎遍布整个国家的任何一个角落。因此，传统社会的人才分散于全国各地，通过科举考试这一渠道联系起来，形成了一个涵盖广大城乡地区的关系网络。在这样一个旧式教育机构下，多数人才在乡间苦读，即使在城里做官，到老时还要返回家乡。在传统儒家思想的熏陶下，士子们世世代代恪守着这样一条亘古不变的落叶归根信条。"乡土社会在地方性的限制下成了生于斯、死于斯的社会。常态的生活是终老是乡"② 然而，随着科举制度的废除和新式学堂的逐渐兴建，一批批接受新式教育的乡村地区新式知识分子却与乡村生活日渐疏远，造成乡村知识精英大量流失，与城市的关系却越来越密切。

在中国的广大乡村地区，在传统教育体制下，书院、义学和私塾等传统教育机构多数分布在此，城市和乡村并不存在明显的城乡差别。授课内容无非是四书五经，授课时间又考虑到乡村农事的闲暇。"中国直到近代，上流社会人士仍力图维持一个接近自然状态的农村基础。在乡村，小传统并没有使价值观和城市上流社会的大传统产生明显的分离。"③ 近代以来，新式教育在东北兴起后，这一切情况都发生了明显的变化，东北乡村地区新式人才

---

① 费孝通：《乡土中国》，人民出版社 2008 年版，第 21 页。
② 费孝通：《乡土中国》，人民出版社 2008 年版，第 6 页。
③ 费正清：《剑桥中华民国史》下册，中国社会科学出版社 1993 年版，第 33 页。

逐渐疏远了乡村，一批批地流向一些城镇和大城市。从乡村地区流入城镇地区的精英凭借在新式学校捞取的社会资格和在新式学校获得的政治、经济、教育、工商、科技、军事、司法等适应社会结构变动需求的专门知识和技能，从而流向社会的各个层次。① 有的进入更高一级的学校，或出国留学；有的进入近代社团组织，如农会、商会、教育会、谘议局、自治会等机构。就这样，乡村的读书人纷纷离开，再也不愿意回到自己的家乡。当然还有一部分乡村地区的人才进入了城市的文化教育领域，在各类学校担任教育职务。大部分乡村精英脱离了乡村地区的草根社会而纷纷涌向城市，造成了近代东北乡村社会出现了一种人才"真空"的困境。出现这一现象的原因有以下几点：

首先，新式学堂的教学内容与乡村社会日渐脱节。20 世纪初期，新式教育的教学内容一改以前传统私塾教学内容，目标是为了适应近代以来工业化和市场经济发展对各类人才的需求，增加了具有近代色彩的社会科学和自然科学的课程。学生在这里所接受的完全是一种全新的教育内容，与城市和社会发展息息相关，这些内容基本上脱离了与乡村社会的联系，在乡村社会也很难找到其知识能力发挥的空间。据统计，在清末的普通学校里，传统知识的读经课程只占比重的 27.1%，数学、物理、化学、外语等新知识课程已占 72.9%；到民国初年，传统的读经课程已经减少为 8.4%，而新知识类课程竟达到 91.6%。② 这一时期，在城市中出现了一些新兴的职业，如报刊业、学堂教育、社会团体等职业相继出现。这样，一些乡村精英纷纷流入城镇。因此，清末民初，这些乡村精英不仅流向农、工、商、学行业，还有一部分人进入了编辑、教师、社团等自由职业。由于新学教育在很大程度上远远疏离了乡村社会，因此，在新学教育制度下，大多数拥有新知识的知识分子纷纷涌向城市就成为历史的必然。

---

① 王先明：《近代绅士——一个封建阶层的历史命运》，天津人民出版社 1999 年版，第 175 页。

② 参见袁立春：《废科举与社会现代化》，《广东社会科学》1990 年第 1 期，第 82 页。

其次，政府教育偏移，将新式教育的重心逐渐转移到城镇。清末，在中央政府各项兴学政策的引导下，整个中国的教育结构与布局发生了显著的变化。东北也是如此，随着一批新式学堂的出现，将原先分散于乡、村、镇的私塾教学方式变成集中于城镇，特别是集中于大城市的学堂教学方式。在东北，这些高等学堂、专门学堂、实业学堂、师范学堂等全部集中在省城或其他重要的城市，中学堂基本上都设在各府、厅、直隶州的所在地，一些正规的中小学校也都在县城，区、乡等地区大多是一些有名无实的国民学校，在广大的农村地区仍然保留着传统私塾的教学方式。如 1905 年 10 月，奉天中学堂成立，这是奉天省的第一所官立中学堂。长春府（今长春市）在马号门外二马路原养正书院旧址创办长春府官立中学堂，招学生 2 班，学生 83 名。至 1911 年，全省共有中学堂 6 所，在校学生 500 余名。① 光绪三十一年（1905），黑龙江地区首创官办中学堂是双城中学堂。该学堂是一所在启心书院址（现双城市委党校址）创立的厅立官办中学堂。此后，又先后成立了黑水中学堂和宾州中学堂。② 以上这些新设立的中学堂以及后来增加的中学堂大都在主要的城镇。高等学堂更是如此。东北地区的高等教育也开始起步。奉天地区的高等教育发展相对较晚。光绪二十八年（1902）9 月，奉天将军增祺在省城外攘门外正式创设奉天大学堂，翌年改称盛京省学堂，1905 年 8 月，在奉天省城大西门外办起了一所高等实业学堂。1906 年 7 月，盛京将军赵尔巽在省城大南关设立了法政学堂。1907 年，在奉天师范学堂的基础上成立了两级师范学堂。清光绪三十二年（1906），经吉林将军奏准，将原课吏馆改为法政馆，地址在省城吉林德胜门外长公祠，光绪三十四年七月又改为法政学堂，迁入北山下新建校舍，后改名为吉林法政专门学校，这是吉林省第一所高等学校。黑龙江省的高等教育发展比较缓慢。清朝末年，黑龙江地区在省城齐齐哈尔开始创办具有现代高等教育性质的学校。同时，帝俄在中

---

① 吉林省地方志编撰委员会编：《吉林省志》，吉林人民出版社 1992 年版，第 124 页。
② 黑龙江省地方志编撰委员会编：《黑龙江省志》，黑龙江人民出版社 1996 年版，第 165 页。

东铁路中心哈尔滨也出现了为沙俄侵略服务的高等学校。至此，现代高等教育便在黑龙江地区逐步建立。① 此时，乡村学校的办学规模、数量与城镇形成巨大反差，乡村学校仅占全国学校总数的 10%，可见当时乡村地区新式教育的落后。② 这成为乡村知识精英外流的重要因素。

最后，乡村地区教师收入低办学条件差，留不住人才。随着近代东北城市的兴起，城市日益成为新的文化资源的创造和传播中心。无论是近代西学的引进、再传播还是新式文化机构的设置、新的文化资源的聚集都是在城市中发生的。而广大乡村地区在各方面教育条件与城市形成巨大反差。特别是学堂办学经费紧张是一个重要表现，很多学堂因为经费紧张而停办。据当时《盛京时报》记载"前任长春府德太守创设巡警学堂一处，以为异日改良城乡警政之根本。然因经济困难，仅聘教习二员兼任一切职务，以俟筹有的款再行添聘人员。然自开办以来成效昭著。至伏假后，房教习因固辞职，仅余教习一人，而德太守亦早卸任，该地绅士又从中阻挠，余教习遂孤掌难鸣，因向新任张太守反复磋商，以无经费为难，于月之十九日亦辞职而去，嗣后不知将该学堂作何安置也。"③ 许多乡村学校的教员迫于生计，纷纷辞职，另谋高就。当时，教员薪金微薄，县立高小教员月薪 20—40 元，而县及乡村初小教员月薪仅 10—30 元，"实不足以维持生活""故优良之教员相率他去者，实繁有徒，"④ 此外，由于乡民对于新式学堂的漠视和抵制，使得新式学生在乡村中不受重视。在这种情况下，新式学堂的学生纷纷逃离乡村社，涌入就业机会比较多的大城市寻求出路。《盛京时报》曾报道：奉天地区"省内学堂蒸发蔚如林，日进文明。独乡曲风气不开，虽曰筹款无资，亦

---

① 参见杨晓军：《清末新政时期东北地区新式教育述论》，硕士学位论文，吉林大学，2006 年，第 31 页。

② 陶行知：《陶行知全集》（一），湖南教育出版社 1986 年版，第 167 页。

③ 《教习辞职》，《盛京时报》1907 年 7 月 24 日，第 5 期。

④ 辽宁博物馆编：《奉系军阀档案史料汇编》第七册，江苏古籍出版社 1990 年版，第 242 页。转引自杨晓军：《区域视野中的乡村、学校与社会——1905—1931 年东北乡村教育研究》，博士学位论文，吉林大学，2009 年，第 327 页。

人心锢蔽，则然尤可怪者彼一种陋劣乡蠹论，修庙办公等事不惜巨款苛派乡民，至劝办学堂辄抗衡反对，联络众屯呈购借口于被灾求援，假此延居旅店，目形浪费，官会亏累。噫，若是人者始云无款以兴办学堂，继反费款以阻止学堂，吾不知其存心何取也"①。可见新学在乡间很难得到乡民的"信任"，当时在乡村办新式教育的难度是很大的。最终结果是新学教育的兴起犹如一支加速城乡分离的催化剂，加速了乡村精英离乡的进程和城乡二元格局的形成。

### 3. 乡村精英层流失的后果

新学的兴起并没有给东北乡村社会带来真正的近代化发展契机，反而加速了乡村社会的贫困化。随着乡村精英纷纷离乡和城乡文化一体化的破坏，造成乡村地区人才的真空，使得乡村社会的整体文化水平骤然下降，城乡一体的模式断裂，加剧了乡村社会的危机。

首先，乡村文化的荒漠。中国传统社会的教育格局是城乡一体，城乡间并不存在大的差别。在传统社会，知识精英更容易认同于农村，"耕读传家"始终是他们理想中的梦境。随着科举制度的废除，乡村精英纷纷涌向城市，促使乡村整体文化水平下降，越发显得荒凉。乡村地区的知识分子包括具有传统功名的乡绅，接受新式教育的乡绅和接受新式教育的青年学生。而新式教育兴起后，城乡间这种格局发生了显著的改变。一方面，新式教育兴起后，大多数的新式学堂集中于城市，而东北广大乡村地区却是新式教育的缺乏。"自改革教育制度以来，偏重城市，漠视乡村，故城市中教育已渐次发达，而乡村间之教育则依然望尘莫及。因是城市中之学校林立蔚起，而乡间之学校则寥若晨星；城市失学者日渐起少，而乡村失学者愈显其众。"② 当时乡村学校仅占全国学校总数的10%，即使是服务于乡村社会的农业学校也

---

① 《乡学阻扰》，《盛京时报》1906 年 11 月 29 日。

② ［美］吉尔伯特·罗兹曼：《中国的现代化》，上海人民出版社 1989 年版，第 362 页。

有将近80%设在城区。① 另一方面，优秀人才的大量外流，加剧了乡村地区文化事业的衰落。总之，新式教育的发展，加快了乡村精英离乡的步伐，造成了乡村文化的荒漠。

其次，乡村经济每况愈下。乡村地区经济发展和文明转型的重要条件是人才和资金的支撑。在新式教育发展之前，乡绅固守在乡村地区，乡间的人才和财富大多不会大规模地外流。随着新式教育的发展，不仅造成了乡村地区人才的外流，还带来了农村大量资本的流失。新学兴起后，东北乡村地区的一些富绅通过各种途径纷纷涌入城市，他们的财富和各种租佃关系、商品关系和债务关系都被带到了城镇地区，这样就直接造成了乡村地区资本的外流。由于大量财富和人才的外流，东北乡村地区的经济状况必然走向贫困化。随之又进一步加剧了乡村地区大量精英的外流。这样，近代东北乡村社会就陷入了一种无可逆转的恶性循环的怪圈之中。这些受到侵蚀的乡村社会日益贫困和衰落，正如有学者感叹道："无论从哪一方面去看——社会方面、经济方面、政治方面、教育方面都是一点生气也没有，简直可以说已经死了一半或一多半"。② "新学"教育的发展加速了乡村精英外流的趋势，使乡村社会受到前所未有的"侵蚀"，如同美国田纳西河谷在水利工程建成前水土流失的情况。③ 随着近代东北乡村社会的贫困化，城市在文化的创造和传播中逐渐形成的中心地位使大多数欲寻求新知识的士子不得不向城市靠拢，日益汇聚于城市。城市也成为地区财富的聚居地，并逐渐获得了对乡村社会的绝对支配地位。传统社会那种自给自足的自然经济结构在内外双重力量的冲击下逐渐趋于解体，乡村经济则进一步衰败不堪，乡村经济日益凋敝。出现了"农村破产，日益剧烈，农民痛苦，日益深刻，各乡村普遍了一种兀臬不

---

① 杨晓军：《区域视野中的乡村、学校与社会——1905—1931年东北乡村教育研究》，博士学位论文，吉林大学中国近现代史专业，2009年，第331页。

② 杨开道：《我国农村生活衰落的原因和解救的方法》，《东方杂志》1937年，第16号。

③ 吴晗、费孝通：《皇权与绅权》，上海观察社1949年版，第156—157页。

安的现象"。① 经济的贫困化、农村阶级关系的紧张迫使无地农民铤而走险，社会底层日积月累的无序骚乱等待着一个历史的喷火口。②

再次，乡村基层政权组织日益黑暗。在东北乡村社会中，在统治阶级上层主要还是由乡绅来控制政权。这些饱受儒家思想教育的士绅阶层不仅在乡里具有受人尊敬的地位，在办理地方事务中也起到了举足轻重的作用。东北一些乡绅的活动多集中在福利、赈济等这些公共领域里。如黑龙江依兰贾善人"自清道光年间，家居三姓东南土龙山，垦耕为业，积善传家，最著者。讳全。家日丰，凡邻里、亲族婚丧无资者，竭力助之，冬季专备房屋食粮，安顿老弱残疾数十人，率以为常，有老病死者，衣棺而葬之。善人之名，遐迩传诵。今家族繁盛，名文凌者，前清府经历衔，克绍箕裘焉"③。沈阳县"邑绅拣选知事举人董宗舒，世居城西宁官屯。光绪十四年独捐巨资建置义仓，积谷称贷。订立规约，务正业者贷之，力田者同，孤苦者赈躏，乡人咸知感奋，十六年复设义学二，招本村子弟入学肄业"④。乡绅们热心于赈灾济贫等社会公益事业，也有一些乡绅为构建乡村社会的稳定，致力于调解邻里纠纷，还有乡绅捐助地方办学，维护地方治安。因此，在事实上成就了自己乡村"社会精英"的地位。但是在科举制废除后，乡村地区的传统士绅却失去了以往的升迁途径。故此，除了新式学堂学生涌入城镇外，旧制乡绅或是凭借原有的地位和威望，或是通过接受新式教育的途径，也纷纷流入城镇。在乡村中的优秀人物逐渐被城市吸走的情况下，原来农村中的乡绅统治发生了严重的变形，其权力结构和道德环境也发生了恶化。由于大量士绅、学生等优秀人才的外流，造成了乡村地区权利结构的人才"真空"。担任乡

---

① 董汝舟：《中国农民离村问题之检讨》，《新中华杂志》1933年第9期，第7—13页。

② 许纪霖：《近代中国变迁中的社会群体》，《社会科学研究》1992年第3期，第87页。

③ 杨步墀纂修：《依兰县志·乡贤》，民国10年（1921）铅印本。转引自王广义：《乡绅与近代东北乡村社会控制——以东北地区旧志为研究视角》，《中国地方志》2008年第1期，第54页。

④ 王树楠等：《奉天通志》卷144《民治三·灾赈》，东北文史丛书编辑委员会1983年版，第3300页。

村政权管理职务的多为腐败无能之辈，很多土豪恶霸趁机跃居乡村社会的中心地位。乡村优秀人才的流失和乡村政权力量的蜕变带来了乡村社会矛盾的尖锐和社会关系的恶化，乡村基层政权组织日益黑暗。

总之，乡村精英的离乡，对于乡村社会的发展造成了极大的破坏，造成了乡村地区社会环境的恶化。乡村精英的离乡，农村精英向城市的大量流失造成乡村士绅质量蜕化，豪强、恶霸、痞子一类边缘人物开始占据底层权力的中心，原先多少存在的宗法互助关系荡然无存，乡村社会关系恶化，阶级冲突加剧。①

## 三、乡村社会控制网络与治理结构的改变

在传统中国，乡村社会之所以能够长久维持，主要在于国家、士绅和小农三方的互动呈现均衡稳定状态。城市的兴起，科举制度的废除，造成传统士绅向城市大规模单向迁移。士绅阶层的外流与分化引起了乡村政权的蜕化，国家政权不断扩张和向乡村的持续下渗，使传统国家的间接治理机制渐次失效。随着家庭手工业的破产，预示着乡村社会结构的改造和彻底重组，乡村社区丧失凝聚力，乡村固有的社会结构失衡，陷入总体性危机中，从根本上动摇了传统社会的根基。

### （一）传统乡村社会控制及其组织机制变革

在中国典型传统乡村社会里，小农处在社会底层，他们与国家的联系是通过士绅精英，国家、士绅和小农三方的互动稳定状态，这是中国传统乡村社会得以长久维持的秘密所在。1905 年科举制废除，作为乡村社会结构定型力量的士绅阶层发生分化和蜕变，中国乡村社会开始发生结构性变化。

费孝通曾指出：中国经济的基本结构是一个个并存排列在无数村子里的

---

① 许纪霖：《近代中国变迁中的社会群体》，《社会科学研究》1992 年第 3 期，第 87 页。

独立小农。① 自秦汉以来，中国就形成了一套相当发达和完整的集权化的行政科层系统。但这种集权型的政治却是建立在由小农所形成的分散的经济、社会结构的基础上。和大庄园相比，小农是较易控制的税收源泉，在政治上对中央集权政治的威胁也很小，因而历代新朝的开始，多扶植小自耕农的发展。② 与政治上的中央集权相对应的，是财富的社会分散和农户的自行运营，两者结合恰好化解了要求国家采取行动的压力。中国传统国家因而一般采用小政府模式，正式机构很难深入乡村基层，只能到达县一级。然而，随着城市的兴起，行政权力在农村由县下沉到区、乡、镇一级，但由于农村精英的流失，政权对农村底层的控制反而更加微弱，其对农民的职能只是征粮、征赋、征丁，这又加剧了农民与政权的紧张与对抗。而政权与士绅对乡村秩序控制的减弱，又使他们失去了原来的安全感。③ 农民负担了功能日益膨胀的政府摊派下来的沉重赋税，不仅享受不到社会变化的益处，反而成为现代化的最大受害者。

有效的社会控制是社会良性运行和协调发展必不可少的条件。近代东北乡村的社会控制，一直运用政治的、法律的、行政的、家族的以及道德的各种规范约束乡村成员的社会行为，从上到下构建了一个庞大的控制体系，尽管这个体系是松散的，但从未有过控制的缺位。④

东北作为满族"龙兴之地"，又具有多民族聚居的民族特点，故此，清政府在东北地区管理的过程中，根据不同地区、不同民族，分别推行了八旗制度、州县制度、盟旗制度、噶珊制度等四种不同的民族管理方式。其中，八旗制度主要施行于旗人地区，并成为居于主导地位的凌驾于其他管理体制之上的一种管理方式；州县制度主要施行于汉族地区，是一种处于不断发展中的管理方式，最终取代其他民族管理体制；盟旗制度施行于蒙古族地区，

---

① 费孝通：《费孝通文集》第四卷，群言出版社1999年版，第328页。
② 黄宗智：《华北的小农经济与社会变迁》，中华书局1986年版，第86页。
③ 许纪霖：《近代中国变迁中的社会群体》，《社会科学研究》1992年第3期，第87页。
④ 王广义：《近代中国东北乡村社会研究》，光明日报出版社2010年版，第96页。

是以八旗制度为基础，并保留了蒙古族固有的社会结构的一种管理方式；噶珊制度施行于黑龙江下游及乌苏里江以东少数民族地区建立的一种基层管理体制。清中后期随着关内移民的增多，东北大部分旗民交错，清政府则采取旗、民分治制。清末之后，旗民混居，则实行管制合一。

### 1. 对少数民族的基层管理体制

旗人管理制度。旗人管理实为八旗体制。八旗制度起源于女真人古老的狩猎组织——牛录。"八旗之始，起于牛录额真。牛录额真之始，起于十人总领。"① 八旗制度首先是军事、经济合一制度，"以旗统人，即以旗统兵"② 的"军政合一"管理模式。又是"出则备战，入则务农"③"出则为兵，入则为民；耕战二事，未尝偏废"④ 的"兵民一体"的社会组织。其次，八旗制度不仅是行政制度，八旗也是民政组织。在每部之内以旗作为军政合一的基本行政单位，旗设札萨克（旗长）统率全旗。

随着人口的增加，后来以女真原住地域为中心，不断扩充周边地区编入旗籍。清代东北地区的村屯大致分旗屯、民屯两大体系。旗屯是属于八旗体制，而民屯属于州县民治体制，具体实行乡地组织性质的社甲。到清朝末期，两者都以保甲体制为主要运行机制。旗民村屯长官叫屯达或守堡，汉民村屯里的长官被叫作乡约或村长。"旗人有旗色，民人有甲色。所谓旗色者，正黄旗、厢黄旗、正白旗、厢白旗、正红旗、厢红旗、正蓝旗、厢蓝旗之八旗也。""凡地方下级行政区划，大别之为社，更小别为村屯。每村屯置守堡、乡约等之役员，立于官民之间。……由乡民之公选，经地方官厅之认可，而就职者，于旗民之村屯，谓之守堡；汉民之村屯，谓之乡约。守堡或又谓之首堡。其初由各旗之防御拣放。汉民村屯之乡约，同办村屯一切事务。大屯五名，小屯有二三名，又有别谓之牌头者，即屯中之会。首由各地

---

① 孟森：《八旗制度考实》，《明清史论著集刊正续编》，中华书局2000年版，第121页。
② 《清朝文献通考》，卷179，兵考一，浙江古籍出版社2000年版，第6391页。
③ 《明清史料》丙编，第1本，敕谕副将高鸿中稿。
④ 《清太宗实录》卷7，天聪四年五月壬辰，中华书局1985年版，第98页。

方公举，地方官不得干涉。"① "守堡"的日常生活"帮同催科，稽查地面不法等事，及户有迁移，地有丢失，编比查丈，一切端底，均赖询悉，土著守堡，向无薪水，一年两次具结备查，其赴城花费，仅止三四毛。至柴炭一项，因公赴城到旗，宿食不过五六毛，所需无几，公私两便，各得其宜。前于立宪之初，将具结柴炭等费，概行停免。"但随着民旗杂居，其职也等同虚设，最终面临被裁撤的命运。在满洲八旗的屯田地方有所谓的旗屯，根据双城堡的旗屯制度设立每旗五屯，每屯三道街路，每屯各有总屯达一名，副屯达一名，负责查报户口进行管制，如果发生事件向旗官报告，给总屯达每月每人工食银一两，闰月的话再增加，不给副屯达工食，屯达的部下设屯长。齐齐哈尔地方的屯达管理八九个屯，屯长也管三四个屯，外来的流民首先向本屯人保证，如果没有屯长的许可不允许在屯内留宿。② 总体而言，屯达和守堡都是基层官吏，个人素质一般。"清代乡职者，民屯曰'乡约'，旗屯曰'守堡'，此辈流品甚杂，率皆素无'资望'之人，不足以代表地方，不过供官司之奔走而已。"③ 随着移民的增加，旗民杂居现象普遍出现，屯达和守堡其职形同虚设，最终面临被裁撤的命运。

噶珊制度：清代将黑龙江下游、松花江、乌苏里江流域以及滨海和库页岛辽阔边疆地区，分散居住的赫哲、费雅喀、奇勒尔、鄂伦春、恰喀拉、库页等少数民族统称为边民。对这一地域，清廷对没有编入八旗的这些少数民族实行"各设姓长、乡长，分户管辖"④ 的政策。姓长制度又叫噶珊制度，是利用当地原有的哈拉与噶珊两级组织，作为地方基层政权，负责管理当地各族居民。

盟旗制度，是在蒙族原有的氏族部落基础上，参照满族八旗的组织原

---

①　辽东兵站监部：《满洲要览》，奉天自卫社1907年版，第36页。

②　［日］守田利远：《满洲地志》（中），东京丸善株式会社1906年版，第195—196页。

③　戚星严等：《海城县志》卷2，政治，伪康德四年（1937）本，吉林省社会科学院藏。转引自王广义：《近代中国东北乡村社会研究》，光明日报出版社2010年版，第97页。

④　（清）刘锦藻：《清朝文献通考》卷271，《舆地三》，浙江古籍出版社2000年版，第7279页。

则，在每部之内以旗作为军政合一的基本行政单位，旗设札萨克旗长统率全旗。清廷将蒙古原设有的旗分为盟，其中哲里木、卓索图、昭乌达盟，毗连东北，对蒙古地区而言居东，通称东部蒙古或东三盟。东三盟计 14 部，26旗，824 佐领。每佐领以 200 丁计算，共有 164800 丁。东三蒙与蒙古各部一样，均隶于理藩院，同时受东北三将军节制。他们"各守其地，朝岁时奉职贡焉"。清廷规定："凡哲里木盟重大事件，科尔沁六旗以近奉天，故由盛京将军专奏；郭尔罗斯前旗一旗，以近吉林；郭尔罗斯后旗、扎赉特、杜尔伯特三旗，以近黑龙江，故各由其省将军专奏。"① 除东三盟外，东北蒙古地区主要还有呼伦贝尔盟四部十七旗。旗是基本的军事行政单位，由若干旗组成一个盟，合称为盟旗制。清初辽东西段柳条边和吉林新边以西及其以北的辽阔草原为内蒙古的游牧区。顺治元年以前，蒙古各部相继归附清廷。清廷于此建立以八旗制为基础，又保留蒙古固有特点的盟旗制进行统治。清政府禁止"各旗蒙古人出境，必于本旗案明。违者，将失察之管旗章京、副章京、参领、佐领、十家长照疏于约束例，分别议处"②。后来，清政府也禁止内地民人进入蒙古地区，而且规定旗与旗之间独立为政，不准互相往来。这样蒙族地区就处于相对封闭的地区，其内部就被严格地控制起来了，其管理体制见前面的盟旗管理体制。

清政府在东北的各少数民族地区通过旗人管理、噶珊制度、盟旗制度，在原有的姓、乡等氏族、部落、村屯基础上，建立了一种基层管理体制。到清后期基层管理的表现形式为旗民官制合一，即由旗制为主导到州县制为主导的东北民族管理体制，这是社会发展的结果。

### 2. 对汉族地区建立州县制，旗民双重管理体制出现

在东北城市化运动推动下，随着关内移民的大量进入，清政府在东北地区又设置了州县制。汉人不断进入东北，州县制度不断扩展，成为东北民族

---

① 《清史稿》卷 518，参见刁书仁：《论清朝对东北边疆各族的管理体制》，《史学集刊》2002 年第 4 期，第 34 页。

② 《钦定理藩部则例》第 1081 条，天津古籍出版社 1998 年版，第 302 页。

管理体制的主导。这些州县制的设置与汉族流入东北地区的流向有直接关系，大体呈现由南向北的趋向。即主要在奉省，其次为吉省，晚清以后黑龙江省也逐渐设民治机构。但都是在汉族比较集中的地域设置州县。

奉天省顺、康、雍时期是州县设置的重要时期。清廷为便于管理汉族民众，在辽东设一府六州县，在辽西设一府三州县。顺治十年（1653），清廷首先设辽阳府，另辽阳、海城二县①。这是清代东北民治州县制之始，也标志着在辽东地区旗民双重体制初步形成。顺治十四年（1657），罢辽阳府，改设奉天府，并改辽阳县为辽阳州。康熙元年（1662），在辽西的锦州设锦县，隶奉天府②。康熙三年（1664），设承德（沈阳）、开原、铁岭、盖平四县，改辽阳县为州；设广宁府、广宁县、宁远州，不久裁广宁府，改设锦州府。同时确定：奉天府直接管辖辽东地区的海城县、承德县、开原县、铁岭县、盖平县及辽阳州锦州府直接统管辽西地区的广宁县、锦县、宁远州，而奉天、锦州两府"俱令奉天府府尹管辖"③。雍正十二年（1734），增设复州和海宁县隶奉天府；在辽西又增设义州，隶锦州府。④

吉林省，清中叶后，汉族移民日增，面对旗民杂处、商贾聚集、民事案件增多的状况，于是清廷每年向吉林派出满、汉科道官各一名进行纠察⑤。又为加强对汉民的管理，决定在吉林设立专职民政长官。雍正四年（1726）在吉林乌拉设永吉州吉林市，在宁古塔设泰宁县（宁安），在伯都讷设长宁县（扶余），在行政系统上，初隶于奉天府尹。乾隆十二年（1747），改永吉州为吉林厅。嘉庆五年（1800），在蒙古郭尔罗斯前旗长春堡设长春厅，

① 《清世祖实录》卷79，顺治十年十一月乙未，中华书局1985年版，第620页。
② 《清圣祖实录》卷6，康熙元年七月壬辰，中华书局1985年版，第117页。
③ 《清圣祖实录》卷12，康熙三年六月甲午，中华书局1985年版，第185页。
④ 参见赵英兰：《清代东北人口与群体社会研究》，博士学位论文，吉林大学，2006年，第207—208页。
⑤ 《八旗通志》卷44，《职官志》第2册，东北师大出版社1985年版，第851页。

嘉庆十五年（1810）设伯都讷厅。以上三厅，划归吉林将军辖属。[①] 咸丰初年，黑龙江省地方弛禁，"客民入籍渐多"，其后设呼兰厅理事同知，这是黑省"建设郡县之始"[②]。

以上可以看出，汉族人口的增多是其基层政权控制逐步发生演变的主要原因。州县制辖下的汉族民户，按聚落的村屯编社入籍。州县官员主要掌管民人田赋丁银的征收。民地的负担比旗地重，体现了清廷首崇满洲及对汉族民众的限制政策。虽然旗民分治成为东北民族人口控制的两大主流，但实际在人口控制和民族管理上基本是一致的，都是为了维护社会的稳定和加强中央对地方的控制。

### （二）乡村社会控制网络的形式

清代，清政府为加强对全国控制，通过省、府、州县、保甲的层层统属，形成了从中央到地方，从城市到乡村一整套完备而庞大的统治体系，保甲制作为这一体系的末端，担负起了直接管理人口的职责。保甲组织一般依附于警政或团政之下，这样使乡村社会控制功能更为严密。共同控制着东北的乡村社会。

#### 1. 社甲和保甲制

东北地域广大，村落星疏，移民增多，为加强对东北县以下乡村控制与治理，于是，作为基层社会组织的社甲、保甲、乡地制度便应运而生。它成为中央与地方、上层与民众的中介。在清初，管理民人的州县主要在辽东一带设置，其基层多设为社、甲。据《盖平县志》记载："清初分全境为十二社……每社设乡约、保正各若干人，后将远来、岫岩两社拨归岫岩县。盖平县"清初分全境为十二社，每社十甲，社设乡约、保正各若干人，光绪三十

---

① 参见赵英兰：《清代东北人口与群体社会研究》，博士学位论文，吉林大学，2006年，第208页。

② （清）昆冈等重修《清会典》卷1，中华书局1991年影印版，第1120页。

年，析为九十四区，三十四年，并为十七乡。各乡设会所。宣统二年，改为一城四镇两乡，各设地方自治会，民国十二年，划全境为八区，各属村屯若干。"① 自康熙七年（1668）起，盛京颁布民人编审入籍令。是年，承德有27社、盖平10社、辽阳27社、开原15社、海城23社、铁岭18社、复州24社、宁远23社、广宁18社。② 这说明在康熙年间或之前就有了乡约，基本上是在辽东招垦时期兴起，到乾隆时期东北封禁，民人流入东北减少，乡约制度衰弱。村长是一村的头目，管理一村的事务，凡是村中之事都由他来决断，如果不容易分辨道理的话就报官，如果村中有杀伤等事件，向官家也就是村长报告来查问。村长通常由官任命，选择村中德才兼备之人，委任其事俸给有官提供，像乡约那样没有乡间收取粮钱之事。③ 乡约与村长名字不同，其实质是相同的。东北的保甲组织常常依附于乡地制度之下，乡约下多设保长、甲长、牌头甚至练长、联庄徽章等等，乡约组织有领导保甲的职能。由于东北地域广阔，如果有民间词讼，首先求得乡约的调停，然后向州县呈诉。乡约权力很大，因此很多是乡里的首富，与关内各省的乡约相比也比较有势力。乡约制度体现了乡村自治，乡约是基层和地方政府之间的中介者，但由于乡约制度弊病丛生，最后不得不裁撤。

　　到了清雍正时期建立的保甲制，与清初的每社所设的甲是有所不同，保甲制度的职能发生改变，其主要是负责社会治安。据《清高宗实录》记载，"雍正四年，经前任将军噶尔毕奏请，设立保甲，虽经奉行，而游手无稽之徒仍未尽除。"④ 保甲制度在雍正四年建立以来，一直存在，但并未很严格的执行。最初并不包括驻防旗人。旗民编入保甲的进程东北各省不一。清后期，随着旗民编入保甲，"旗民分治"政策进一步崩溃，八旗管理体制的基

---

① 王树楠等：《奉天通志》卷60，疆域二，盖平，东北文史丛书编辑委员会，1983年，第1255—1256页。

② 《盛京通志》卷35，户口一，中国台湾商务印书馆影印四库全书本1986年版。

③ 参见王广义：《近代中国东北乡村社会研究》，光明日报出版社2010年版，第99页。

④ 《清高宗实录》，乾隆五年四月申午，卷115。

层组织逐渐瓦解，民族融合成为历史的发展趋势。由于汉族移民人口大批涌入，社会矛盾的加剧，匪患的日益严重，所以为了加强人口的控制，稳定社会秩序，东北地方开始重视保甲制度。光绪二十四年（1898），吉林将军延茂拟定《保甲章程十条》，在基层设立保甲。10 户立 1 牌，10 牌立 1 甲，10 甲立 1 保。牌设牌头，甲设甲头，保设保长。"户给印牌，书其姓名丁口。出则注其所往，入则稽其所来。"① 保甲的主要任务，是监视人民的言行和征丁，催粮，征税，维护封建统治。"同治六年，双城堡共有旗民 1326 户，编为 100 甲，每 10 甲编为一保，共编为 12 保，均发给门牌。"②

　　民国时期，基层政权的组织形式变化较大。民国前期沿袭清末保甲组织。民国七年即 1918 年，省议会决定各县的保甲事务由县知事监督办理，另外设置一名保甲委员在县知事的领导下，管理全县的保甲事务，各县的保甲区域按照以前的警察区域，在各区设置一名总甲长，每村屯以十户至二十户为一甲，设甲长一名，十甲以上为一保，设保长一名，每户抽壮丁一人充当保丁，不许招募外人来充数。1922 年，奉天设置全省保甲总办公所，由警察处长兼任保甲总办，负责管辖全省的保甲事务，在当年末制定奉天全省保甲试行章程而改革保甲的编制。根据这个试行章程，在各县的保甲，在县知事的监督下，每县设保甲事务所，由设置事务所长负责县内的所有保甲事务，在县内重新划分若干区，在各区设置保甲区长，在各区内重新设置若干保甲分遣所，"每村屯以十户至二十户为一甲，置放在甲长一人，系义务职，承保长之命令，辅助常备甲长丁之不逮，自行清查本甲内户籍以清盗源，而保治安"③。20 岁以上 40 岁以下的男子都有当保甲的义务，一等县设 400 名，二等县 300 名，三等县 200 名，四等县 100 名常备保甲，而县分夏防和冬防，而准备相当数额临时保甲作为补充其他地方的保甲。而且，保甲总办

---

　　① 《清通考》卷 19，《户口考》，王广义：《近代中国东北乡村社会研究》，光明日报出版社 2010 年版，第 120 页。
　　② 《双城堡档案》636 卷，黑龙江双城市档案馆。
　　③ 《奉天保甲试行章程》，《奉天全省警甲报告书》，1925 年，第 33 页。

公所的经费由省预算支出，保甲事务所以下的各县保甲经费由各县支出。保甲制在当时分为以下几个层级。即：

保甲总办公所→保甲事务所→保甲区→保甲分遣所

（省）　　　　　（县）　（区）　　（村）

保甲总办公所一般设在省会所在地，管理全省保安队事宜。保甲事务所在各县城内设立，设置所长一人，接受保甲总办的命令和县知事的监督，负责县内保甲的训练、防务和讨伐盗匪，设置教官一人，在所长的命令下，从事负责、训练、侦察、讨伐等事。根据各县户数的多少，事务的繁简及经费的多少，由县知事将县内划定为若干区。每一个保甲区设一名区长在保甲事务所长的领导下处理保甲区内的保甲事务。"各县保甲应按区村制之一区或两区为一保甲区之标准，每区设区保长一名"①，各县以每村屯 10 户至 20 户为一甲，设甲长一人。甲长是义务职务，在保甲区长的领导下，帮助保甲区长负责常备保甲任务，负责管内各户的户籍，调查外来住宿者，根绝盗匪及维持治安。规定：所有 20 岁至 40 岁的男子，除学者、官公吏，残疾人和极度贫困的外，无论何人，都有服保甲役的义务。② 1925 年，各县保甲并入警察所，保甲组织一般附于警政或团政之下，这样使乡村社会控制功能更为严密。在东北地区各乡村，上有"官治"的警察制度，下有"自治"的保甲或保卫团组织，相辅相成，共同控制着东北的乡村社会。

**2. 警察制度与区乡团政**

甲午战争之后，为稳定东北社会秩序，除基本的保甲制外，警察制度与区乡团政，是政府控制乡村社会的又一个表现形式。

（1）警察制度。清政府在戊戌变法失败后为了缓和国内矛盾被迫实施"新政"，新政内容中就包括了要设立新的警察体系和制度。东北三省的警察制度也跟随内地步伐在清末逐渐兴起，开始主要是在东三省的省会尝试试

---

① 《奉天保甲试行章程》，《奉天全省警甲报告书》，1925 年，第 32 页。
② 参见王广义：《近代中国东北乡村社会研究》，光明日报出版社 2010 年版，第 122—123 页。

行，随后警察制度逐渐向府、州、县一级扩展。光绪二十八年（1902），奉天省城初设巡警总局，同时新民府亦创办巡警，是为奉天警政之始。1905年徐世昌出任东三省总督后，对东三省的官制、机构等进行了改革，规定东三省的民政司是警察事务的最高管理机关，从而使东北三省有了统一的警察管理部门，推动了该地区的警政发展。至清末时各府、州、县、厅共有二十八处设立了警察机构。在从警人员的选拔上，除了警官学堂、政法学堂的毕业生和留洋回国的学生外，还有部分是政府的旧官员、旗兵和从社会上招募、考选的壮丁等，一些人文化程度不高，这给警察制度的快速发展带来了很大程度的影响和制约。直到北洋时期，东三省警察制度在沿用清末旧制的基础上才出现了比较显著的进步和变化。民国时期东三省警察的主要职责有着较为系统化的规定：一是维持社会治安。对社会治安进行维护是东北警政创建的首要任务。东三省地区由于特殊的社会历史环境，地广人稀，土匪势力猖獗、社会治安恶化，难于实施有效的控制，因此，东三省警察维持社会治安协助政府进行社会治理并展开剿匪是当务之急。二是卫生防疫。由于近代社会经济发展落后，医疗卫生防疫工作亟待加强，为此，警察机构在设立之初就成立了卫生科，卫生科内设清洁股、医务股、防疫股等。对东三省的卫生管理工作起到了推动作用。三是消防职能。消防也是东北警察的主要任务之一。在清末成立巡警部初始，就在其下属机构中设立了消防队，专门负责消防救火工作。四是清查户口。为了加强对社会流动人口户籍的管理和有效控制，也为赋税的征收提供依据。因此编查户籍就成为东北三省警察的一项重要工作。所以东北地区一般都设"清乡"，或设"清乡局""清乡事务所""清乡调查处"等，大多附设警政系统，也有的是单独执政。宣统元年（1909），黑龙江各地巡警局所40个，142个区段，5268名巡警。至少有一半警力在乡村，警政新兴，警力不足。① 警政制度由省达村，较为完备，即

---

① （清）张国淦：《黑龙江志略》，《清代黑龙江孤本方志四种》，黑龙江人民出版社1989年版，第288—289页。

使乡村警政，针对一定的管辖地域、村屯、户数，都布置一定的警力。警察和地方自治制采用行政分区的办法，当时的警区基本上和行政区是一致的，警察分所基本驻在区公所所在地，如拜泉警察"全县警察划为十二派出所，分设于县境内五道沟、四壨房、三道镇、唐揽头屯、自家店、龙王庙、兴隆镇、韩蹶子店、双阳镇、张家烧锅、乾丰集等处"①。总之，由于时代的局限，所以近代东北地方警政的建设只是在形式上模仿西方警政体系，实质上仍没有突破传统治安制度范畴，尤其在农村地区，依旧由传统的保甲组织代行警察职能。但在客观上推动了社会文明的进步，并为中国警政的后续发展打下了基础。

（2）团练主要是以治安为主要职能，尤其是对东北地方多匪的情况起到重要的作用。"日清战后，继以拳匪之乱。全境骚动，闾阎不安。于是省、县、镇、乡群思自卫，组织保甲、巡捕、乡团、屯练会等。名虽不同，其为维持治安则一。有事则鸣角而聚，无事则散耕田间。兵出于农，农安于兵，法至善也。"②团练存在的主要目的在防备马贼，平日看似有名无实。一旦有事，则皆操武器，就防备之任务。它虽属民众的自治机构，但与地方行政机构有着必要的联系。相对于保甲，团练的特点是"为谋行动敏捷任务周到，更联合数个之团练，相互通气脉，呼应救援，期自卫上无遗憾也"。正因为这些特点，咸丰三年（1853年），清政府"令各省仿行嘉庆年间坚壁清野之法，举办团练"③。会勇是有组织村内壮丁参与和由地方招募二种形式。在其招募者中，多有乡村市井无赖之徒，在自己管辖区内不敢胡作非为，但在其外地方却与马贼联络者不在少数。一旦稍不满意，即会投靠于群匪，可见招募人员的素质。直接指挥监督会勇是练长。练长、会勇不拘其薪水多少，日常之衣食调度，往往自胜于常人之生活。

---

① 《拜泉县通志》，《黑龙江通志采辑资料》，黑龙江省档案馆、黑龙江省地方志研究所内部1983年版，第387页。

② 刘爽：《吉林新志》，《长白丛书本》，吉林文史出版社1991年版，第539页。

③ 参见王广义：《近代中国东北乡村社会研究》，光明日报出版社2010年版，第125页。

由于东北地区人口稀少，地域空旷，土匪常出没无常，治安恶化，所以几个村落的乡团组织往往联合起来，形成联庄会，以肃社会之乱。东三省团练保甲大体兴起于咸丰同治时期，盛于甲午、庚子、甲辰这十几年间。乡团的作用主要是维持地方治安、保卫地方不受马贼的骚扰和侵害。此外，在东北各县还组织了保卫团。保卫团的主要职责是负责训练团丁，围捕匪徒，搜查逮捕盗贼及编制户籍。在各团所在地设置警察的要协助警察工作，没有设置警察所的地方，代替警察所在本县区内行使警察的事务职责。保卫团的性质是以当地人民为主，以自己办理地方事务为制度，由各地方自筹经费而建立的。除此之外还组织了作为保卫团的辅助机关——附团。附团是和辅助警察机关的保卫团有所区别的组织，大约是从民国 11 年开始编制，是保卫团的辅助机关，负责保卫团地方事务。在清末的东北地区，为了维护治安，先后设立了团练、民团、保卫团或附团等自治治安组织，后来建立的警察制度，就是在这些团练组织基础上形成的。东北地域广大，警力难以充足，保卫团就承担了部分职责，补充了这一空缺。例如，黑龙江省双城警察 500 多名，保卫团员 300 多名，阿城县警察与保卫团各是 400 余名。[①] 可见作为官方的警察制度与民间的团练制度是由上至下，互为配合，共同构筑了较为严密的乡村控制网络。官治与自治相结合共同控制着东北地方的乡村社会，它们相辅相成，此消彼长。成为这一时期东北乡村社会控制的突出特点。

### 3.“血缘”“地缘”“业缘”为形式的乡村社会控制

人的社会关系可以分为血缘关系、地缘关系和业缘关系。血缘关系，是以血统的或生理的联系为基础而形成的社会关系，即直系和旁系血缘构成的宗族关系，其包括父母子女关系、祖父母孙子（女）关系、堂兄关系、表兄关系、叔侄关系等。它是人先天的与生俱来的关系，在人类社会产生之初就已存在，是最早形成的一种社会关系。血缘是亲情里的核心。地缘关系，则

---

① 关东都督府民政部：《满蒙调查复命书——吉林中部地方现势概要》，满洲日日新闻社1917 年版，第 13—15 页。

形成与人类采取定居形式后形成的区位结构关系或空间地理位置关系，即以共同或相近地理空间（环境）引发的特殊亲近关系，如同乡关系和邻居关系等。地缘是血缘与姻缘意识于人和物的泛化。业缘关系，是以社会分工为基础形成的复杂的社会关系，即以曾经存在或正存在的职业、事业等原因引发的经常交往而产生的特殊亲近关系。业缘是血缘意识、姻缘意识和地缘意识的泛化。

东北特殊的历史环境，在这里居住的人们，很多人是具有血缘、亲缘关系的家族共同体。尤其是自近代以来，东北地区逐步形成一定规模的具有代表性的汉族家族共同体。这些"闯关东"的汉族移民，通常是一部分家庭成员先来，定居东北后其余家庭成员随后跟来。他们迁入新定居地后，一般情况下仍保持着聚族而居的传统。他们携带家眷，"占有广漫无垠的土地，招亲集友，日增日多，遂结成血族关系的自然部落"[1]。如在东北北部，每村居住的农户，少则 10 家，多则 50 家左右，"其同一族姓之单独村庄亦不少"[2]。据 1934 年当时的调查记载：仅黑龙江 19 个村屯 681 户 4961 人中，就有 78 个家族 221 户 1864 人有同族关系，占统计村屯人数的 37.6%。[3] 他们聚族而居，在这片新开发的土地上劳动生活、繁衍生息。在长期的生产和生活中，东北地区这些大家族具有了一定的内部管理和外延功能，他们通过宗族管理办法，维系着家族成员的共同利益，用族规来规范家族成员行为。这些血缘、亲缘关系的大家族在教化与社会控制方面具有特殊作用。

血缘与地缘重合，对家庭的控制也就成为对村落控制的同义语。"血缘是稳定的力量。在稳定的社会中，地缘不过是血缘的投影，不分离的。"[4] 村落作为乡村社区的基本聚落形式本是一种地缘的组合，在东北的广大区域

---

① 刘祖荫：《满洲农业经济概论》，建国印书馆 1944 年版，第 17 页。
② 东省铁路经济调查局：《北满农业》，哈尔滨中国印刷局 1928 年版，第 47 页。
③ （伪满）实业部临时产业调查局：《农村社会生活篇——农村实态调查报告》，满洲图书株式会社 1937 年版。
④ 费孝通：《乡土中国》，人民出版社 2008 年版，第 87—88 页。

里处处可见。在东北地区的大家族内部，族规家规来规范家族成员行为的表现就是家谱。其内容上，东北家谱主要是在"婚姻""嗣续""祭祀""和族"上制定具体规范，反映出家族组织是通过烦冗的族规律诫管束族人，实施社会控制，增强家族的凝聚力。如汉族家族要求族人遵守家规与族规，"公同议定十条，惟孝悌、礼敬、和议、勤俭、法戒之是训"。各户发一册，每年逢正月十五日、五月初五日、八月十五日，"阖家齐集堂前，逐条宣讲，男女老幼同听告诫，咸知遵家规，各以修身为本。男则勉为孝子、慈孙、贤兄、悌弟，女则勉为贤母、良妻、贞妇、淑女。上光祖宗，下裕后嗣"，家族族人"共励行之"，如果各户家长不将家规宣讲，无论男女，则"由族长责罚之"①。家规、族规对其大家族成员具有较强的约束力，如违背族规或族中不良者，"吉省各属族规之通例，皆得处罚，其罚之重者，以出族为最"，处罚出族之人，"若改悔自新，经族长或族众公同之允许，仍可复族"。但有的地方"罪重者活埋"，这些"除送官惩办者外，馀均无禀官存案之事"。这些处罚基本是私刑，大多由"族众临时公议"或"由族规上预定罚规"②。

族长，是一个大族中的领导者，是受人尊重且有绝对的权威的。他负责族产的管理和处置、族人的奖惩、家族的祭祀、族规的制定、族人的纠纷、族会的召集与主持等等，凡族中事件皆得干预。在东北有些地方，并不存在族长，但大家族中尊长者或有名望、有能力者实际上代表着"族长"的角色。族权又往往深入地方政权之中。东北村落的政权大多掌握在"大户"的手中，村落作为血缘与地缘的结合，实质上对家族的控制就是对乡村政权的控制。在近代东北地区，统治阶层往往利用"大家族"这一"中介"，通过维护"大家族"利益，来控制乡村政权，而"大家族"也借助"官方"和

---

① 《六台张氏家规·永吉县志》卷49，《杂记》上，吉林文史出版社1988年版，第889页。
② 国立中央图书馆筹备处：《旧吉林省旧惯调查报告》下，立花印刷株式会社1944年版，第49—50页，参见赵英兰：《近代东北地区汉族家族社会探究》，《吉林大学社会科学学报》2008年第4期，第75页。

自身力量获得村落的控制权。因此，东北的族权对社会最基层的家族村落政权存在一定程度的渗透与控制。成为东北地区乡村社会控制的另一种特殊形式或者叫隐形的乡村社会控制。宗族首领利用官府赋予保甲组织的权力进一步巩固和扩大其对宗族、村庄的控制。可以说，血缘团体和行政区划是同一乡村社会实体的两个侧面，它使宗族组织更为"正统化、官方化"。① 正如费孝通所言，中国的农村社会是"一个'熟悉'的社会，一个没有陌生人的社会"。② 同村的邻里交往频繁，人际关系比较密切。这种基于血缘和地缘关系自然形成的社区具有很强的凝聚力。

此外，还有一种方式的社会控制形式——业缘。业缘关系是人们由职业或行业的活动需要而结成的人际关系。具体表现为：一是教育组织。在实际生活中乡村真正的文化核心是私塾。私塾不仅是传授课业的场所，更承担着维护与承接乡村礼俗的功能，这一系列习俗恰恰构成了乡村文化的核心，是使乡村社会得以运转良好的重要组织形式。到了清末东北新政时实行新式教育，设置学区，设置劝学所，日常多由劝学员来督导村屯教育。清末东北各地设劝学所。劝学所完全监管学务、学产、学校日常工作等各个方面。有的地方还成立教育会，其宗旨，招集宾州全境各学堂教员，研究教育之得失及管理之方法，以期随时改良，而谋进步之迅速。③ 二是农业组织：农会。农会是指导农民农业生产的组织，据 1929 年吉林农矿厅调查，全省农会 92 个，其中 1 个省级农会，37 个县级农会，54 个乡级农会。同时乡民设立自治组织"青苗会"，一般都在六月初六日祭虫王的时候，立青苗会。有"六月六，看谷秀"之谚。初六日为"虫王会"，各村皆举办。各地的情况不一样，建立青苗会的时间也不一样，建平县，阴历七月十五。看青组织往往附属于其他乡村行政组织下，如辽阳"保甲之缘起始于乡团，光绪二十六年拳

---

① 杜香芹、王先明：《乡绅与乡村权力结构的演变——20 世纪三四十年代闽中乡村权力的重构》，《中国农史》2004 年第 3 期，第 92 页。

② 费孝通：《乡土中国》，人民出版社 2008 年版，第 6 页。

③ 李澍恩：《宾州府政书》丙编，《风土调查》，商务印书馆 1984 年版，第 207 页。

匪乱后，盗匪继起，维时官家无兵，各村屯为自屯计组织乡团，厥后撤抚团改乡团为堡防，兼任看青，或数村或数十村联为一会，由知州委任正副防长收青粮，每日地一角，作为堡防的款，一村有警联村应，此保甲之始基也"①。三是商业组织：商会。东北实行新政时期，为了管理城乡商业，成立自治性质商会组织。截至1929年2月，吉林全省的商会有61个，其中乡镇商会近20个。东北新政时期各类民间社会组织蓬勃发展，已成为官民相得的另一个结果。从它的管理模式来看，包含了巨大的融通性和内调节功能。

总之，东北乡村社会控制的手段是多种多样的，既有法治，又有礼治，既有官制，又有自治，既有行政组织，又有单一治安、教育、商业、农业等组织。而且多种控制手段和层级共同作用于同一控制对象之上，这种控制特点较为鲜明。

## （三）东北乡村社会控制中乡绅的独特作用

在20世纪前半期的中国乡村，有一个重大的变化，即国家竭尽全力、企图加深并加强其对乡村社会的控制。中国乡村的社会控制中，保甲制度主要是由法而生的，宗法制度主要是由礼而生的。这样，宗法制度作用下，使"保甲为经，宗族为纬"的控制网络得以完备。社会控制可分为外在控制和内在控制，法制属于前者，礼治属于后者。在东北乡村社会中，在统治阶级上层主要还是由"士绅"来控制政权。

晚清时期，随着清末"新政"的展开，官制改革、预备立宪、地方自治、科举制度的废除，使得中国进入了一个新旧制度竞相更易的时代。制度的存废对于乡绅阶层而言，在历史的进程中却并非呈现为同步的演变轨迹，即使在废除科举后以至于清朝专制政体灭亡后的三四十年内，借助于新的制度建构和地方社会资源，乡绅仍然影响和制约着地方权力的建构和功能。在

---

① 裴焕星等修，白永贞等纂：《辽阳县志》卷22，《警甲志》，民国十七年（1928）铅印本。

近代的东北社会转型期，乡绅在乡村社会控制中具有独特的作用，在一个乡村共同体中，乡绅的教化，礼教的普及，家族、家庭的管理，以及私塾教育等多方面都影响着、塑造着村民的人生观、价值观。具体表现如下：

首先，乡绅推崇传统道德，热心公益救济事业。乡绅是在地方社会中的精英群体，它包括科举之士以及通过其他渠道获得身份和职衔者。功名和职衔是乡绅的基本标识。在时人眼中，"绅士阶级的出身，大概是贵人公子；或读了书，得到了前清功名——举人秀才；或现在的得到什么毕业学位，因而列人士林，得到绅士的地位……其状态，如老者，则蓄起八字须，手拿像杖一般大的烟袋，步行的是八字脚……少年绅士呢？则鼻上架了金丝或袱帽眼镜……，行起来，必竖起两肩，摇着身子，一步一步，睬人不起的样子缓缓踱着。人家叫他'先生'一声，他不过点一点头……"①。有学者给士绅的定义是："所谓士绅，是专指那些有官职科第功名居乡而能得到乡里敬重的人士。成为一个士绅必须具备以下六个条件：家世清白、对地方的贡献、具功名科第、财产丰厚、受地方人民拥戴、长老统治。"② 从以上条件可以看出，要成为士绅必须同时具有年资、财产和声望。他们因此而被赋予政治、经济和社会的地位，他们"高居于广大普通老百姓即'平民之上，统治着中国社会及经济生活，同时又源源不断地输送各种大小官吏"③。当时东北的士绅无论在保甲、团练、警政、议会等充当主要角色。由于东北的特殊性，其本身开发晚，文化教育相对落后，在闯关东的移民中，科举人数少，读书的也不多。据李廷玉等对临江各保之著名绅士调查史料记载："临江设治未久（光绪二十八年起），住民皆自山东登、青、莱各州转徒而来。其最久住者仅五六十年，尽系庄稼人，每年以伐木为生活，既乏识字之人安得有

① 步莺：《应该打倒绅士阶级》，《中国青年》1926年6月第124期，第667页。转引自王先明：《乡绅权势消退的历史轨迹》，《南开学报》（哲学社会科学版）2009年第1期，第97—98页。
② 史靖：《绅权的本质》，费孝通编：《皇权与绅权》，岳麓书社2012年版，第139页。
③ 张仲礼：《中国绅士——关于其在19世纪中国社会中作用的研究》，上海社会科学院出版社1991年版，导言，第1页。

著名绅士?"① 指出：这一地区著名士绅 7 人，其中居乡二人。可见，在移民乡村地区士绅极为奇缺。在东北总体上乡绅稀缺的情况下，乡绅作为当地村民学习的楷模，他们推崇传统道德，在村民中很有威望。士绅充当着社会领袖，组织社区的防卫，调解人民日常的纠纷，关心村民生活，为社区民众树立楷模，以及帮助人主持婚丧事宜等。因此，乡绅往往是实践儒家道德理想的模范，他们的言行得到人们的称赞。在一个乡村共同体中，乡绅在教化、礼教的普及，家族、家庭的管理，以及私塾教育等多方面都影响着村民的价值观和人生观。同时，他们也积极参与公益救济事业。如辽阳葛针泡人陈井梅建大石桥三座，修长堤二十余里，遇戚友之急，婚丧不能举，皆量为资助，不责偿。② 又如，据记载：清道光年间，吉林扶余县发德保村李敬洪，积极投身公益事业，得到人们称赞，"本村李氏之祖也。为人豪爽，好善乐施，平日处乡党，见父言慈，见于言孝，乡人敬服，均以老会首称之。本村设有公益会善会，公理其事焉。村中无论年节，严禁赌博，以敦乡俗。村中儿童相聚嬉谑，见老会首至，则莫不垂首站立，其敬畏如此。村中贫家婚嫁，公则赠米五斗，丧葬则给棺一具。公之嘉言懿行，至今尤为村人所乐道焉"③。

其次，控制兴办乡村教育，构建乡村社会教化体系。传统士绅的资格是明确的，至少是低级科举及第的人才能有进县和省官衙去见官的特权，这就赋予他作为官府与平民中间人的地位与权利。士绅群体一直以封建农业经济和儒家学说作为自己的生存基础，以维护封建统治作为自己社会活动的中心内容。在地方政府——乡绅——村民的权力网络中，乡绅在完成国家权力对村落共同体的社会控制职能方面起着不可小视的作用。在乡村社区里，乡绅是个管理社区的群体，执行着许多社会任务。自清代以来，东北地处边远，

---

① 李廷玉、傅疆撰：《奉天边务辑要》，《近代中国史料丛刊续编》，文海出版社有限公司影印本 1978 年版，第 146—147 页。

② 裴焕星等修，白永贞等纂：《辽阳县志》卷 13，《义举》，民国十七年（1928）铅印本。

③ 《吉林乡土志》，《长白丛书本》，吉林文史出版社 1986 年版，第 212 页。

文化、教育落后，很多地方的学校的校舍、学校开支等花费都是乡绅捐助的。如安图县："地处边陲，风气晚开，自设治以来，于教育一途径地方士绅尽力提倡，不殚烦劳。"由于乡绅兴办教育，在 20 年间建有小学 4 所，初中 1 所，形成了"嗣后教育发达，文风渐盛"① 的景象。再如，巴彦州绅民报效之捐款，亦学费一大入款，每岁皆有之，与各属特异，无他项杂捐。② 东北的文化教育较内地落后，乡村教育尤为落后，因此，在乡村中识文断字之人极受人尊重。乡绅通过捐助兴办乡村教育，逐步掌控乡村文化和乡村教育的话语权。他们的影响力逐步渗透到村民生活的各个领域，一些开明乡绅已经向传统陋习挑战，禁毒禁烟，还有的乡绅提倡新式婚姻。如民国时期奉天抚顺乡村"士绅多仿西式，行文明结婚礼"③。许多乡绅以其不懈的努力，一身正气，影响还改变着乡村社会风气。也有一些乡绅还继续滞留在旧传统和封建思想的领域里。他们提倡对女性宣传与灌输的"贞""节"与"烈"思想，树牌立坊；对男性则多是"忠""孝""善"理念。总之，乡绅在乡村掌控着教育的话语权，也是乡村社会教化体系的核心，对社会风气具有风向标的作用。

再次，维持乡村治安，驾驭乡村地方权力。乡绅作为一个居于地方领袖地位和享有特权的社会集团，并不像官员那样拥有钦命的权力，却拥有基层社会赋予的实际权威，在维系正常社会秩序的官绅民三种力量中，灵活地逐步突破法定的限制，使自身的角色定位更为重要也更为多样。"绅士阶级有两个必备条件：一是农村里的知识分子，二是能够代表农村里资产阶级的利

---

① 陈国均等修，孔广泉等纂：《安图县志》卷 3，《政治志·教育》，民国十八年（1929）铅印本，第 12 页。

② 柳成栋纂辑：《巴彦州志辑略》，《学务略》，黑龙江人民出版社 1988 年版。引自王广义：《近代中国东北乡村社会研究》，光明日报出版社 2010 年版，第 144 页。

③ 张克湘修，周之桢纂：《抚顺县志》，《人事志》，民国二十八年（1939）抄本。

益，或者自己本身是一个农村里的资产阶级。又占了一个中间位置"①。因为"农村中的民众没有教育，没有组织，不能够和县政府发生直接的关系，绅士阶级便是介于县政府与民众之间的中间阶级，这两个原因是绅士阶级所以发生的重要原因。"②"世之有绅衿也，固身为一乡之望，而百姓所宜矜式，所赖保护者也。……绅衿上可以济国家法令之所不及，下可以辅官长思虑之所未周，岂不使百姓赖其利，服其教，畏其神乎?"③以社会权威而不是以法定权力资格参与封建政权的运作，士绅阶层便集教化、治安、司法、田赋、税收、礼仪诸功能于一身，成为地方权力的实际代表。

乡村地方的团练、保甲等往往多是由一方乡绅组织和领导的，维护一方治安，有着一定的号召力。许多乡绅因举办团练成效卓著而名震一方，或得人民爱戴拥护，或闻名于朝廷，获得嘉奖。如吉林敦化县维新村刘大海"居县城西之香水河子。性慷慨，有胆识，尤善治家。自营烧锅油坊等业，当时富甲一乡。会日俄战起，地方被叛军骚扰，刘氏首创自卫团，练枪械，保卫地方。及俄兵至境，辄击退之，因是乡里赖以保全。人皆称之以'老总'。享年八十余，始卒"④。又如，盖平县"高鸿印，庚子之变，俄兵蹂躏村屯，据理交涉，得免骚扰。适溃兵悍匪蜂起，肆行扰乱，遂与李声家倡设乡团，身先民众，匪望之胆怯，一方数十村赖以安堵"⑤。晚清时期，清政府在东北实行新政，推行自治，一些士绅开始掌握自治权力。如在黑龙江设立咨议局，选派公正明达官绅创办其事。成立的一些自治团体，如农会组织，也大都是由乡绅把持。如吉林农会，"其组织由于官绅，主其事者官绅"。⑥近代

---

①　克明：《绅士问题的分析》，《中国农民》1926年第10期，第12页。转引自王先明：《乡绅权势消退的历史轨迹》，《南开学报（哲学社会科学版）》2009年第1期，第106—107页。

②　克明：《绅士问题的分析》，《中国农民》1926年第10期，第11页。

③　王先明：《近代绅士——一个封建阶层的历史命运》，天津人民出版社1997年版，第61页。

④　魏声龢：《吉林乡土志》，《长白丛书本》，吉林文史出版社1986年版，第200页。

⑤　石秀峰、辛广瑞修、王郁云等纂：《盖平县志》卷9，《人物志·绅耆》，民国十九年本。

⑥　刘爽：《吉林新志》，《长白丛书本》，吉林文史出版社1991年版，第311页。

东北很多村屯事物的决策权掌握在极个别的有着财力、资历的一些士绅手中。如黑龙江省肇州县张家大围子，从整个屯子看，全部耕地掌握在以张姓为首的几家地主、乡绅手中，征收地租的数额等一些事宜都是经他们商议后确定下来的，屯中的大小事务者以地主为中心转移。① 可以说，"以德服人"的士绅集团成为上层社会结构和基层社会结构不可或缺的"中介力量"。村庄舞台因此成为城市与乡村沟通和交涉的主要领域，同时，乡村社会中绅士及受过教育的知识精英状况如何将会直接影响社会底层的秩序和农村、农民生活，并最终影响着城乡良性互动关系的形成与否。

在中国传统乡村社会，中央权力的触角停滞在县里，县下基本上是由地方士绅或宗族大户维持秩序，推行教化。他们在乡村中扮演着重要角色，特别是对维护基层社会秩序化有着举足轻重影响。以乡绅为代表的精英阶层几乎垄断了乡村的文化资源、政治资源和相当多的经济资源。士绅作为居于官、民之间特殊的社会集团，凭借着其独特的功名身份和文化权威而成为地方社会集政治、经济、文化与伦理为一体的权势阶层，直接控制着乡村社会生活的各个方面。传统科举制和等级身份制的废除，在短时间内也并没能彻底动摇士绅阶层及其权势地位存在的社会基础。原有的乡绅无论在政治、文化还是经济资源的占有上仍具有明显优势，当然，这种优势地位的维持只限于一段时间。随着时代的发展，逐步走向消亡。乡村社会以乡绅为代表的精英在 20 世纪 30 年代初中期之后就不具有明显优势了，随着城市化的推动，其他阶层就逐渐跃居精英地位。乡村文化衰落及精英匮乏，最终导致的是前所形成的"乡村绅治"格局的破坏乃至瓦解。并且在旧的控制模式已遭破坏而新的整合范式尚未形成之时，只能使农村蜕变为"土豪劣绅大肆蹂躏之乡"②。乡村社会秩序因之而走

---

① （伪满）实业部临时产业调查局：《农村社会生活篇——康德元年农村实态调查报告》，满洲图书株式会社 1937 年版，第 73—74 页。

② 《关于永定县政治经济情况与群众要求革命情况报告》1928 年 7 月 29 日，《关于武平、龙岩工作情况报告》1928 年 7 月 29 日。参见赵泉民：《从"无差别的统一"到"对抗性"形成——基于新式教育兴起看 20 世纪初期中国城乡关系演变》，《江苏社会科学》2007 年第 5 期，第 159 页。

向恶化、无序化，使得广大处于弱势地位的农民不得不遭受来自各方面的剥削、压榨。这一时期，传统士绅纷纷向"权绅"转变，随这种转变而来的就是士绅的"劣化"，原来的"正绅""士绅"转化为"劣绅""土豪"，特别是一些土豪恶霸开始逐步代替乡绅成为乡村社会的中心地位。因此，有学者评论道："不管怎样，在农民面前，旧的统治阶级的尊严大部分消失了，而这曾给他们以安全感。所有的隐匿的豪杰、不法商人、匪盗之徒，以及诸如此类人物都从地下冒了出来，填补目前统治者的倒台所产生的真空。"① 以乡绅为代表的乡村精英阶层逐步退出历史舞台。

---

① ［美］巴林顿·摩尔：《民主与专制的社会起源》，拓夫等译，华夏出版社1987年版，第176页。

# 第七章　近代东北城乡关系特点 及对社会的影响

　　城市与乡村是一定区域内共同存在的两个空间实体，自城市产生之后，城乡间关系随之产生。城市与乡村是一种相互依存、相互影响的关系，是一定社会条件下政治关系、经济关系、阶级关系等诸多因素在城市和农村两者关系的集中反映。在中国，古代城市都是作为行政中心而设立的，这些长期以来形成的封建城市，是建立在小农业与家庭手工业相结合的自然经济之上的，非农业特征不明显。农业时代的城乡关系之间没有明显的社会分工。正如马克思所说："亚细亚的历史是城市和农村无差别的统一。"① 进入近代，中国是一个由传统社会向近代社会转型的特殊时代，城乡关系的互动连锁反应在近代中国的历史发展进程中得到充分展现。城市经济蓬勃发展带来的最大正面效应就是促进了城市功能与城市性质的转变，使城市由传统的生活消费型逐步过渡为现代的生产流通型城市。随着外国势力的侵入和中国主要通商口岸城市对外贸易和工商业的兴起与发展，在自给自足自然经济逐步解体的同时，旧式的城乡无差别的统一关系亦发生了变化，城乡间以对立统一为特征的二重性关系日趋凸现。城乡对立矛盾日益加深。近代中国城乡关系呈现出两极发展的新特点，即城乡间联系性的加强与对抗性矛盾的加剧的两极

---

① 《马克思恩格斯全集》第四十六卷，人民出版社1979年版，第480页。

化态势。城乡关系中的近代性与前近代性，封建性与半殖民地性、不平衡性与相互交织的过渡性特征极为明显。①

东北地区由于特殊的历史遭遇和社会环境，其近代城市化发展之路是在近代中国特定历史条件下发生的，是俄、日等帝国主义侵略和国内政局变动相互作用下错综复杂的结果。近代东北地区的城市化速度与进程有着鲜明的时代和区域特点，其城乡关系也带有鲜明的区域特点，对东北社会变迁产生重要影响。城乡之间对立统一为特征的二重性关系更加凸现，城乡对立矛盾更加深刻，且封建性与半殖民地和殖民地性色彩更明显。这种不对称城乡关系最终使城市发展受到限制，使得近代东北城市发展变迁畸形化和非正常化，最终导致乡村发展变迁的滞缓和区域间发展不均衡。

## 一、近代东北城市化推动下不对称的城乡关系

城市与乡村是人类定居生活的产物。城乡关系中最根本的是经济关系。城乡关系的互动连锁反应在近代中国的历史发展进程中得到充分展现。东北地区有它的特殊性，许多城市都是由村落、市镇直接到城市发展起来的。如过去的大连就是一个小渔村，"当时，青泥洼一带有东青泥洼（17 户）、西青泥洼（20 户）、黑嘴子（10 余户）、西岗子（13 户）之小聚落，并零散存在着山神社、龙王庙之村落"②。沙俄 1898 年通过《中俄密约》和《旅大租地条约》强租旅顺、大连地区，移山填海，筑港建市，青泥洼渔歌唱晚的日子就此终止。哈尔滨在中东铁路修筑之前，也是一个小渔村，"松花江畔三五渔人，舟子萃居一处，不过为萧瑟寒村而已"③。近代东北，广大的城市与乡村在外力和内力的作用下发生了一系列的变化，其城乡间固有的关系发生改变。而这些改变随着城市与乡村，特别是城市的早期近代化的深入而愈

---

① 蔡云辉：《城乡关系与近代中国的城市化问题》，《西南师范大学学报》（人文社会科学版）2003 年第 5 期，第 118 页。

② ［日］越泽明：《中国东北都市计划史》，黄世孟译，大佳出版社 1986 年版，第 49 页。

③ 殷仙峰：《哈尔滨指南》，东隆商报馆 1922 年版，第 1 页。

加明显。一方面，城市与乡村间的经济联系日益加强；另一方面，城乡差别却在迅速扩大，城乡对立愈发严重，对抗性矛盾加剧。

近代中国城乡间对抗性矛盾的加剧，是近代中国特殊社会历史背景下的必然产物，其表现在：第一，城市在经济上剥削，在政治上统治乡村，这是中国城市自产生以来，便被赋予的双重社会功能；其二，近代中国城市所固有的浓厚的封建性及近代以来强加给中国社会的殖民地性，使城市对乡村的剥削、压迫程度更高，手段更加多样化。它不仅延续和强化了原有的封建剥削统治方式，还增加了新的殖民掠夺和资本主义的剥削手法，因而使近代城市与乡村的关系变得更加残酷与不协调。①

（一）城市与乡村之间的经济联系日益加强

近代东北，随着社会经济大变革的浪潮，城乡间的联系更为紧密也更加活跃。在城市化的过程中，乡村在近代城市的辐射与作用下也发生了一系列的变化。城市周边农村的社会结构也与城市的发展变化同步。到20世纪30年代，东北的工业化程度开始达到全国最高水平。② 城市工业的发展，加强了城市与乡村在深度与广度上的联系，城乡间联系日益加强。主要体现：

**1. 东北乡村农业与手工业在城市化推动下其商品化日渐显现**

城市的发展，城市规模的扩大，极大地增强和提高了广大乡村农产品商品化率的程度。开埠前的东北地处关外，在漫长历史时期，由于自然经济占主导地位，农业种植一直是以粮食为主体。主要作物是小麦、玉米、高粱等。鸦片战争后，东北大门被打开，特别是甲午战争后，随着帝国主义经济侵略势力的深入和铁路的修筑，东北地区的社会经济与国内外市场的联系日趋频繁，使农业种植结构逐渐发生了变化，农产品商品化的程度明显提升，经济作物的种植规模及范围都有较大发展，从而使东北地区农业经济开始走

---

① 蔡云辉：《城乡关系与近代中国的城市化问题》，《西南师范大学学报》（人文社会科学版）2003年第5期，第118页。
② 曲晓范：《近代东北城市的历史变迁》，东北师范大学出版社2001年版，第362页。

上近代化的发展轨道。1861 年营口开埠后，随着铁路的修筑，商品交换增多，大豆、烟叶、高粱等农产品进入流通领域，为农业种植结构调整提供了便利条件。同时，外国商品大量涌入东北境内，东北乡村的社会生产商品化程度有了较大提高。尤其是城市周边的农村其农业结构开始发生变化。如磨坊、油坊、酒坊，称为满洲之三大工业。"油坊即榨油业，大连为大豆之贸易中心，故榨油业最发达。磨坊即面粉业，哈尔滨为小麦之贸易中心，故面粉业为最发达。酒坊即烧锅，为高粱酒之酿造所，散在吉林奉天黑龙江各处。此三大工业，每年产额各在二千万元左右。"① 东北地区农民把"谷子、高粱及杂粮，强半留作人畜食料。豆、麦除自用少许外，则皆用大车运往各大车站或临近市埠卖于粮钱（栈中皆住有收买粮客），然后装火车运往大连、海参崴等口以外运。高粱除作食料外，大部由各烧锅收买，用以酿高粱酒。""大豆除外运及农民作酱用外，大部为哈尔滨及大连市各机器油坊所收买，以榨豆油。小豆除当地作粉条外，亦多外运。近年当地多用马铃薯俗称土豆作粉条。"②

城市近代化的演进过程，同时也是城市周边农村日益卷入国内外市场的过程。一般来说，一定空间区域内，城市和其相邻的乡村共同组成了一个区域系统。在这一系统中，城市与乡村是一种相互依存、相互影响的关系。一方面，城市的存在发展必须以一定范围乡村作为自己的腹地，离不开广大乡村的支撑；另一方面，乡村的发展亦离不开城市的带动。城市陆续开埠以后，随着周边农村卷入国内外市场程度的加剧，市场价值规律对于农业经济的导向作用也越来越明显。近代城乡关系变迁最重要的表现是城乡间经济活动的频繁，城市对周边农村经济的带动。20 世纪以后的中国农村市场与国际大市场的融合加速了中国农业经济的商品化和专业化。中国农民进入市场是为了追求更高的利润，它无疑为中国提供了好机会。围绕着大连、哈尔滨、

---

① 张其昀：《满洲之价值》，《地理杂志》第 1 卷第 1 期，1928 年。转引自王广义：《近代中国东北乡村社会研究（1840—1931）》，光明日报出版社 2010 年版，第 60 页。

② 刘爽：《吉林新志》，《长白丛书本》，吉林文史出版社 1991 年版，第 318 页。

吉林等几大城市周边的广大乡村，其农业商品化率日渐提高。随着城市的发展，对农村商品经济的发展提出了更高要求，这还同时表现在农业生产的专门化上。所谓农业生产的专门化，即在一些区域专门生产一种市场生产品，而另一些区域又专门生产另一种市场生产品，而且农业的其他方面也都适应这种主要的生产品。东北大豆生产的专门化趋势非常显著。随后东北地区带有明显附属性的农产品商品化生产被迅速纳入资本主义世界市场。1908 年东北地区的大豆被运往英、美、德等国家，开始与国际市场发生密切联系。[①]当时在安东（丹东）的机器油房 1913 年有 14 家，1918 年增至 24 家。[②] 大连更是东北榨油业的中心，1912 年大连就已设有机器榨油厂 48 家。到 1918 年则增至 57 家。1917 年，大连油房消费大豆 941720 美吨，占当年东北大豆上市总量的 50%。[③] 再如机器制粉业，主要集中在东北北部，是这一地区最重要的产业部门，其产值占该区工业产值的一半以上。1913 年，该区共有大型面粉厂 19 家。到 1919 年，东北北部地区面粉厂共计 32 家。东北南部也设立了一些机器面粉厂。1919 年达到 7 家。第一次世界大战期间是东北面粉业发展的鼎盛时期，整个东北有面粉厂 60 余处，一年的生产能力可达 1500 万袋，不仅能满足东北本地需求，还可大量出口。[④] 据统计，1914—1918 年，东北大豆的种植面积占全国大豆种植总面积的 41.4%，东北大豆的产量占全国大豆总产量的 36.6%。1924—1929 年，东北大豆种植面积占全国大豆种植总面积的比重稍有下降，为 31.1%，但是产量所占比重却有所上升，为 37.1%。[⑤] 在东北的南部辽宁、热河地区形成棉产区。1914 年度，辽宁种植面积 293 千市亩，产量 31 千市担；热河种植面积 16 千市亩，产量 2 千市担；

---

① 段光达：《东北地区近代城市化问题初探》，《光明日报（理论周刊）》2006 年 6 月 12 日，第 9 版。

② 满铁调查部编：《满洲经济年报》，1935 年，第 401 页。

③ 衣保中：《东北农业近代化研究》，吉林文史出版社 1990 年版，第 166 页。

④ 参见衣保中：《东北农业近代化研究》，吉林文史出版社 1990 年版，第 167 页。

⑤ 许道夫：《中国近代农业生产及贸易统计资料》，上海人民出版社 1983 年版，第 182 页。

1924—1929 年度，辽宁种植面积 916 千市亩，产量 366 千市担；热河种植面积 281 千市亩，产量 48 千市担。① 随着东北城市规模的扩大，城市周边农村都得到不同程度的发展。大批个体小农越来越多地将生产和经营纳入城市市场经济体系，城乡之间联系日益紧密。

### 2. 城市化推动下城乡间社会分工日益扩大

随着城市近代化的推进，周边农村的生产关系结构、技术结构以及社会经济结构等方面也发生了变化。城乡间社会分工也日益扩大。这种城乡社会分工逐步扩大主要体现在：城市成为生产中心，城市中的工业企业高度集中，农村则日益沦为为城市提供原料、劳动力和初级加工的场所。农业生产和农民生活对城市与市场的依赖性有所增强，农村为了适应这一市场需求，纷纷调整原来的生产结构。城市规模扩大后，人口相应的增加，所需要的衣食住行方面的来源主要由农村提供。城乡分工形成后，各自生产着自己的产品，并且相互交流着。农村的农作物种植以城市需求为准，这样可以获得更大的利润，这就导致了农产品的商品化与农村产业结构的调整。城市里先进的生产工具通过交换传入东北一些落后的少数民族之中，引起了劳动方式的改变，促进了社会大分工。集体渔猎不再必要，分散的个体劳动随之而生。在一些民族中出现了以满足自己需要为目的的农业生产，还有一些人完全从狩猎经济中脱离出来，从事运输、制车、经商等辅助性生产。如海拉尔是清朝防俄实边的据点之一，海拉尔的粮食和一切商品都要由齐齐哈尔运去，故需很多车辆，阿伦、草尼等地的鄂温克人搞运输拉脚的人很多。先进生产工具的输入，给牧区鄂温克族的生产带来了新的内容，如拉脚、制车、卖木材、打羊草等，一时颇为发达，甚至成为一部分人的主要生活来源。特别是由于牧业上饲草的储备，棚圈的改进，技术的进步以及牲畜销路的扩大等，使畜牧业得到了发展。② 城乡关系这种变化，极大地动摇了这种自给自足自

---

① 许道夫：《中国近代农业生产及贸易统计资料》，上海人民出版社 1983 年版，第 208 页。

② 吕光天：《清末鄂温克人的社会结构》，《内蒙古社会科学》1982 年第 5 期，第 67 页。

然经济的根本。

东北城市近代化兴起、发展的外向辐射还率先影响周边农村经济的产业结构发生一系列与城市近代化进程相适应的变化。周边农村农业生产结构变动的影响首先体现在为城市居民日常消费生活服务的蔬菜、瓜果、花卉、禽蛋等农副业产品生产变化上。如哈尔滨市附近的太平桥、兆新屯等65个村屯种植蔬菜为哈尔滨提供蔬菜供应。① 还有金山堡的方好诊，1912年从山东搬到本屯来住，1933年种菜。1918年，黄广珍从山东来到薛家屯，10年间以靠做年工为生，后开始蔬菜种植。② 农产品加工业的繁荣，是促使这个时期农业商品经济活跃的重要原因之一。据1918年对阿城、宾县、同宾、方正、依兰、勃利、桦川、富锦、宝清、同江等十县的调查，酿酒业总共消费小麦12546石，大麦73884石，高粱36344石，苞米54502石，谷子51997石，黍子23090石，大豆及豆类35411石，粮豆总消费量达287675石。③ 正如马克思指出："农业和工场手工业的原始的家庭纽带……被资本主义生产方式撕断了。"④ 其次，随着城市规模的扩大，城市周边农村专供城市市场的商业性农业和手工业都得到不同程度的发展，意味着广大个体小农越来越多地脱离了自给自足的自然经济范畴，自觉或不自觉地将自己的生产和经营纳入了具有资本主义色彩城市市场经济体系，城乡之间联系因而得到加强。其结果导致东北超稳定态的农本经济受到强大商业力的冲击，逐渐使农业成为商业的附庸，乡村经济开始依附于城市经济；迫使东北经济运作置于资本主义国际市场影响之中，外力对东北经济控制加强；城市中资本主义生产方式传入东北，导致传统经济结构失衡，同时对东北城市影响更为深刻。通商贸易加剧了东北城乡之间的两极分化，促使人口拥向商埠地城市，动摇了

① 王广义：《近代中国东北乡村社会研究（1840—1931）》，光明日报出版社2010年版，第60页。

② ［日］佐藤武夫：《满洲の都市近郊地带に於ける蔬菜栽培事情》（一），《满铁调查月报》第18卷第10号，1938年。

③ ［日］满铁总务部调查科编：《吉林省东北部松花江沿岸地方经济事情》，第54页。

④ 《资本论》第1卷，人民出版社1975年版，第551—552页。

"农本商末"的传统观念，在重商思潮和功利主义影响下，人们把谋生的期望由土地转向市场，由乡村影响城市。

### 3. 城市中的人口增长快速，乡村向城市人口流动日益频繁

近代化的一项重要指标是工业化程度，随着近代工业的发展，大量工业产品被推向市场，必然会导致传统农业与家庭手工业相结合的自然经济的解体，导致一部分农业人口从农业和手工业中分离出来，并被工业生产吸引，流向城市，成为城市人口。19世纪末至20世纪上半叶，东北城市人口得到快速增长。城市成为吸引农村人口流动的主要去向。同时，城市也成为吸引乡村人口向城市流动的巨大力量，城乡人口流动日益频繁。可以说，清末是东北城市化起动阶段，其后的20年里东北城市的人口增长率远远超过国内其他任何地区，仅在1907—1930年期间城市人口增长率为65%。[①] 1930年辽宁省城镇人口达43万，约占全省总人口的17.1%。[②] 大连在日本统治时期，增长幅度最大的是大连市区人口。1903年仅有4万多人的大连市，1935年，市区人口增加到370000人[③]；1944年达到796187人[④]。在日本统治的40年中，市区人口比原来增加了约15倍。沈阳在1934人口达到143万人，是1905年人口总量的6倍。随着东北开埠通商口岸及铁路沿线城市兴起和交通运输条件的不断改善，城市随着城市化的兴起和发展，成为乡村人口向城市流动的巨大推动力和吸引力。一部分城市周边农民开始抛弃乡村生活，开始流向城市，"从农村出来打工的人，比如像城市商店的店员或在工场、矿山干活的人单纯依靠男人在城市，矿山打工的收入，自己不种地，也不雇人种地的当然很少，大部分都是自己也在家种地，依靠双方的收入来维持生计。"一家人中的'顶梁柱'或其他主要劳力外出打工，仅留下老人、妇女、孩

---

① 东北文化社年鉴编印处：《东北年鉴》，东北文化社1931年版，第176页。

② 宋则行主编：《中国人口·辽宁分册》，中国财政经济出版社1987年版，第43页。

③ ［日］满史会：《满洲开发四十年史》下卷，东北沦陷十四年史辽宁编写组译，1987年，第407页。

④ 宋则行主编：《中国人口·辽宁分册》，中国财政经济出版社1987年版，第50页。

子非壮劳力人口进行不合理的农耕，……"①

随着移民大量涌入和东北城市人口的自然增长，从 1907 年起，东北人口的城乡结构发生质的变化，城市人口比重稳步上升，乡村人口比重逐年下降，形成典型的城乡"二元化"经济结构。据统计，1875 年，东北只有 12 个城市，城市人口约为 30 万，约占当时东北总人口（550 万）的 5%，在国内属于低水平（当时国内城市化人口平均为 5.5%），远未进入城市化阶段（按城市学通例，城市人口占总人口 10% 以上是进入城市化的起点）。但进入 20 世纪初，东北很快跨入城市化阶段。如 1907 年，东北城镇已发展到 75 个，城市人口为 150—180 万人，占总人口的比例已超过 10%。② 东北城市人口的快速增长历史过程，表明了人口城市化是人口经济发展的必然趋势。

## （二）城市与乡村间对抗性矛盾加剧

城市在经济上剥削农村，在政治上统治农村，这是中国城市自产生以来便被赋予的双重社会功能，此后延续到近代而变得更加强化。近代中国城市与乡村间对抗性矛盾加剧的原因主要是"外国帝国主义和本国买办大资产阶级所统治的城市极野蛮地掠夺乡村"③ 造成的。它是近代中国特殊历史阶段的必然产物。东北地区尤为如此。城市所固有的浓厚的封建性以及近代以来强加给中国城市的殖民地性，使城市对农村的剥削程度更高，剥削手段更加完备和多样化。它不仅延续和强化了传统的封建剥削方式，而且还增加了半殖民地的掠夺和资本主义剥削的新手法。因而使近代城市与农村的关系变得更加残酷与不协调，城乡对立更为严重。这种对立在经济上表现为城市对农村剥削的加强，城乡间差距的进一步扩大。

---

① （伪满）"兴农部"农政司调查科：《农村实态调查关系集计资料》，满洲印刷株式会社 1942 年版，第 6—7 页。

② 曲晓范：《近代东北城市的历史变迁》，东北师范大学出版社 2001 年版，第 361 页。

③ 《毛泽东选集》第一卷，人民出版社 1969 年版，第 3101 页。

**1. 城市对乡村的剥夺日益加深**

在近代化的历史进程中，城市的发展使得乡村社会所受到的冲击和孕积的矛盾已经前所未有。在社会剧变中，一个显著的特征就是飞速发展的工业文明正在吞噬着农耕文明，乡村社会正在成片地急剧消失，并彻底改造了传统乡村结构。"旧时代的矛盾依然存在，新的社会矛盾又闯了进来，再加上外国侵略和天灾人祸诸种因素，农村问题成了引人注目的大问题。"① 特别是在俄、日殖民统治时期，东北城市对乡村的剥削和压迫程度更高，手段更加多样化。在广大的城市里，拥有着一大批商业主，他们在乡村占有着大量的土地。"这些人占有土地情况，多达几千垧，小的占有五垧、十垧。其土著资本和土地的结合，无论是商工业者向土地投资也好，或地主富农向商工业投资也好，总之差不多都是土地所有人完全脱离农业生产，或是仅以消极的态度对待农业生产。"② 赋税、地租和商业高利贷是传统城市剥削乡村的主要手段。形成了所谓的"不在村地主"。"不在村地主"有以下四种人：一是军阀、官僚出身的不在乡地主；二是有土地的商工业者；三是农民出身的不在乡地主；四是其他不在乡地主。他们基本不直接从事农业的生产，大多是转卖或出租土地以渔利，或是雇佣农工从事农业为生。其造成的后果就是促使乡村经济进一步凋敝，进而也窒息了农村经济的生机。这些使城市对乡村的剥削、压迫程度更高，手段更加多样化。它不仅延续和强化了原有的封建剥削统治方式，还增加了新的殖民掠夺和资本主义的剥削手法，因而使近代城市与乡村的关系变得更加残酷与不协调。城市通过扩大工农产品价格"剪刀差"的方式剥削农村。主要是通过抬高工业品销售价格，压低农产品收购价格，扩大工农产品价格"剪刀差"的方式来实现剥削。工农产品"剪刀差"的扩大恶化了农民的生活质量，在不等价交换下，严重扼制了农村经济的发展生机，进一步强化了不平等的城乡关系，城乡矛盾更加突出，城乡对立日益加深。

---

① 王桧林、朱汉国：《梁漱溟乡村建设研究》，山西教育出版社 1996 年版，第 2 页。
② ［日］岩佐舍一：《北满の土地所有配分と不在地主》下，《满铁调查月报》22 卷 7 号，1942 年，第 64 页。

### 2. 城乡间差距进一步拉大

近代城市对乡村的剥削与掠夺，使城市与乡村成为两个完全不同的鲜明世界。一方面是城市的灯红酒绿与畸形繁荣，而另一方面却是广大农村的凋敝与日益衰败。城市近代化在不断推进，一切先进的设施都集中在城市，如电力、汽车、电话、电报、自来水、摩天大楼等，还有近代经济如银行、百货商店和工厂也随处可见，现代的交通工具日臻完善。如近代大连有较好的城市公交系统，城市的交通工具有较大发展。据当时记载：1916 年，大连市内有各种车辆8201 台；1934 年增至37159台。1916 年大连市内有各类汽车 95 辆，人均 0.003辆；1934 年大连市内有各类汽车 1398 辆，人均 0.004 辆，增加 33%。同期市内自行车由 1787 辆增至22959辆，人均占有数从 0.02 辆增至 0.07 辆，增长率为250%①。然而，广大乡村却相形见绌，乡村物质匮乏，技术长期停滞不前。乡村道路多为土路，污秽不堪，下雨泥泞难行，天晴刮风则尘土飞扬。由于近代乡村经济不发达、交通不便利，乡村的文化信息仍很闭塞。在东北很多乡村地区，读书识字的人原本就少，一些有才能的人到城市谋求新的发展机会，导致新的文化信息无法在乡村民众中传播。广大乡村的娱乐活动仍旧是古老的，水平也远远不及城市。近代东北乡村不仅文化基础设施简陋，而且在简陋的戏台上上演的节目不但长年不变，且每年只有屈指可数的几次。然而城市中公园、音乐厅、剧院、幼儿园、林荫道、广场、学校、游乐园应有尽有。又如1909 年满铁在马栏河口至黑石礁间开辟了海滨公园——星个浦（星海）公园，园内设立了凉台式建筑、旅馆、更衣室、温室等设施，铺设了草坪，种植了樱花。而且当时的人们也喜欢到大自然中去游玩，"大连市外的星个浦，山环水绕，风景天然，每当夏日游人极多，又兼满铁水泳部设在该处，中华青年会及各公学堂各小学校的学生多半前去泅水，所以非常热闹"②。所有这些让城乡间这种二元社会经济结构更加严重。

---

① 傅立鱼：《大连要览》，第 5 页；《产业的大连》日文版，第 12 页。转引自沈毅：《近代大连城市经济研究》，辽宁古籍出版社 1996 年版，第 187—188 页。

② 《星个浦内之佳况》，《盛京时报》1925 年 7 月 19 日。

## 二、近代东北城乡关系对城乡发展的影响

东北城市化运动的兴起，对原有的城乡关系产生了巨大冲击，而这种特殊的城乡关系反过来对东北城市化也产生了深刻的影响。

第一，城乡间对抗性的关系限制了城市的正常发展

城乡间的这种对抗性的关系，是一种城市单向掠夺乡村的关系，它破坏了以往的传统城乡一体化结构。在这种城乡关系条件下，其结果是导致乡村的破产，使城市的发展受到限制。东北城市化的发展，没有给广大乡村带来发展机遇，地租连年增加，通货膨胀严重，使农民日益贫困。以吉林省为例，乡村居民常穿的靰鞡，1913 年，一双才十六七吊，食品三糕每斤 840 钱（420 文），到了 1931 年，靰鞡每两八九十吊（一双约 12 两），至少涨了 130 多倍；三糕为 5 毛，大约涨了 100 多倍。物价"三十年来变动之巨，令人可惊"①。日用品价格上涨，农产品价格下跌，增产不增收。同时农村赋税征收沉重，农民生活水平极度下降。尤其是小农，加速了他们的贫困和破产。东北城市的畸形发展，使"1840 年以来的中国乡村，基本都处于危机之中，并在不同的层面制约着近代中国社会诸领域的变化"②。一位当时的日本人在调查东北农村状况时写到"奉天省，由于前年的歉收，故自前年以来穷民数量激渐增加，今春播种期的旱灾与动乱，使这种情形更为激化。去年六月前后调查各县的贫民数，其总数：需要救济者，五十一万余人；生活苦难者，六十六万六千余人"③。在一个省有如此多的灾民，可见农民的状况。由于城市周边广大乡村的衰落，不仅使城市失去了生存发展的广大腹地，同时也使得城市工业发展所急需的原料供应和销售市场受到阻碍。更直接地影响城市无法吸纳更多的移民进入城市，最终结果就使得城市化发展和发展规模受到限制。东北城市与乡

---

① 刘爽：《吉林新志》，《长白丛书本》，吉林文史出版社 1991 年版，第 423 页。
② 张福记：《近代中国社会演化与革命》，人民出版社 2002 年版，第 1281 页。
③ 大村冰夫：《东北农村的现状》，俊生译，《清华周刊》1936 年第 44 卷，第 8 期，第 21 页。

村就是在这种矛盾关系中恶性循环发展，城市越发展，乡村越落后，造成城乡差异也就越大。东北落后的乡村，对城市进一步发展的阻力加大，整个社会经济发展与社会转型的任务就很难完成，最终使城市发展受到限制。

第二，城乡关系使得近代东北城市发展变迁畸形化

中国是传统农业国家，近代以来，由于各种原因，中国长期徘徊在工业革命的门槛外，缺乏内部自发地产生发展现代化的动力。东北城市化发展最快的时期正是列强对东北掠夺和侵略最疯狂时期。随着外国资本主义势力侵入中国以后，东北城镇分布状态受到冲击，尤其是随着中东铁路的修建和内河航道的开辟，改变了原有的交通运输线路，给城镇的分布和职能以重大影响。外力从根本上动摇了两千多年的封建专制统治，列强用武力强占东北，一方面把这里从封建政权体系中强行分离出来，减少了在迈向近代化过程中无法回避的来自封建专制制度的阻力，也使得东北城市在向现代化城市转变过程中的步伐得到加快。如大连等城市改变了以往闭关锁国的状况，发展对外贸易，利用大连这个对外窗口，把封闭的东北物产推到世界大市场上，与此同时，西方先进的科技文化和城市建设成果，为这时期的东北地方当局所借鉴和吸收，对清末民初的东北城市化起到了推动作用。这一点是不以侵略者的意志为转移的。这一时期的东北，经济成为城镇形成的主要因素，松花江两岸和中东铁路沿线改变了东北地区的自然经济体系，促进城镇的形成和发展。城镇在职能上突出了经济的性质，从以政治军事因素为主向以经济因素为主的层面转移，从而形成了这一时期东北城镇的重要特征：城镇沿交通线路形成发展，再不是那种封闭保守的政治或军事的据点，而是交通枢纽及商贸中心；城镇分布走向由内陆向沿海，由沿驿道转向沿铁路发展；城市建设形制一方面是新兴城市呈开放多核结构，另一方面是旧城在外力冲击下开始由封闭单核向开放多核过渡，城市规模逐渐扩大。① 当然，这种转变是痛苦的，是国家主权的丧失，殖民者在这里实行的是殖民统治，大连也就此沦

---

① 吴晓松：《东北城市建设史》，中山大学出版社 1999 年版，第 54 页。

为殖民地地位的城市。① 城市发展畸形是近代中国的必然产物，东北城市与乡村更是如此。

第三，城乡关系导致乡村发展变迁的滞缓和区域间发展的不均衡

近代以来，东北的城乡关系与前近代相比，已经发生了变化。在城乡的对立统一关系中，城市已经逐渐占据了主导地位，并开始了城市统治乡村的时期。乡村对城市的依赖性增强，城市带动乡村共同发展。但由于东北城市发展的特殊性，使城市对乡村的带动效应十分有限。相反，由于农村经济的日趋萧条，使乡村日益成为城市发展的桎梏，阻碍着城市的进一步发展。由于近代东北城乡关系的特殊性，并且这种对抗性矛盾关系自身又无法克服，在客观上势必削弱城市发展对乡村发展的辐射性拉动力，农民更加贫困。与此同时，由于城市自身发育的不健全，其城市近代化真正意义就明显不足。从而造成城市对乡村的拉力客观上就显得非常吃力。又由于近代城市多集中在交通便捷之地，而广大内陆和偏远地区大多为一些中小城市和市镇。这就必然导致社会发展与变迁在区域间出现不均衡。城市发展的不平衡性，既是长期以来东北区域内经济发展的结果，更是帝国主义侵略的产物。明、清东北边墙的修筑使东北边墙内外地区经济发展不平衡，帝国主义入侵加剧了这一不平衡状态，它们为加紧掠夺东北资源及倾销国内过剩商品，在东北进行开辟口岸开矿设厂、移民等举措使地区经济发展，导致东北城市发展更加不均衡。

总之，近代东北城市化进程中的这种特殊的城乡关系，即联系性加强与对抗性加剧同时并存的关系，其结果是导致了城市的畸形发展和乡村的残破，从而也造成了近代东北城市化发展的非持续性与不平衡性，最终导致了民族矛盾和阶级矛盾的日益尖锐，滞缓了近代东北地区的早期现代化进程，加剧了区域经济的发展不平衡性。近代东北城乡之间的这种非良性循环，成为该区域发展严重滞后的主要原因。

---

① 何一民主编：《近代中国城市发展与社会变迁（1840—1949）》，科学出版社 2004 年版，第65页。

# 结　　语

## 一、外力在近代东北城市化进程的双重作用

美国著名学者罗威廉曾指出：在 19 世纪及 20 世纪初期，中国城市未能发挥必要的催化作用，以促使社会、经济与政治发生像西方曾发生过的那样，走出中世纪的转变，也未能提供一种较好的物质文明基础。① 回顾中国近代城市发展史，我们不难看到：尽管中国的对外开放是资本主义列强用武力强迫的开放，是近代中国遭受屈辱的一大标志，但是这种开放仍然具有双重效应。一方面，开放意味着中国向半殖民地半封建社会的沉沦，另一方面也使中国的现代化得以启动，它打破了中国对外封闭隔绝的状态，从而使这些开放城市与世界发生了空前未有的交往、联系，推动了这些城市结构和功能的改变，推动了这些城市早期现代化的发生和发展，对中国社会的进步和生产力的发展起到了积极的影响。在这种变化过程中，殖民主义充当了马克思所说的"历史的不自觉的工具"，它迫使一个民族采用资本主义的生活方式，"一句话，它按照自己的面貌为自己创造出一个世界"②。

1861 年营口开埠，东北大门被强行打开，东北经济即被逐步纳入资本主

---

① ［美］罗威廉：《汉口：一个中国城市的商业和社会（1796—1889）》，江溶、鲁西奇译，中国人民大学出版社 2005 年版，第 1 页。
② 《马克思恩格斯选集》第 1 卷，人民出版社 1995 年版，第 276 页。

义世界体系。至 1898 年沙俄动工修筑中东路，直到 1945 年日本投降。在半个世纪中，帝国主义控制了东北的经济命脉，东北城市经济的发展完全被置于帝国主义的影响和操纵之下。在这一过程中，东北地区经济殖民地化——工业化——城市化特征日益显现。东北城市经济的发展和帝国主义的入侵关系十分密切，并使东北城市化运动走上了半殖民地和殖民地的道路。东北由于外力的强行楔入彻底改变了它的发展轨迹，使它的社会性质、经济、政治、文化形态以及社会生活的方方面面发生了深刻的变化。外力，作为一种外来的、侵略性的、强迫性的巨大力量，启动了近代东北城市化的进程。具体表现为：

第一，中国是传统农业国家，近代以来，由于各种原因，中国长期徘徊在工业革命的门槛外，缺乏内部自发地产生发展现代化的动力。这时期，外力从根本上动摇了两千多年的封建专制统治，列强用武力强占东北，一方面把这里从封建政权体系中强行分离出来，减少了东北在迈向近代化过程中无法回避的来自封建专制制度的阻力，也使得东北在向现代化城市转变过程中的步伐得到加快。营口开埠后，帝国主义向东北倾销商品并掠夺农产品，瓦解了当地自给自足的自然经济，促进了商品经济的发展。商业、进出口贸易的发展，又形成新的货物集散中心和中心市场（营口、哈尔滨、大连）。这使东北改变了以往中国闭关锁国的状况，发展对外贸易，利用东北这个对外窗口，把封闭的东北物产推到世界大市场上，与此同时，这时期的东北地方当局积极吸收西方先进的科技文化和城市建设成果，对清末民初的东北城市化起到了推动作用。这一点是不以侵略者的意志为转移的。当然，这种转变是痛苦的，是国家主权的丧失，殖民者在这里实行的是殖民统治，许多城市也就此沦为殖民地地位的城市。

第二，外力改变了东北城市的性质和主要职能。沙俄和日本在中国东北先后攫取了侵略特权和势力范围，他们驻军设警建立扩大侵略的据点和殖民统治的中心，形成了新的政治中心（哈尔滨、大连、旅顺、长春）；帝国主义为掠夺原材料和倾销产品控制东北，在东北修建铁路，经营航运和港口码头，形成新的交通枢纽和进出口门户（营口、哈尔滨、大连、丹东、长春、沈阳、四平、牡丹江、白城、佳木斯）；帝国主义加紧对东北矿产的掠夺，促进了新的矿业城市的形成（抚顺、本溪、鞍山、阜新、辽源、通化、鹤岗）；帝国主义投资办厂建立军事工业，形成新的工业中心（哈尔滨、大连、抚顺、营口、沈阳、鞍山、丹东、吉林）。以上这些从客观上促进了城市经济的发展和新兴城市的形成，加上东北土地的开发，便捷的交通网络，移民的到来等等，促进了东北的城市化运动。使得东北城市经济出现了现代化趋势。近代东北城市发展的特点之一，即与帝国主义侵略关系最为密切的新兴城市发展迅速，而一些历史悠久的名城，原来的政治经济中心，则发展较慢，属于前者的有营口、哈尔滨、大连、长春、牡丹江等，属于后者的有吉林、齐齐哈尔、锦州、辽阳、新民等。

应当承认，沙俄尤其日本殖民统治控制东北后，投入巨额资本，为发展生产采取了一些比较得力的措施和手段，有的也确有成效。这样，也使得这种投入对中国资本主义的发展产生重要影响。如日本资本在大连培养、训练了大批有经验、有技术的工人。在一定意义上说，这是早期中国工人阶级队伍的一部分，同时在市场竞争机制下赋予他们以转移性，也为一些中国企业所用。日本企业的一些先进的经营与管理以及技术与设备也对中国资本产生了一定的影响。

但是，这种影响包括促进与阻碍两个方面：1931 年之前，促进与阻碍并存，1931 年之后，促进逐渐消失，阻碍进一步增大，1937 年之后，促进不复存在。① 1931 年之前的促进作用，主要表现在给中国资本主义的发展创造了一些有利的条件。一些资本主义的生产方式和经营方式开始被引入某些企业，城市经济出现了最初的现代化趋势。商业贸易的发展，也带动了城市各方面的建设，殖民者加强对东北一些城市投入与建设，基础设施完善、先进，环境优美，其城市化与城市近代化步伐加快。但同时自始至终，在殖民

---

① 沈毅：《近代大连城市经济研究》，辽宁古籍出版社 1996 年版，第 170—172 页。

统治时期的东北，沙俄与日本的资本先后在东北占统治地位，但这些资本却不能算作中国资本主义中的一部分。它们的进入，并不是中国根据本国经济发展的需要主动引进的，而是侵略者凭借武力，强迫中国签订不平等条约的结果；它们的经营方向与内容是服务于殖民者国内经济发展和战争的需要。

第三，帝国主义即垄断资本主义，是一种发达的资本主义。它的入侵既是一种侵略和民族压迫，又促使东北的资本主义关系迅速发展。他们在东北修筑了铁路，设立了银行，将东北纳入资本主义世界市场体系。铁路是工业综合发展的成果，是一种巨大的生产力。商品经济的发展，社会化大生产的出现，人口的集中，必然促进城市的发展。因此，帝国主义的入侵，不可避免地促进城市经济的发展。但这并不是帝国主义来中国的目的，而是它为了实现掠夺原料、倾销商品、压榨奴役中国人民、输出资本所采取的各种手段的必然结果。他们开发东北，其经营方向与内容是服务于殖民者国内经济发展和战争的需要。因此，要认清帝国主义"侵略有功论"的实质。开发中国东北的首先是中国劳动人民。在这过程中，在帝国主义驱使下，来到东北的外国技术人员和普通劳动者，在东北城市经济的发展中，也做出了贡献，他们与帝国主义侵略不能相提并论。

第四，在外力作用影响下，开埠通商后，东北一些城市中产生了新的民族资产阶级和新型知识分子阶层，他们成为城市现代化的实践者和主要力量。开埠通商打破了中国传统的社会结构和经济结构，在外国资本主义的刺激和示范下，这些新的民族资产阶级经营实业，与外国资本和企业相抗争。另一方面，受外来文化影响，西方的近代科学技术、思想观念、伦理道德在城市知识阶层中广泛传播，中国知识分子的知识结构、思想价值观念也发生转化，成为新文化的传播者和创造者。这些新的民族资产阶级和新型知识分子阶层的社会活动，成为推动城市近代化、宣传民主思想、唤起民众觉醒和反对殖民统治的主要力量。

总之，外力对东北城市现代化的作用是双重的，也是动态的、变化的。这种动力机制在促进城市发展的同时，也为城市的发展带来了消极因素和不利的影响。对中国现代化的阻碍也是巨大的。从时间上看，在城市早期现代化启动时期，外力的促进作用较大，但随着时间的推移，外力的促进作用日益减弱，推力不断转化为阻力。俄、日帝国主义经营东北的目的，是为了掠夺中国。他们靠对中国人民特别是无数劳工的血和泪，繁荣了城市。发展是有条件的，相对的；掠夺是无条件的，绝对的。由于这是一对无法调和的矛盾体，从而决定了俄、日对东北城市经济促进的同时，束缚与破坏作用也是不可避免的。①"七七事变"后，促进作用完全消失，日本对东北资本主义的发展是束缚与破坏的。中国的早期现代化不是在一个封闭的环境中展开的，同时也不是在国家独立自主的条件下进行的，百余年来，俄、日帝国主义对中国大规模的旷日持久的侵略，从政治、经济、文化等各个方面对中国进行控制、奴役、掠夺，给中国造成了巨大的灾难，严重地阻碍了中国现代化的进程，因而不能只肯定外力对中国早期现代化的推动作用而忽略其阻碍作用。

近代东北城市发展表明，外力在促进城市发展的同时不断地转化为城市发展的阻力，外力作用下城市经济的发展是不平衡的，城市的发展一直缺乏工农业之间协调互补的健康关系。近代东北城市发展的动力机制是一个优点与弊端并存的机制，近代东北正是在这种优点与弊端并存中不断前进的。这种矛盾只有等到完全实现民族独立才能得以解决，这是国家城市体系健康发展的必要条件之一。

## 二、近代东北特殊的城乡关系对当今社会的思考与启示

研究历史的重要目的就在于鉴往知来，是为了更好地为当下服务。近代东北城乡间对抗性矛盾的加剧，是近代中国特殊社会历史背景下的必然产物，近代东北城市化快速畸形发展的态势及其特殊的城乡关系，留给当今东北社会发展无法抹去的历史印记，也留给后人深刻的历史教训。在全面建成

---

① 沈毅：《近代大连城市经济研究》，辽宁古籍出版社1996年版，第41页。

小康社会，实现中华民族伟大复兴的征途上，中国的发展与进步，必须建立在城乡同步协调、共同发展的基础之上。任何忽视农业，忽视农村经济社会发展的做法，都将影响我国国民经济的健康发展和城市化的发展进程。"任何时候都不能忽视农业、忘记农民、淡漠农村。必须始终坚持强农惠农富农政策不减弱、推进农村全面小康不松劲，在认识的高度、重视的程度、投入的力度上保持好势头。"[①] 只有坚持以城市为中心，以集镇为纽带，以农村为基础，城乡融合，互惠互利，互相促进的发展方针，才能最终取得城市与农村的共同繁荣和城市化的健康、快速发展。

（一）中国的经济发展必须构建良性互动的新型城乡关系

当前，我国正处在经济改革的进一步深化和现代化建设进一步发展、国民经济高速增长的关键时期，构建协调互助的城乡关系，使城市与乡村融合增长，协调发展关系重大。城乡关系的改善和协调发展是中国现代化课题研究中的重要内容，一个国家的城乡关系状况影响着这个国家整体的经济与社会发展。从历史的经验和教训中我们可以看到我国现今城乡关系的历史发展道路，总结其发展规律，从而指导城乡关系的合理发展变化。近代以来中国的城市发展留给我们的教训是深刻的，畸形的城乡关系严重制约着经济的发展和社会的进步。当前，中国处于全面建成小康社会的关键期，建设良性互动的新型城乡关系就显得尤为重要，也给我们提出了新的要求：

### 1. 城乡产业布局合理

城市是产业富集的地区，也是工业和商业活动主要的载体。不过，城市相对狭小，因而土地、资源、能源、环境面临的压力比之乡村更大。这种情况下，向乡村转移部分工业生产能力同时推进城市化的进程成为中国不得不走的一条路。在城乡关系的发展中应当正确处理城乡之间的资源配置，要以

---

① 习近平：《任何时候都不能忽视农业忘记农民 必须坚持强农惠农富农政策，加快建设社会主义新农村!》，习近平 2015 年 7 月 16 日至 18 日在吉林调研时讲话，人民网，2015 年 7 月 19 日。http://bbs1.people.com.cn/post/2/1/2/150082225.html。

共同发展城乡产业为目的调整资源配置。合理的调用资源是促使城乡之间协调发展的基础。但是，在产业转移和城市扩张的过程中，必须以科学、谨慎的态度在城乡分配工业生产能力，走集约化生产的道路，同时又不放松农业生产，最终达成产业在城乡合理的布局和城乡之间良性的产业互动。实现这个目标，关键是要找出城乡各自的比较优势，实现对资源最大程度和最有效的利用，提升城乡可持续发展的能力和潜力。可持续发展是构建新型城乡关系的出发点，因而合理的城乡产业布局正是基于良性互动的新型城乡关系的根本。

**2. 城乡发展公平与效率之间合理平衡**

改革开放以来，特别是全面建设小康社会的过程中，中国经济飞速发展，取得了一系列举世瞩目的成就。取得这些成就，城市功不可没，其自身也得到了快速的成长。但是，城市的成长相当程度上依赖乡村的牺牲，主要表现一方面是第一与第二、第三产业产品之间始终存在着较大的价格差距，另一方面是生态破坏由城市向乡村的转移。差距适当的利益分配当然有利于城市化进程的推进，土地、资源、能源、环境面临的压力也并非是城市单独所能承受的。但乡村长期单方面的牺牲最终导致的是工商业活动忽视了生态成本和乡村居民的切身利益，由此产生的环境污染和资源浪费从整体上影响了经济、社会在更高程度上和更广范围内的发展。基于此，一方面城乡经济活动中市场配置资源的基础性作用不容否定，但另一方面必须注重以国家强制力有意识地促进资源向乡村的倾斜、维护城乡公平。只有城乡发展实现了公平与效率之间合理的平衡，资源才能以兼顾高效与合理的方式在城乡之间流动，自然生态系统和环境保护也得以顺利进行。包含了如此特征的新型城乡关系才能真正成为重要的保障。

**3. 城乡居民互信、和谐共处**

构建良性互动的新型城乡关系，必然要破除城乡隔阂，尤其要打破城乡分割、消除城市对乡村的歧视，促进城乡融合。尤其是在建设绿色中国，在生态文明建设的相关工作中，应以依赖城乡居民互信为前提展开，城乡居民都必须认识到，科学、稳健地推进城市化进程是生态文明建设的必然要求，在这个过程中的城市扩张需要城市居民包容"新市民"，而乡村的城镇化又需要乡村居民融入乡村的蜕变。城乡居民互信、和谐共处，这种新型城乡关系也才是真正有益和有效的。

## （二）构建新型城乡关系面临的困境与挑战

构建新型城乡关系任重道远，尤其当下中国城乡关系中存在的大部分问题都是历史沉淀下来的，随着城乡发展不断进入新的阶段，这些问题的阻碍效应愈发明显。它们造成的恶果在很大程度上已经影响经济、社会整体的进步，更构成了对新型城乡关系构建的重大挑战。

### 1. 城乡结构转换面对着重大的困境

结构转换主要包括产业结构转换和就业结构转换。当下的中国，城市化进程快速推进，农民进城务工的人数也在逐年增加。国家统计局发布了《2016年农民工监测调查报告》，报告显示，2016年全国农民工总量达到28171万人，比上年增加424万人，增长1.5%，增速比上年加快0.2个百分点。[①] 但这种城市化过分依赖大城市的扩张，造成一方面越来越多城市的规模超出了其生态的承载能力，一部分城市的居民甚至连看一眼蓝天都成了奢望，而另一方面乡村城镇化进程的推进不顺利，农村剩余劳动力大量涌入大城市，抑制了资本和技术对劳动力的替代，新型工业化的发展由此陷入困难。实现产业向乡村适量的转移，促进农民就地向"市民"的转变，这种城乡产业结构和就业结构的转换是城市化在新的发展阶段的必然要求。但是，当下中国城乡的这种结构转换面对着重大的困阻，主要是中国的城市化进程起步较晚，城乡的产业结构和就业结构实际上处在一个与初步工业化相适应的水平上。在这样的水平上，城乡的产业结构和就业结构要在较短时间里很难适应新型城乡关系的相关要求，就需要跨越式的发展。跨越式的发展需要

---

① 中国经网，2017年4月29日。

极大的勇气和魄力，也需要在发展的过程中不断总结经验和教训，摸索最正确的道路。发展得好，中国就有可能避开工业化国家城市化的老路，而直接进入城乡整体、持久、良性发展的新阶段。因而与其他挑战不同的是，城乡结构转换遇到的重大困阻既是巨大的挑战也是前所未有的机遇。

**2. 城乡发展整体和普遍失衡**

传统的城乡二元结构限制了城市和乡村之间生产要素的流动，不仅农业产业化的进程受到阻力，而且农村第二产业的产业升级和资产重组都会受到城乡分割的制约。从 20 世纪 50 年代开始，国家客观上执行的是要素配置和国民收入方面的偏向城市政策，形成了城市和乡村割裂、非均衡发展的局面，乡村整体和普遍发展程度较低，城乡居民收入差距逐渐拉大。城乡发展整体和普遍失衡除了进一步增加了城乡结构转换的困难外，还使乡村相较于城市的洼地效应倒向了不利的一面，即以经济补偿换取生态破坏的模式得以大行其道。城乡发展整体和普遍失衡造成的城乡二元结构对新型城乡关系构建造成的挑战是巨大的，它在宏观上限制了各种具体措施实施的效果。

（三）创新理念治理下新型城乡关系的构建

中国共产党十八届五中全会提出了全面建成小康社会新的目标要求，强调，实现"十三五"时期发展目标，破解发展难题，厚植发展优势，必须牢固树立并切实贯彻创新、协调、绿色、开放、共享的发展理念。这是关系我国发展全局的一场深刻变革。对当今中国乃至世界具有重大现实意义和深远历史意义。这对于构建新型城乡关系更具有指导作用。

2013 年中央 1 号文件也明确指出："把城乡发展一体化作为解决'三农'问题的根本途径；必须统筹协调，促进工业化、信息化、城镇化、农业现代化同步发展，着力强化现代农业基础支撑，深入推进社会主义新农村建设。"① 城乡协调和融合发展的新型城乡关系是国土空间开发合理、资源得到高效利用、生态系统和自然环境被细心呵护、生态文明制度健全的城乡关系，它必然需要城乡管理者和建设者、理论工作者以及所有城乡居民共同为之付出最大的努力。探索构建新型城乡关系，可以从以下几个方面着手：

### 1. 增加"三农"投入，提高农民收入

构建城乡协调和融合发展的新型城乡关系，增加"三农"投入和提高农民收入是必不可少的手段。2016 年 4 月 25 日习近平总书记在安徽凤阳县小岗村召开农村改革座谈会讲话强调："中国要强农业必须强，中国要美农村必须美，中国要富农民必须富。要坚持把解决好"三农"问题作为全党工作重中之重，加大推进新形势下农村改革力度，加强城乡统筹，全面落实强农惠农富农政策，促进农业基础稳固、农村和谐稳定、农民安居乐业。"② 增加"三农"投入和提高农民收入，并非只是财政直接的输出，而更需要政府给予政策上的倾斜，刺激资源向乡村合理地流动，先建立起乡村自我的造血功能，再有计划、有选择地扶持低污染、低能耗的产业在乡村建立。这样，一方面农民收入提高，另一方面低污染、低能耗产业的建立可以使乡村在部分领域形成对城市的比较优势，由此乡村对高污染、高能耗产业的吸引效应得以减弱，从而倒逼城市产业升级，加快新型工业化进程，另外公平、合理的城乡交换平台也得以建立，新型城乡关系的构建因之有了基础。我们"农村不稳定，整个政局就不稳定，农民没有摆脱贫困，就是我国没有摆脱贫困"③，不解决好农村的发展问题，没有农业的现代化，城市建设发展过程中所需的原料、市场、劳动力、用地空间，以及粮食、副食品等就无法得到充足的保障，工业化、现代化势必成为一句空话。

---

① 《中共中央国务院关于加快发展现代农业进一步增强农村发展活力的若干意见》，新华网，2013 年 1 月 31 日。http://news.xinhuanet.com/2013-01/31/c_124307774.htm。
② 《习近平在小岗村主持农村改革座谈会讲话》，《人民日报》2016 年 4 月 29 日，第 12 版。
③ 《邓小平文选》第 3 卷，人民出版社 1983 年版，第 237 页。

**2. 统筹城乡发展，加快城市经济建设和城市的带动功能，推进城乡经济社会一体化建设**

这是全面解决城乡二元结构和"三农"问题的必由之路。中国的特殊国情和历史教训决定了我们在加快城市现代化建设，促进社会经济高速增长和城市化水平不断提高的同时，必须充分发挥城市在区域经济社会发展中的经济中心、科技中心、文化中心的辐射作用，将先进农业生产工具、技术、生产方法、信息和高级管理组织及时转送到农村去，促进农村的技术进步和生产力的发展。同时，为农村提供必需的工业品、文化、教育、咨询服务等，促进农村生产方式、生活方式的现代化变革和生活水平的提高。统筹城乡发展首先要转变发展观念和发展战略，把城市化与"三农"的发展紧密结合起来，通过农村土地合理流转，在城乡建设用地总量不变、实现空间结构调整的原则，为城市化进程提供所需的城市建设用地，最终实现以城带乡、以乡促城和城乡互动共生。

**3. 着力发展新型城镇化，推动城乡发展一体化建设**

党的十八大报告明确提出了城乡间良性互动发展的要求和发展方式，报告指出"城乡发展一体化是解决'三农'问题的根本途径。要加大统筹城乡发展力度，增强农村发展活力，逐步缩小城乡差距，促进城乡共同繁荣。让广大农民平等参与现代化进程、共同分享现代化成果"①。城市化过程不仅包含人口和产业活动向城市地域空间集聚的过程，还包括城市对农村地区的经济、社会等辐射带动作用。小城镇的发展是中国农村现代化的排头兵，它在一定程度上起到了连接城市与乡村纽带的作用。只有坚持以城市为中心，以集镇为纽带，以乡村为基础，城乡融合，互惠互利，互相促进的发展方针，才能最终取得城市与乡村的共同繁荣和城市化的健康快速发展。

要持续抓好"三农"工作，大力推进农业供给侧结构性改革，加快现代

---

① 胡锦涛：《坚定不移沿着中国特色社会主义道路前进 为全面建成小康社会而奋斗——在中国共产党第十八次全国代表大会上的报告》，新华网，2012 年 11 月 19 日。http://www.wenming.cn/xxph/sy/xy18d/201211/t20121119_ 940452. shtml。

农业建设，积极调整农业结构，发展多种形式适度规模经营，深入开展农村"双创"，推动新型城镇化与农业现代化互促共进。"城镇化不是简单的人口比例增加和城市面积扩张，更重要的是实现产业结构、就业方式、人居环境、社会保障等一系列由'乡'到'城'的重要转变。"① 摒弃以往追求的城镇数量的增加和规模的扩大，改走重质量、重发展的新型城镇化道路，最终是要乡村居民就地转化为城市居民，模糊城乡界线，实现大中城市和小城镇的合理分工、功能互补、集约发展。新型城镇化道路是符合中国国情和生态文明建设相关要求的城乡发展之路，也是和谐共生、融合发展的城乡关系的具体体现，构建基于生态文明的新型城乡关系，其高级阶段正是城市与乡村融为一体，不分彼此。

**4. 在打造振兴东北战略计划的实施工程中，注重新型城乡关系的构建**

振兴东北老工业基地战略由国家提出，是新一届中央领导集体审时度势的又一重大战略决策。东北老工业基地曾是新中国工业的摇篮，为建成独立、完整的工业体系和国民经济体系，为国家的改革开放和现代化建设做出了历史性的重大贡献。目前，东北地区的战略优势仍很明显，如东北原油产量占全国的2/5，木材产量占全国的1/2，汽车产量占全国的1/4，造船产量占全国的1/3。但在1990年以来，东北与沿海发达地区的差距明显在扩大。在新一轮实施东北战略计划的工程中，除了加快体制机制创新、全面推进工业结构优化升级、大力发展现代农业和第三产业、推进资源型城市经济转型、加强基础设施建设的同时，要注重新型城乡关系的构建，吸取历史上的经验与教训，打破城乡之间壁垒，增强中心城市的核心带动作用，使城乡关系在良性互动下，为整个东北经济的再度崛起创造良好的发展条件。不能为了一时的城市发展而放弃农村，或者为了农村的发展而牺牲城市。同时我们还要注意城乡关系发展过程中地域空间的扩展问题，应当具有一个合理的、

---

① 李克强：《认真学习深刻领会全面贯彻党的十八大精神 促进经济持续健康发展和社会全面进步》，《十八大报告辅导读本》，人民出版社2012年版，第22页。

整体性的、良性的发展空间。

历史是现实的镜子，近代中国城乡关系的变化给了我们重要的启示。中国的发展与进步，必须建立在城乡同步协调、共同发展的基础之上。必须打破城乡隔阂，充分发挥城乡两个主体各自的优势，既交流资源、产品，又最大程度地化资源为产品、化产品为资源，建立起贯通城乡的统一、高效的循环经济体系，造福子孙后代。任何忽视农业，忽视农村经济社会发展的做法，都将影响中国国民经济的健康发展和城市化的发展进程。我们应该充分认识到，构建新型城乡关系的探索不光是一个重大的发展问题，也是一个重大的民生问题，站在中华民族永续发展的高度，以全面建成小康社会为目标，集合智慧和力量，再大的困难也会被克服。

# 主要参考文献

## 一、中文资料

### （一）档案资料

1. 辽宁省档案馆：《清代三姓副都统衙门满汉文档案选编》，辽宁古籍出版社1996年版。

2. 吉林省档案馆：《清代吉林档案史料选编》上谕·奏折，内部版1981年。

3. 中国第一历史档案馆满文部、黑龙江省社会科学院历史研究所：《清代黑龙江历史档案选编》（光绪朝元年—七年），黑龙江人民出版社1988年版。

4. 中国第二历史档案馆：《中华民国史档案资料汇编》第三辑，江苏古籍出版社1994年版。

5. 辽宁省档案馆藏《奉天省税务监督署档案》，卷1596号、2382号。

6. 奉天总商会档案（1000卷），辽宁省档案馆收藏。

7. 辽宁省档案馆藏《奉天省公署档案》，卷4068、4321、4452号。

8. 哈尔滨市档案馆编：《哈尔滨资料文集》1—4册，哈尔滨市档案馆（内部刊行）1990年。

9.《清代吉林档案史料选编》，吉林省档案馆1981年内部本。

10.《清代黑龙江历史档案选编》，黑龙江人民出版社1986年版。

11.《吉林档案史料选编》上谕·奏折，内部出版，1981年版。

12. 中国第一历史档案馆：《清代中俄关系档案史料选编》，中华书局 1981 年版。

13. 中央档案馆等：《日本帝国主义侵华档案资料选编·东北经济掠夺》，中华书局 1991 年版。

## （二）正史、实录、文集资料

1.（清）乾隆官修：《清朝通志》，浙江古籍出版社 2000 年版。

2.（清）乾隆官修：《清朝文献通考》，浙江古籍出版社 2000 年版。

3.（清）朱寿朋：《光绪朝东华录》，中华书局 1958 年版。

4.（清）赵尔巽：《清史稿》，中华书局 1976 年版。

5.《清实录》十一朝，中华书局 1987 年版。

6.（清）阿桂：《满洲源流考》，辽宁民族出版社 1988 年版。

7.（清）吴振臣：《宁古塔纪略》，《龙江三纪》，黑龙江人民出版社 1985 年版。

8.（清）聂士成：《东游纪程》，《近代稗海》，四川人民出版社 1985 年版。

9.（清）徐曦：《东三省政略》，吉林文史出版社 1986 年版。

10.《清实录》（太祖至德宗朝，附《宣统政纪》），中华书局 1985 年，1986 年，1987 年影印版。

11.《锡良遗稿奏稿》，中华书局 1959 年版。

12. 连濬：《东三省经济实况揽要》，民智印刷所，1931 年。

## （三）地方志、政协文史资料

1. 胡朴安：《中华全国风俗志》（下编），河北人民出版社 1986 年版。

2. 丁世良、赵放：《中国地方志民俗资料汇编·东北卷》，书目文献出版社 1989 年版。

3. 黑龙江省地方志编撰委员会：《黑龙江省志·人口志》，黑龙江人民出版社 1992 年版。

4. 黑龙江省地方志编撰委员会：《黑龙江省志·铁路志》，黑龙江人民出版社 1992 年版。

5. 辽宁省地方志编撰委员会：《辽宁省志·公路水运志》，辽宁人民出版社 1999

年版。

6. 郝瑶甫：《东北地方志考略》，辽宁人民出版社 1984 年版。

7. 徐世昌：《东三省政略》，吉林文史出版社 1989 年版。

8.（清）杨宾：《柳边纪略》，辽海丛书本，辽沈书社 1985 年影印版。

9.（清）长顺等修：《吉林通志》，吉林文史出版社 1986 年版。

10.（清）方拱乾：《绝域纪略》又名《宁古塔志》，黑龙江人民出版社 1985 年版。

11.（清）刘清书（光绪）《长寿县乡土志》，黑龙江人民出版社 1989 年版。

12. 王宏刚、富育光：《满族风俗志》，中央民族学院出版社 1991 年版。

13. 金毓黻：《辽海丛书》，辽沈书社 1985 年影印版。

14. 王树楠、吴廷燮、金毓黻纂：（民国）《奉天通志》，沈阳古旧书店 1983 年影印版。

15. 刘爽：（民国）《吉林新志》，吉林文史出版社 1991 年版。

16. 魏声和：（民国）《吉林地志》，吉林文史出版社 1986 年版。

17.《吉林风物志》，吉林文史出版社 1985 年版。

18. 张泰湘：《黑龙江古代简志》，黑龙江人民出版社 1989 年版。

19. 方衍：《黑龙江方志考稿》，黑龙江人民出版社 1993 年版。

20. 张国淦：（宣统）《黑龙江志略》，黑龙江人民出版社 1989 年版。

21. 万福麟监修，张伯英总纂：（民国）《黑龙江志稿》，黑龙江人民出版社 1992 年版。

22. 徐希廉：《瑷珲县志》，（民国九年）铅印本，吉林大学馆藏。

23. 石秀峰修：《盖平县志》（民国十九年），辽宁民族出版社 1999 年版。

24. 周铁铮修：《朝阳县志》（民国十九年），辽宁民族出版社 1999 年版。

25. 张书翰修：《宾县志》（民国十八年），东北师范大学图书馆油印本。

26. 王树楠等纂：《奉天通志》，沈阳文史丛书编辑委员会，1983 年版。

27. 杨步爆修：《依兰县志》（民国九年），民国 9 年铅印本。

28. 辛天成修：《海伦县志》（民国二年），黑龙江省图书馆抄本。

29. 孙镜臣修：《暖挥县志》（民国九年），民国铅印本。

30. 郑士纯修：《农安县志》（民国十七年），民国铅印本。

31. 刘焕文修：《锦西县志》（民国十八年），作新印刷铅印本。

32. 民国吉林马俊显督修，民国盘山孙名耀编辑：《盘山县志略》，民国四年写本传钞。

33. 林桂修：《挥春乡土志》（伪康德二年），东北师范大学图书馆油印本。

34. 佚名修：《通化县乡土志》，辽宁图书馆藏抄本。

35. 崔福坤修：《呐河县志》（民国二十年），民国铅印本。

36. 周铁铮修：《朝阳县志》（民国十九年），辽宁民族出版社1999年版。

37. 郭克兴：（民国）《黑龙江乡土录》，黑龙江人民出版社1988年版。

38. 政协辽宁省及沈阳市委员会：《文史资料选辑》第30辑，辽宁人民出版社1984年版。

39. 政协辽宁省委员会文史资料研究委员会：《辽宁文史资料选辑》第26辑，辽宁人民出版社1989年版。

40. 哈尔滨地方志编纂委员会：《哈尔滨市志》，黑龙江人民出版社1996年版。


## （四）年鉴、调查报告、资料汇编

1. 东北文化社编印处：民国二十年《东北年鉴》，东北文化社1931年版。

2. 王清彬等：《中国劳动年鉴第一次》，北平社会调查部1928年版。

3. 实业部：《中国经济年鉴》年，商务印书馆1934年版。

4. 冯和法：《中国农村经济资料》，上海黎明书局1933年版。

5. 李文治：《中国近代农业史资料（1840—1911）》第1辑，三联书店1957年版。

6. 章有义：《中国近代农业史资料（1912—1927）》第2辑，三联书店1957年版。

7. 章有义：《中国近代农业史资料（1927—1937）》第3辑，三联书店1957年版。

8. 陈翰笙：《难民的东北流亡》，上海书店1930年影印版。

9. 汪敬虞：《中国近代工业史资料》第二辑，科学出版社1957年版。

10. 杨子惠：《中国历代人口统计资料研究》，改革出版社 1996 年版。

11. 许道夫：《中国近代农业生产及贸易统计资料》，上海人民出版社 1983 年版。

12. 吴晗辑：《朝鲜李朝实录中的中国史料》，中华书局 1980 年版。

13. 汪敬虞：《中国近代工业史资料（1895—1914）》第 2 辑，科学出版社 1957 年版。

14.《海关十年报告（1922—1931）》第 1 卷。

15. 东北文化社年鉴编印处：《东北年鉴》，东北文化社 1931 年版。

16 梁方仲：《中国历代户口、田地、田赋统计》，上海人民出版社 1980 年版。

17. 杨子惠：《中国历代人口统计资料研究》，改革出版社 1996 年版。

18. 东省铁路经济调查局：《北满农业》，哈尔滨中国印刷局 1928 年版。


## （五）报刊资料

1.《盛京时报》，1906—1943 年。

2.《申报》，1876 年。

3.《远东报》，1910—1911 年。

4.《吉长日报》，1913 年。

5.《吉林公报》，1914 年。

6.《晨报》，1921 年。

7.《申报》，1946—1948 年。

8.《大公报》，1902—1948 年。

9.《农商公报》，1918—1925 年。

10.《东方杂志》，1930—1935 年。

11.《东北集刊》，1941—1943 年。

12.《东省经济月刊》，1927 年。

13.《中国农村》，1934 年。

14.《民政月刊》，1936 年。

15.《经济统计季刊》，1932 年。

16.《中国实业杂志》，1935 年。

17.《泰东日报》，1908—1945 年（大连图书馆馆藏缩微胶片）。

18.《东北新建设》，1931 年。

19.《黑白半月刊》，1934 年。

20.《中国农村》，1944 年。

21.《中东经济月刊》，1930 年。

22.《东北消息汇刊》，1934 年。

## （六）相关著作

1. 何一民主编：《近代中国城市发展与社会变迁（1840—1949）》，科学出版社 2004 年版。

2. 曲晓范：《近代东北城市的历史变迁》，东北师范大学出版社 2001 年版。

3. 王先明：《近代绅士—— 一个封建阶层的历史命运》，天津人民出版社 1997 年版。

4. 佟冬：《中国东北史》，吉林文史出版社 1998 年版。

5. 石方：《中国人口迁移史稿》，黑龙江人民出版社 1990 年版。

6. 葛剑雄：《中国移民史》第 1 卷（导论），福建人民出版社 1997 年版。

7. 曹树基：清民国时期《中国移民史》第 6 卷，福建人民出版社 1997 年版。

8. 葛剑雄等：《简明中国移民史》，福建人民出版社 1993 年版。

9. 王魁喜等：《近代东北史》，黑龙江人民出版社 1984 年版。

10. 许逸超：《东北地理》，正中书局 1935 年版。

11. 朱其华：《中国农村经济的透视》，上海中国研究书店 1936 年版。

12. 衣保中：《东北农业近代化研究》，吉林文史出版社 1990 年版。

13. 衣保中等：《中国东北区域经济》，吉林大学出版社 2000 年版。

14. 马平安：《近代东北移民研究》，齐鲁书社 2009 年版。

15. 王铁崖：《中外旧约章汇编》第二册，三联书店 1959 年版。

16. 王广义：《近代中国东北乡村社会研究》，光明日报出版社 2010 年版。

17. 苏崇民：《满铁史》，中华书局 1990 年版。

18. 费孝通：《中国绅士》，惠海鸣译，中国社会科学出版社 2006 年版。

19. 费孝通：《费孝通文集》第四卷，群言出版社 1999 年版。

20. 费孝通：《乡土中国》，人民出版社 2008 年版。

21. 张宗文：《东北地理大纲》，中华人地舆图学社 1933 年版。

22. 吴晓松：《近代东北城市建设史》，中山大学出版社 1999 年版。

23. 路遇：《清代和民国山东移民东北史略》，上海社会科学院出版社 1987 年版。

24. 孔经纬：《东北经济史》，四川人民出版社 1986 年版。

25. 孔经纬：《新编中国东北地区经济史》，吉林教育出版社 1994 年版。

26. 张仲礼：《近代上海城市研究》，上海人民出版社 1990 年版。

27. 隗瀛涛：《近代重庆城市史》，四川人民出版社 1991 年版。

28. 罗澍伟：《近代天津城市史》，中国社会科学出版社 1993 年版。

29. 皮明麻：《近代武汉城市史》，中国社会科学出版社 1993 年版。

30. 荆蕙兰：《近代大连城市文化研究》，吉林人民出版社 2011 年版。

31. 沈毅：《近代大连城市经济研究》，辽宁古籍出版社 1996 年版。

32. 杜修昌：《中国农业经济发展史略》，浙江人民出版社 1984 年版。

33. 方汉奇：《中国近代报刊史》，山西人民出版社 1981 年版。

34. 孙进己：《东北民族源流》，黑龙江人民出版社 1989 年版。

35. 孙进己：《东北各民族文化交流史》，春风文艺出版社 1992 年版。

36. 吕振羽：《中国民族简史》，三联书店 1951 年版。

37. 马汝珩、马大正：《清代边疆开发研究》，中国社会科学出版社 1990 年版。

38. 傅立鱼：《大连要览》，泰东日报社 1918 年版。

39. 金毓黻：《东北要览》，国立东北大学 1944 年版。

40. 张仲礼：《中国近代城市企业·社会·空间》，上海社会科学院出版社 1998 年版。

41. 张仲礼：《中国绅士》，上海社会科学出版社 1991 年版。

42. 周永刚：《大连港史》，大连出版社 1995 年版。

43. 顾明义：《大连近百年史》（上下卷），辽宁人民出版社 1999 年版。

44. 王野平：《东北沦陷十四年教育史》，吉林教育出版社 1989 年版。

45. 焦润明等：《近代东北社会诸问题研究》，中国社会科学出版社 2004 年版。

46. 高宝玉：《营口港史》，人民交通出版社 2000 年版。

47. 王铁崖：《中外旧约章汇编》，三联书店 1982 年版。

## （七）参考论文

1. 曲晓范：《满铁附属地与近代东北城市空间及社会结构的演变》，《社会科学战线》2003 年第 1 期。

2. 曲晓范、李保安：《清末民初东北城市近代化运动与区域城市变迁》，《东北师范大学学报》2001 年第 4 期。

3. 张利民：《城市史视域中的城乡关系》，《学术月刊》2009 年第 10 期。

4. 何一民：《近代中国城市早期现代化的特点与外力的影响》，《西南民族学院学报》（哲学社会科学版）2000 年第 1 期。

5 何一民、易善连：《近代东北城市殖民地化的进程及特点》，《社会科学辑刊》2003 年第 1 期。

6. 王先明：《士绅阶层与晚清"民变"——绅民冲突的历史趋向与时代成因》，《近代史研究》2008 年第 1 期。

7. 王先明：《乡绅权势消退的历史轨迹——20 世纪前期的制度变迁、革命话语与乡绅权力》，《南开学报》（哲学社会科学版）2009 年第 1 期。

8. 蔡云辉：《城乡关系与近代中国的城市化问题》，《西南师范大学学报》（人文社会科学版）2003 年第 5 期。

9. 陈炜：《近代中国城乡关系的二重性：对立与统一》，《宁夏大学学报》（人文社会科学版）2008 年第 1 期。

10. 蔡云辉：《论近代中国城乡关系与城市化发展的低速缓进》，《社会科学辑刊》2004 年第 2 期。

11. 赵英兰：《近代东北地区汉族家族社会探究》，《吉林大学社会科学学报》2008 年第 4 期。

12. 赵英兰：《晚清东北地区人口婚姻状况探析》，《人口学刊》2007 年第 3 期。

13. 赵英兰、刘扬：《清末民初东北民间祈雨信仰与社会群体心理态势》，《吉林大学社会科学学报》2011 年第 5 期。

14. 荆蕙兰：《近代东北城市化视阈下城乡关系及其变动》，《历史教学问题》2013 年第 1 期。

15. 荆蕙兰、许明：《"大连中心主义"政策与营口港的衰落》，《历史教学》2008 年第 8 期。

16. 刘扬：《近代长白山信仰的历史变迁与民众生活——以民众对民间信仰的构建为中心》，《北方文物》2014 年第 2 期。

17. 高乐才：《近代中国东北移民历史动因探源》，《东北师范大学学报》（哲学社会科学版）2005 年第 2 期。

18. 王立人：《略论晚清东北教育》，《东北史地》2007 年第 5 期。

19. 赵玉杰，谭美君：《清末新政时期的东北文化教育改革》，《学习与探索》2003 年第 1 期。

20. 许纪霖：《近代中国变迁中的社会群体》，《社会科学研究》1992 年第 3 期。

21. 张博：《营口开埠与晚清东北商路——以辽河航运为中心的考察》，《社会科学辑刊》2006 年第 1 期。

22. 焦润明：《营口开埠与近代辽宁城市崛起》，《辽宁日报》2008 年 8 月 29 日。

23. 赵英兰：《清代东北人口与群体社会研究》，博士学位论文，吉林大学，2006 年。

24. 范立君：《近代东北移民与社会变迁（1860—1931）》，博士学位论文，浙江大学，2005 年。

25. 刘扬：《近代东北寺庙景观与东北民间文化》，硕士学位论文，吉林大学，2007 年。

26. 徐丽平：《20 世纪开初至 30 年代中国的城乡关系及其特点》，硕士学位论文，西北大学，2005 年。

## 二、外文资料

1. ［日］南满洲铁道株式会社：《南满洲铁道株式会社十年史》，满洲日日新闻社 1919 年版。

2. ［日］南满洲铁道株式会社调查科：《满洲的纺织业》，满洲铁道株式会社

1923 年版。满洲日日新闻社 1923 年版。

3.［日］高桥勇八：《满铁地方行政史》，大连满蒙事情研究会 1927 年版。

4.［日］南满洲铁道株式会社调查科：《满洲物价调查》，南满洲铁道株式会社 1928 年版。

5.［日］关东局：《关东局施政三十年史》，凸版印刷株式会社 1936 年版。

6.［日］佐田弘治郎：《满洲油坊现势》，满铁总社 1930 年版。

7.［日］浅野虎三郎：《大连市概要》，伪大连市役所发行 1941 年版。

8.［日］西泽泰彦：《图说大连都市物语》，河出书房新社 1999 年版。

9.［日］嶋田道弥：《满洲教育史》，大连文教社 1935 年版。

10.［日］阿部勇：《满洲工业发达的概况》，新天地社 1930 年版。

11.［日］永井和歌丸：《关东州工业事情》，关东州工业会 1943 年版。

12.［俄］科罗斯托维茨：《俄国在远东》，商务印书馆 1975 年版。

## 三、译著

1.［美］刘易斯·芒福德：《城市发展史——起源、演变和前景》，宋俊岭、倪文彦译，中国建筑工业出版社 2005 年版。

2.［美］施坚雅：《中华帝国晚期的城市》，叶光庭等译，中华书局 2002 年版。

3.［美］罗威廉：《汉口：一个中国城市的商业与社会》，江溶、鲁西奇译，中国人民大学出版社 2005 年版。

4.［美］林达·约翰逊：《帝国晚期的江南城市》，成一农译，上海人民出版社 2005 年版。

5.［美］费正清：《剑桥中国晚清史（1800—1911）》，中国社会科学院历史研究所编译室译，中国社会科学出版社 1985 年版。

6.［美］费正清：《剑桥中华民国史》，章建刚等译，上海人民出版社 1991 年版。

7.［美］伊利尔：《城市——它的发展、衰败与未来》，沙里宁、顾启源译，中国建筑工业出版社 1986 年版。

8.［英］琼斯：《1931 年以后的中国东北》，胡继瑗译，商务印书馆 1959 年版。

9.［苏］阿瓦林：《帝国主义在满洲》，北京对外贸易学院俄语教研室译，商务印书馆 1980 年版。

　　10. 〔日〕越泽明：《中国东北都市计划史》，黄世孟译，大佳出版社 1986 年版。

　　11. 〔日〕草柳大藏：《满铁调查部内幕》，刘耀武等译，黑龙江人民出版社 1982 年版。

　　12. 〔日〕满史会：《满洲开发四十年史》（上下），东北沦陷十四年史辽宁编写组译，1987 年。

　　13. 〔日〕冈部牧夫：《伪满洲国史》，郑毅译，吉林文史出版社 1990 年版。

　　14. 《北满概观》，汤尔和译，满铁哈尔滨事务所 1934 年版。

　　15. 《中国封建社会晚期城市研究——施坚雅模式》，王旭译，吉林教育出版社 1991 年版。

# 后　记

当在国家规定的期限内交上成果的一刹那，心里顿觉轻松许多，尽管是一个普通课题，但对我而言已是重大任务。

2011年该课题被列入国家社科基金项目后，几年来，我除了认真完成好自己作为一名高校教师的本职工作外，空余时间几乎全身心投入这个课题的研究中。几年来这几乎是我的全部关注点和中心点，甚至孩子高考、职称评定也没有耽误课题的研究。在这过程中，连抽空看会电视、逛街也都觉得于心不安，完成课题的压力可想而知。

虽然在2005年攻读博士学位时才开始把研究方向转向城市史，在曲晓范导师的指导下，我的博士论文《近代大连城市文化研究》顺利完成，于2009年获得史学博士学位。其后沿着这个方向也发表了一些相关论文，并获得辽宁省、大连市多项社科基金支持，形成了自己重要的研究方向，培养了一批该方向的硕博生。但2011年主持的国家基金项目《近代东北城市化进程中城乡关系研究》（批准号：11BZS083），其研究的难度和深度是与以往不能同日而语的。首先，就时间而言，我所在的大学是全国重点大学，又获第二批全国重点马克思主义学院，各方面工作压力大，任务重，除了承担繁重的教学和科研任务，同时还承担社会服务理论宣讲等工作，其精力实属不足；其次，就该课题研究本身而言，其研究的时间和跨度亦或是难度都高于一篇博士论文。历史研究资料的收集整理最为关键，这期间我多次外出，利

292

用一切条件去查询、收集和整理，本人除了阅读大量的文献资料外，也借鉴吸收前辈同仁的成果，不断地充实自己、提高自己，使得该课题最终得以顺利完成。

书稿的完成，除了自己和团队的辛苦工作外，首先要感谢的是我的导师曲晓范教授，几年来无论是在精神上还是在学术上都给予我鼓励和支持，内心充满温暖和感激。作为全国东北城市史研究专家，曲老师用他的勤奋和人格魅力影响着一批批学生不断探索进取。我还要感谢一位可亲可敬的老人——柳中权教授，老人家尤为关注课题的进展和研究内容。有的地方亲自把脉，从社会学角度提出了很多珍贵的建议，此刻想起故去的老人心里还是酸酸的。

书稿能够顺利完成，还应该感谢全国哲学社会科学规划办公室将其确定为国家社科基金项目并给予资助。同时，也得到了辽宁省社科规划办公室和大连理工大学文科办以及本单位领导和同事们的支持与帮助，更感谢一些专家为本课题研究提出了宝贵建议和指导，在此表示真诚的感谢。也感谢我的博士、硕士生们在最后环节做了不少辅助工作。

一个人的成绩离不开集体和团队，更离不开家人的鼓励和支持，爱人和孩子支持，兄弟姐妹的鼓励，朋友们的期望……都给我无限动力。

此次书稿即将由人民出版社出版，感谢人民出版社的陈寒节先生等人的大力支持和帮助，感谢马克思主义学院洪院长的支持。也感谢默默付出的出版社的编辑们。大家的帮助和支持是我今后前进的动力，我将再接再厉在科学研究的路上继续前行，不忘初心。

荆蕙兰<br>2020 年 4 月 20 于大连